# MANUEL D'ÉPIGRAPHIE

SUIVI DU

## RECUEIL DES INSCRIPTIONS DU LIMOUSIN.

Poitiers. — Typ. de A. DUPRÉ.

# MANUEL D'ÉPIGRAPHIE

### SUIVI DU

# RECUEIL DES INSCRIPTIONS

### DU LIMOUSIN

Par M. l'abbé Texier,

Supérieur du Petit Séminaire du Dorat, Correspondant du Comité des Arts et Monuments.

> Quæ in lapidibus situatis supra loca insignia, reperi fore sculpta, in hoc parvo libro disposui transcribere : eâ potissimâ ratione, ut dùm quisque ea voluerit legere, vel audire, quanquam antiqua, inveniet ea tamen quasi præsentia ad animi sui solatium aliquale.
>
> MALEU, in *Chronic. Comodol.*, Prolog.

POITIERS,
IMPRIMERIE DE A. DUPRÉ, RUE DE LA MAIRIE, 10.

1851.

# MANUEL D'ÉPIGRAPHIE

SUIVI

# DU RECUEIL DES INSCRIPTIONS DU LIMOUSIN.

## INTRODUCTION.

Depuis longues années, l'auteur de ce travail s'occupe de recherches sur l'histoire et l'art de la France au moyen âge. Avant d'avoir ce caractère général, ses études ont d'abord été limitées à sa province natale. Né au milieu des ruines de deux monastères, possesseur de nombreux documents historiques, encouragé par mille circonstances, il avait parcouru, dans l'intérêt de ces recherches, les trois départements dont la réunion formait autrefois la circonscription de la province du Limousin, ou plus rigoureusement le diocèse de Limoges. Ce pays, dédaigné jusqu'à présent, est plus riche qu'on ne pense en monuments de toute sorte. Des ruines romaines, des monastères, collégiales et châteaux de tous les siècles, y intéressent le curieux : nous en avons exploré avidement le plus grand nombre ; et, autant que nous l'avons pu, nous avons fouillé avec soin jusqu'aux plus obscurs villages. Des croquis bien imparfaits sans doute, mais complétés par des notes étendues, conservent le souvenir de ces études. Ces renseignements ont déjà fourni la matière de plusieurs opuscules ; de là, si on savait les faire, pourraient sortir quelques ouvrages intéressants.

L'antiquité grecque et romaine, épuisée en grande partie, a cessé d'être l'objet exclusif des recherches de l'érudition. On a voulu connaître et apprécier les siècles intermédiaires et déjà lointains qui la séparent des temps modernes. On a reconnu alors que ces époques, si voisines de la nôtre, que cette société à laquelle nous avons tout emprunté, pour le perfectionner et l'accroître sans doute, sont déjà, sur bien des points, voilées de ténèbres. Nous sommes d'une race illustre, et nous ignorons nos aïeux : telle est sans doute la cause principale de la faveur qui accueille ces patriotiques études.

Dans ces dernières années, plusieurs sociétés savantes, et le Comité des arts en particulier, ont encouragé la recherche et la publication des inscriptions de toutes les époques. Nos recherches nous avaient procuré près de deux cents inscriptions inédites de tous les âges. Pour répondre à cet appel, l'auteur de cet écrit n'a eu qu'à compulser ses notes et à compléter par des estampages et des *fac-simile* péniblement pris sur les monuments le premier travail graphique, fruit d'une rapide excursion. En outre, un manuscrit inédit de l'abbé Legros conserve quelques dessins d'inscriptions dont les originaux ont été détruits pendant la révolution ; nous avons calqué avec soin les plus remarquables.

Cette première moisson accomplie, il s'agissait de lire, de classer par époques, d'interpréter et d'éclairer, par un triple commentaire archéologique, paléographique et historique, le résultat de ces laborieuses recherches. Ce travail pouvait suffire ; un autre tenta notre curiosité et notre désir d'être utile.

Les nombreux confrères, à la bienveillance desquels nous devons une partie de notre butin, nous pressaient de donner à notre publication un intérêt général. Pour atteindre ce résultat, nos inscriptions étant de toutes les époques, il suffisait de faire précéder notre travail d'éditeur de notions claires et précises, où le curieux pût apprendre à lire et à classer les inscriptions nouvelles que les immenses travaux exécutés en France font chaque jour surgir du sol qui les recèle.

Là étaient les périls d'une œuvre à peu près nouvelle. Grâce au patient labeur de l'érudition moderne, la classification scientifique a été transportée des œuvres de la nature à celles de l'homme. Sans doute, dans ces dernières, la liberté humaine, en se combinant avec l'action divine, mêle un apparent désordre à la régularité qui est la loi du monde moral ; mais l'action providentielle n'en triomphe pas moins dans l'ensemble : c'est un vaste édifice altéré par des reprises nombreuses, où le regard suit, jusque dans les changements successifs, les lignes toujours visibles du plan original. Selon cette loi, dans l'étude des œuvres humaines, la variété fatigue d'abord l'attention ; bientôt un examen prolongé y découvre un développement plus sérieux, soumis à des lois régulières : la variété y est dominée par l'unité.

Ce n'était donc pas assez pour nous de recueillir plus de deux cents témoignages historiques inédits ; nous avons voulu les coordonner dans une classification fondée sur les formes de l'écriture et sur leur date ; dans une classification méthodique, appuyée sur la paléographie et la chronologie.

Ces éléments de classification, dégagés du texte qui en avait fourni l'occasion et la matière, devaient le précéder. Ce travail n'était pas sans difficultés. Les deux derniers siècles ont fait en ce genre des ouvrages où toute science sérieuse devra désormais s'inspirer. Jamais plus grandes connaissances ne furent mises au service d'une sagacité et d'une érudition plus sûres ; jamais plus riches trésors d'érudition ne furent maniés par des mains plus nombreuses, plus laborieuses et plus patientes. On n'a pas égalé, on ne surpassera jamais les grands recueils consacrés par les bénédictins à la science paléographique. Quelles que soient les œuvres de l'avenir, la postérité ne pourra que poser le couronnement de l'édifice immense qu'ils ont élevé. Mais l'étude de ces livres savants semble requérir, au premier coup d'œil, une science et une patience égales à celles de leurs auteurs. Pour apprendre quelque chose dans la diplomatique de Mabillon, ne faut-il pas des études fort avancées sur l'histoire générale, sur la chronologie, l'archéologie, le droit, les sciences et les arts ? Pour profiter de la paléographie grecque de Montfaucon, ne faut-il pas parler la langue d'Athènes et en posséder les délicatesses ?

Ces difficultés de l'étude scientifique sont encore accrues par l'absence d'une classification méthodique, simple et facile. Les bénédictins, en créant la science paléographique, ont dû adopter des classifications diverses comme l'origine géographique ou chronologique de leurs manuscrits, variées comme les formes capricieuses mises en usage par les scribes de tous les âges et de tous les pays ; de là sont sorties les classifications par époque, par région et par formes.

Les anciennes écritures, distribuées selon l'ordre du temps, ont donc été pour eux : romaines, mérovingiennes, carolines, gothiques.

Classées selon l'ordre des formes, nous avons les écritures majuscule, capitale, rustique, onciale, minuscule, cursive, mixte, etc.

Un système plus simple, plus rationnel, nous a semblé devoir être adopté par l'épigraphie. Les travaux des bénédictins n'avaient pas pour objet spécial les inscriptions monumentales. Elles viennent se ranger dans leurs œuvres selon leurs dates, et mêlent leurs éléments à ceux de l'écriture ordinaire. N'y a-t-il pas quelque danger scientifique dans cette assimilation ? Les transcriptions épigraphiques se distinguent des autres par la simplicité des formes qu'impose la nature de l'écriture et des matériaux. Les scribes ne peuvent plus arbitrairement faire courir leur plume, la dureté de la pierre et du marbre commandent la simplicité. Généralement courtes dans leur rédaction, et destinées d'ailleurs aux regards de la foule, les inscriptions emploient ordinairement, jusqu'au treizième siècle, les grandes et majestueuses majuscules.

Nous étudions à part les inscriptions de l'orfèvrerie. Leur mode d'exécution justifie, en l'expliquant, l'exception dont elles sont l'objet. Les procédés matériels ont exigé une altération de la forme ; mais le style et les éléments de notre méthode y restent visibles pour un œil exercé. Habituellement, en effet, ces inscriptions sont gravées en creux ou empâtées d'émail. Empâtées d'émail, les lettres sont pleines, sans déliés. L'émail ne peut se couler en filets minces ; le polissage auquel étaient soumis les émaux incrustés eût emporté les incrustations ; il effaçait les traits légers creusés à la surface du métal. Gravées, elles sont le produit du burin ou du ciselet ; burinées, elles prennent les traits aigus, droits et débordants de la pointe hardie et légère qui les a tracées ; ciselées à petits coups de maillet, elles ont les formes les plus souples, mais avec force bavures ; chaque halte du ciselet se marque par une dent qui fait saillie sur la reprise suivante.

Tout en notant les exceptions, lorsqu'elles se rencontrent, il nous a paru possible, et partant convenable, de transporter dans l'épigraphie les ingénieuses et savantes méthodes appliquées par M. de Caumont à l'architecture du moyen âge. C'est ainsi que le recueil des inscriptions limousines est devenu un manuel d'épigraphie. Notre classification, basée à la fois sur l'ordre chronologique et sur la forme, a cinq grandes divisions. Nous partageons les inscriptions en romaines, romanes, gothiques rondes, gothiques carrées, et nous réservons la renaissance pour un dernier chapitre convenablement développé.

Les romaines s'arrêtent au huitième siècle ;
Le roman expire avec le douzième ;
Le gothique arrondi finit vers 1360 ;
Le gothique carré est près de disparaître vers 1540.

La renaissance, éclectique de sa nature, remet en honneur l'alphabet de toutes les époques, et emprunte même au treizième siècle.

Qu'on suive en effet de l'œil les *fac-simile* réunis, au nombre de plus de cinquante, à notre travail, on y verra ces divisions se dessiner nettement.

Le majestueux alphabet romain s'altère avec l'empire ; des formes languissantes et indécises, des contractions fatigantes s'y introduisent. Restauré un moment avec les débris de la civilisation antique sous Charlemagne, il tombe pour ainsi dire avec le puissant empereur. L'onciale et des formes arbitraires y pénètrent de toutes parts. Mais déjà les contours arrondis, mêlés aux formes carrées, font pressentir les caractères coulants et circulaires, les boucles et les liaisons élégantes du treizième siècle. Vers le milieu du quatorzième, l'ogival aigu adopte des formes raides où dominent les lignes droites et perpendiculaires. Enfin la renaissance, comme toutes les époques indécises, mêle des formes diverses, et glane dans tous les systèmes en ressaisissant avec plus ou moins de bonheur l'élégant alphabet du temps de saint Louis.

Ainsi, dans les œuvres matérielles que façonne le doigt de l'homme, l'esprit humain laisse toujours son empreinte. Tout parle, tout est éloquent, jusqu'à ces signes en apparence arbitraires et bizarres qui ne servent qu'à transmettre la pensée. Par un coin, et comme par une fissure, chaque siècle s'y laisse entrevoir avec ses goûts et ses tendances. Nous ne négligerons pas ce précieux moyen d'étude ; et, aussi souvent que faire se pourra, nous chercherons dans l'écriture autre chose que des lignes droites et circulaires.

Sous cette influence, nous passerons de la forme au fond, du caractère à la pensée qu'il exprime. C'est dans cet esprit que nous lirons les textes pieux par lesquels tant de personnages oubliés de la génération présente réclament, au nom du père commun, un souvenir affectueux dans la prière. Ces inscriptions, en grande partie, décorent des sépultures. Épitaphes ou non, toutes à leur manière parlent d'éternité. Depuis longtemps la main qui les traça est glacée par la mort; ses cendres mêmes ont péri. Qu'une mémoire reconnaissante sauve ce dernier reste des aïeux ! Il ne nous est jamais arrivé de consulter les nécrologes gardés dans chaque paroisse sans éprouver une vive émotion. Un sentiment semblable s'éveille en nous, à la lecture de ces pages mortuaires. Puisse l'attendrissement mêlé de respect que nous avons éprouvé se commu--

niquer au lecteur! Nous ne sommes pas des curieux égarés dans un cimetière, et lisant, pour se distraire, les épitaphes gravées sur des tombes. Nous allons soulever, il est vrai, la pierre des sépulcres, mais c'est pour nous entretenir avec ces illustres défunts et apprendre d'eux, s'il est possible, à quelles conditions le présent peut faire la conquête de l'avenir !

Le Dorat, 7 avril 1850.

TEXIER.

# MANUEL D'ÉPIGRAPHIE.

## CHAPITRE PREMIER

### NOTIONS GÉNÉRALES.

L'épigraphie est la science de l'écriture tracée sur des matériaux résistants, la science des inscriptions. Les inscriptions sont habituellement un appel au public ou à la postérité. Destinées à conserver la mémoire d'un événement ou d'un personnage, à transmettre un enseignement ou une indication, elles auraient dû préférer les matériaux durables, les formes simples et concises. L'époque romaine fut fidèle à cette double loi.

Pour abréger, elle adopte des formules invariables, constantes, qui permettent, au premier coup d'œil, de reconnaître le sujet et le motif de l'inscription. Les mots sont remplacés par des abréviations ou par des *sigles*, lettres uniques (*singulæ*) destinées à en tenir lieu. Mais sa concision épigraphique dégénère en obscurité. Les mêmes sigles représentent des mots très-différents. Les formules tuent le sentiment et l'inspiration; les inscriptions mortuaires notamment ne sont plus que des sortes d'étiquettes imposées à des dépôts de même forme et de même valeur. Le moyen âge réagit contre cette tendance. La grave et obscure concision romaine fait place trop souvent à un bavardage prétentieux. L'usage des abréviations se conserve, mais c'est afin de faciliter la transcription de longues inspirations plus ou moins poétiques. Ne blâmons pas trop les vers léonins ou rimés dont cette époque fit un si fréquent usage. Cette forme gravait dans la mémoire le sujet de l'inscription, et permettait aux épigraphes de rencontrer des inspirations originales ou touchantes. Elle avait en tous cas l'avantage d'exclure la monotonie.

Les inscriptions de la période romaine se distribuent facilement en plusieurs classes. Funéraires, elles consacrent le souvenir d'un mort : elles disent sa parenté, son nom, son âge, et le mettent sous la protection des dieux mânes. Monumentales, elles rappellent la dédicace d'un édifice public; elles apprennent par qui et en l'honneur de qui il fut élevé. Milliaires, elles indiquent la distance d'un lieu à un autre; elles font connaître le magistrat à qui est due l'exécution de la voie. Religieuses, elles gardent le souvenir d'un sacrifice public, de la consécration d'un autel ou d'un temple. Historiques, elles consacrent le souvenir d'un grand événement.

Il serait difficile de distribuer dans une classification aussi méthodique les inscriptions de la période suivante. En se rapprochant de notre époque, la langue épigraphique devient languissante et prétentieuse. Le goût de Rome pour l'ordre, la régularité et la concision, a passé dans ses inscriptions.

La préférence des Romains pour tout ce qui était durable et monumental fut bien servie par les matériaux de notre province. Les trois départements (Creuse, Haute-Vienne et Corrèze), formant l'ancien territoire des *Lemovices* et l'ancien diocèse de Limoges, ont un sol de formation primitive. Le granit s'y trouve avec toutes ses variétés; les calcaires y sont très-rares et ne se montrent guère que sur la limite occidentale, dans le voisinage du Poitou ou de l'Angoumois. Des carrières de serpentine verte, pierre dure, susceptible d'un beau poli et imitant le marbre, sont ouvertes sur divers points du Limousin;

les plus considérables se trouvent à la Roche-l'Abeille et entre Magnac et Masseré ; tout prouve qu'elles ont été exploitées dès les temps les plus reculés ; leurs matériaux avaient été utilisés aux arènes et en divers monuments romains.

L'époque romaine a employé habituellement les granits les plus durs et la serpentine. Elle a emprunté des marbres au midi de la France ; elle en a fait venir de Grèce et d'Italie. L'époque romane a recherché d'abord les matériaux de luxe, le marbre, la serpentine et le granit ; plus tard, ces matériaux offrant trop de résistance au ciseau élégant de ses sculpteurs, à l'abondance facile de ses poëtes et aux caprices de son écriture, elle usa des calcaires du Poitou et surtout de l'Angoumois [1]. L'époque gothique persévéra dans cette voie, en préférant le calcaire, dont le grain se prêtait mieux au tracé des lignes rondes ou aiguës de son écriture. Les pierres de toute nature ont été employées par elle. A ces matériaux fournis par le règne minéral, il faut ajouter les métaux communs ou précieux et les produits artificiels de l'industrie humaine, tels que la poterie et le verre. L'art et l'écriture parlèrent sur ces subjectifs si divers.

Habituellement les inscriptions sont gravées en creux ; le plus souvent la couleur donne un rehaut au travail du graveur ; plus rarement une pâte coloriée, une incrustation d'émail ou de plomb remplit le sillon tracé par son ciseau. Des exemples de ces divers procédés nous sont

---

[1] La préférence des épigraphes pour les matériaux tendres perce dès le temps d'Isidore de Séville (VIIe siècle). *Albus lapis..... mollis..... tractabilis in opere est, itâ ut in eo, quasi in ligno litteræ scribantur.* Etymologiar., lib. XIX, cap. 10, *de constructione.*

fournis par l'inscription du charmant tombeau de Barthélemy de la Chapelle. (*V.* le texte cidessous, au xiiie siècle. ) Les lettres en relief sont rares à toutes les époques ; elles ont le double inconvénient de s'exécuter difficilement et de se conserver mal. Notons seulement les lettres en bronze clouées par les Romains sur leurs édifices et les lettres en relief de l'orfévrerie. C'est une gravure en creux qui donne ces dernières, puisqu'elles sont le produit d'un moule, et plus souvent encore d'un estampage ou d'une matrice sur lesquels elles s'incrustent par la fusion ou par une pression violente.

L'usage des instruments qui servaient à graver les inscriptions n'est pas indifférent dans leur étude. On verra en temps utile qu'ils influèrent plus d'une fois sur la forme des caractères, sur la sobriété ou la richesse des ornements, sur les formes arrondies ou carrées des lettres.

Ces courtes réflexions nous permettent déjà d'entrevoir le génie de chaque époque se faisant jour jusque dans l'épigraphie. L'époque romaine se distingue par la régularité, la simplicité et la grandeur. L'épigraphie romane a deux aspects comme l'histoire du même temps : par un bout elle touche à l'époque romaine; par l'autre, au règne du gothique. Elle emprunte à la première époque sa simplicité qu'elle altère ; dans la recherche et l'indécision du xiie siècle, il est facile de pressentir l'élégance correcte du gothique. Nous nous bornons pour le moment à ce simple aperçu.

Toute personne à qui ses recherches ou un hasard heureux font rencontrer une inscription, doit, pour tirer de sa découverte tout le parti possible, se livrer à quatre opérations successives. Elle doit : 1° la relever, 2° la lire, 3° l'interpréter, et 4° la classer. La transcription, la lecture, l'interprétation et la classification des inscriptions feront donc le sujet d'autant de chapitres séparés.

## CHAPITRE II.

### TRANSCRIPTION.

A chaque siècle l'alphabet des inscriptions se modifie plus ou moins. Les abréviations, l'orthographe, la ponctuation subissent aussi des changements analogues. La transcription des inscriptions anciennes en caractères modernes ne saurait donc suffire à ceux qui se livrent à leur étude. Toute copie ainsi exécutée est une traduction; or le traducteur interprète; il se met à la place de l'auteur et trop souvent lui prête sa propre pensée. Les sigles, les contractions, les signes abréviatifs ont d'ailleurs souvent plusieurs significations; des marques de sens très-différent sont peu dissemblables par la forme. Les limites chronologiques et géographiques de chaque sorte d'écriture sont encore loin d'ailleurs d'être définitivement et rigoureusement posées. Par tous ces motifs, l'exécution d'un dessin précis et fidèle sera jugée nécessaire.

Ces dessins, trop souvent, seraient d'exécution difficile. Ils ne mettraient pas à l'abri de ces erreurs où tombe le savant toutes les fois qu'il juge avec son esprit en même temps qu'avec ses yeux. On doit donc de la reconnaissance aux antiquaires qui ont imaginé et perfectionné les procédés d'estampage. Par leur moyen, les personnes les plus étrangères à l'art du dessin peuvent presque toujours se procurer rapidement et sans frais une sorte d'épreuve, plutôt que de copier des inscriptions les plus longues, les plus compliquées. Et ces copies données par les monuments eux-mêmes excluent toute chance d'erreur ou d'interprétatipn fautive.

On trouvera ici avec plaisir une courte exposition de ces procédés.

La plupart des inscriptions sont gravées en creux sur une surface unie ; plus rarement elles se détachent en relief. Deux procédés d'estampage permettent de les relever très-facilement.

Le premier est l'estampage à la manière blanche. Nous en empruntons la description à M. Mérimée (Bulletin du Comité des arts, I, 184). Par ce procédé, on relève, non-seulement des inscriptions, mais même des sculptures dont la saillie ne serait pas très-considérable.

1° Nettoyer, en la brossant avec soin, l'inscription ou la sculpture dont on veut prendre l'empreinte.

2° Appliquer dessus une feuille de papier fort, non collé, et dont on se sert dans les imprimeries ; ce n'est qu'à son défaut qu'il faudrait prendre du papier collé, qui vaut moins pour cet usage.

3° Mouiller légèrement ce papier avec une éponge humectée, jusqu'à ce qu'il soit devenu parfaitement souple et qu'il se colle sur la pierre qu'on veut estamper.

4° Appuyer sur ce papier une brosse à poils longs et doux, comme celles dont on se sert pour nettoyer les tables et pour brosser les chapeaux. — Les brosses à chapeaux sont peut-être un peu molles. — Presser et frapper à petits coups, de façon que le papier entre dans le creux des lettres ou de la sculpture, et qu'il prenne tous les contours en relief.

5° Laisser sécher aux trois quarts le papier ; l'enlever avec précaution de dessus la pierre ; attendre qu'il soit entièrement sec. Alors on peut l'envoyer où l'on veut, sans avoir à craindre que l'empreinte ne s'efface. Il vaut mieux ne pas laisser sécher entièrement le papier sur la pierre, parce que le retrait provenant de la dessiccation le ferait crever.

6° Si, pendant qu'on mouille avec l'éponge ou qu'on frappe avec la brosse, le papier se crève, on peut mettre une pièce sur la partie ouverte; on mouille la pièce, jusqu'à ce qu'elle fasse pâte avec la feuille entière et s'y soude. Elle adhère en séchant et fait un tout avec la pièce lorsqu'on la retire. Il faudrait opérer de même si on n'avait pas de papier assez grand. Le papier à la mécanique fournit bien des feuilles de l'étendue qu'on désire, mais il est presque toujours collé et cassant.

7° Lorsque la pierre à estamper occupe une position verticale, on facilitera beaucoup le travail en fixant à la pierre le bord supérieur du papier au moyen de cire ou de gomme.

Comme on le voit, ce procédé est une sorte de moulage. Lorsqu'il est employé avec soin, il rend fidèlement les moindres détails et jusqu'au grain de la pierre. L'empreinte ainsi obtenue, conservée sans grandes précautions, à l'abri de l'humidité, peut durer indéfiniment. Cette empreinte légèrement huilée, si on y coule du plâtre, devient un véritable moule. Dans ce cas, il aurait fallu fortifier l'estampage en collant plusieurs feuilles les unes sur les autres. Il y aurait aussi d'autres précautions à prendre pour empêcher l'empreinte de se déjeter sous le poids du plâtre.

L'estampage à la manière noire donne des résultats plus rapides, plus faciles, mais un peu moins satisfaisants sous le rapport de la netteté. Il a cependant des avantages particuliers. Les lettres et les ornements en creux s'y détachent en blanc sur un fond noir; les reliefs ressortent en noir sur un fond blanc. Les inscriptions des BB. Marc et Sébastien et de la fondation du cardinal Cramaud (planches 18 et 24) donnent une idée du résultat obtenu. Nous résumons ce procédé :

1° Nettoyer le monument avec précaution.

2° Fixer par ses angles sur le monument une feuille de papier non collé, assez fort, mais de pâte souple et flexible. — Si l'objet a peu d'étendue, une main peut maintenir le papier en place pendant que l'autre main y étend le noir; dans tous les cas, il est important que le papier ne se déplace pas.

3° Promener légèrement et sans compression sur le papier un tampon plat, recouvert de feutre et enduit de mine de plomb légèrement humectée d'huile. La mine de plomb peut être remplacée par du noir de fumée.

4° Quelques antiquaires, au lieu de la mine de plomb et du noir de fumée, emploient de la cire noire à souliers ou de la pierre noire dite de charpentier. L'emploi de ces matières a l'avantage de réduire considérablement les bagages de l'antiquaire, en supprimant le tampon, l'huile, la mine de plomb, toutes choses d'un transport incommode. Nous rappelons que la cire comme le tampon de feutre doit être largement et rapidement conduite sur le papier sans compression trop forte; autrement les creux se teindraient aussi en noir, et l'image ne serait pas visible.

Toutes les inscriptions ne sont pas en saillie ou en relief; quelques-unes sont simplement peintes; d'autres, plus nombreuses, sont incrustées d'émaux, de pâtes ou de métaux qui affleurent la paroi, en en gardant le niveau. Pour relever ces inscriptions, l'antiquaire dispose encore de plusieurs procédés ingénieux : le calque, la chambre-claire, le diagraphe, le daguerréotype.

On nous permettra de n'en dire qu'un mot.

On fixe sur l'inscription un papier transparent au travers duquel l'inscription peinte se laisse entrevoir, et la pointe du crayon ou de la plume suit les contours des lettres et des ornements. En fixant sur papier opaque ou sur carton le papier dit végétal, les traits qui y sont tracés deviennent très-apparents : on dirait un dessin sur chine. Tout le monde connaît l'instrument ingénieux appelé chambre-claire : un prisme de cristal, taillé selon certains angles déterminés scientifiquement, saisit l'image des objets placés en avant, et, grâce à la diffraction des rayons lumineux, la transporte sur une surface qui est perpendiculaire au plan vertical des objets aperçus. Il est donc facile d'amener ainsi sur son papier l'image de l'objet qu'on veut dessiner. Un écran métallique, percé d'une petite ouverture anguleuse, permet à l'œil de voir en même temps à travers le prisme et à côté. Par le moyen du prisme et du trou latéral, le même œil perçoit les rayons réfractés et les rayons réfléchis. Les premiers transportent l'image du monument; les seconds laissent entrevoir les objets placés au-dessous, et par conséquent la main et le crayon du dessinateur. Cet appareil ingénieux a l'inconvénient d'exiger une assez grande quantité de lumière et une position très-rapprochée de l'objet; faute de ces conditions, le monument est mal saisi, donné avec une réduction trop considérable. La surface extérieure du prisme doit être toujours parallèle à l'objet reproduit, si l'on ne veut pas le percevoir sous une perspective oblique qui en dénature les proportions.

Les mêmes reproches peuvent être faits au daguerréotype; il demande des conditions de lumière qu'on n'obtient pas toujours dans les intérieurs. Il réduit trop, et son oculaire exige un parallélisme rigoureux. Cet instrument précieux n'en est pas moins le plus exact et le plus rapide des dessinateurs, d'autant plus exact qu'il opère sans idées préconçues, sans système, sans parti pris, et, faut-il le dire, sans intelligence.

Si tous ces moyens variés de transcription font défaut, l'antiquaire aura à tracer directement un dessin exact de l'inscription. Qu'il relève les moindres accidents, les moindres signes en apparence étrangers au texte; ces signes peuvent avoir une valeur que la postérité, à son défaut, saura découvrir. Qu'il se souvienne qu'on lui demande d'abord un témoignage et non une interprétation. Que les yeux du corps saisissent d'abord la forme, et, dans ce premier moment, qu'il se défie de son intelligence; ses yeux pourraient bien voir ce qui est dans son esprit plutôt que les apparences du monument. L'intelligence aura son tour : c'est elle qui expliquera ces formes, qui dira le sens qu'elles recouvrent. Tout antiquaire remplit à l'égard du passé les fonctions de juge. En toute cause, le juge recueille les témoignages avant de prononcer : un dessin doit être une déposition.

Nous pourrions défrayer ce chapitre d'anecdotes piquantes; il est tel dessinateur fameux dont les reproductions graphiques de monuments, faites à travers ses idées préconçues, ont créé de bizarres choses; mais ce serait sortir de notre sujet. Il nous suffira en y rentrant de donner une preuve de la valeur des dessins exacts. C'est un dessin qui, à un siècle et demi d'intervalle, nous permet de rétablir une inscription lue jusqu'à nos jours d'une manière fautive.

En 1700, un antiquaire anglais, J. Hicks, trouva dans

l'abbaye de Bullifort, en Irlande, une inscription en vieux langage français. Cette inscription curieuse fut publiée dans les Transactions philosophiques ( t. I^er, pl. 1^re, p. 143 de l'Abrégé français ) ; la voici :

PHELIP : DE : LA CHAPELE : GHIT : ICI : DEU :
DE : SA ALME : EYIT : MERCI : PATE :

Comme on le voit, chaque mot est séparé du précédent par trois points.

Dans l'impossibilité d'expliquer le dernier mot, les Transactions lisent ainsi :

*Phelip de la Chapele ghyt icy, Deu de sa alma eyit* MERCIPTE.

Nous ne relevons pas toutes les fautes d'orthographe de cette copie; nous constatons seulement la fusion de deux mots bien distincts et la suppression d'un a, fusion et suppression auxquelles nous devons le mot *mercipte*, qui n'exista jamais et dont l'introduction détruit la rime.

Un savant antiquaire moderne, M. de Castellane ( Mém. des antiq. du Midi, III, 245 ), lit en rectifiant la version anglaise :

Phelip de la Chapele ghit ici Deu
de sa alme eyiG merci, paGe

Il avoue ne rien comprendre à ce dernier mot. Grâce à la gravure anglaise, il est facile de reconnaître que les deux lettres dont M. de Castellane fait des G sont simplement des T, et, ceci noté, nous lisons sans ambages, sans difficulté :

Phelip de la Chapele ghit ici, Deu
de sa alme eyit merci Pate (r noster).

Vingt inscriptions du xiii^e et du xiv^e siècle, contemporaines de celle-ci et publiées par nous, se terminent par la même formule.

Voyez ci-dessous, au xiii° siècle, les inscriptions de G. de Beaulieu, du prévôt Jourdain, des Chambafort, pl. 17, etc.

On nous permettra une autre rectification. En 1846, M. Jules Courtet, sous-préfet de Die, découvrit dans le pinacle de l'église de Saumanes une cloche portant la date de 910. Cette découverte était fort intéressante; mais M. Didron, secrétaire du comité des arts, exprima des doutes bien légitimes sur l'authenticité de cette date. Sur sa demande, un dessin accompagné d'un estampage montre bien :

REX : VEIT : ( venit ) I : ( in ) *pace* :
DEUS : HO : ( homo ) FACTUS : EST :
A : D ( ? ) CCCC ✝ X

Mais les caractères sont du xiv° siècle. Reste à expliquer la date apparente 910, fondue en caractères du xiv° siècle; nous croyons être sur la voie de l'explication véritable. Nous remarquons d'abord que ces caractères ont été obtenus par le procédé moderne; l'identité des mêmes lettres prouve que le fondeur s'est servi de lettres coulées en cire, qui, placées sur la chemise, ont fondu au feu, et fait place plus tard au métal. Pour ajuster ces types, le fondeur, afin d'obtenir des lignes bien exactement parallèles, a couché sur le flanc les caractères qui n'auraient pas continué la ligne horizontale; dès le second mot, nous trouvons une lettre ainsi disposée : c'est le T du mot *venit*. Le prétendu D de la date n'est donc qu'une M en gothique arrondi, posée sur le côté droit. Dans l'alphabet de la troisième époque, le D et l'M ont en effet la forme d'une boucle. C'est un arc dont la corde est verticale dans le D et horizontale dans l'M; le plus souvent l'M possède en outre un caractère particulier : nous voulons parler de la pointe centrale qui lui donne complétement l'apparence d'une boucle avec son ardillon. Ici cet ardillon est visible, quoique atténué peut-être par le graveur : quant au texte, il est emprunté à l'Ecriture Sainte, et signifie seulement que le travail de cette cloche fut terminé vers la fête de Noël. Le dessin donné par M. Didron vaut mieux qu'une description. Quelque parti qu'on prenne, l'importance de dessins exacts demeurerait démontrée même par l'incertitude de nos conjectures. En revenant sur nos pas, nous ne serions pas en peine de donner d'autres exemples. M. de Castellane, après Montfaucon, classe à la fin du x$^e$ siècle une inscription de Charles le Chauve qui date évidemment du xiii$^e$. (Mém. des antiq. du Midi, III, 5 6.)

## CHAPITRE III.

### LECTURE. — INTERPRÉTATION.

Les procédés que nous avons énumérés, procédés purement graphiques ou manuels, nous ont mis en possession d'une inscription. L'intelligence, au profit de laquelle la main a travaillé jusqu'alors, doit compléter son œuvre. Elle doit retrouver un texte dans les éléments abrégés qui le renferment; sous ces formules si brèves, elle doit lire la pensée que les temps écoulés lèguent passagèrement en notre personne à la plus lointaine postérité. Lire un texte, l'interpréter, c'est à bien des égards fixer la place qu'il doit occuper dans l'échelle chronologique.

On verra bientôt comment les moyens de lecture et d'interprétation se mêlent avec ceux de classification. Présentement, les éléments que nous fournit la critique épigraphique ne sont employés qu'au profit de la lecture et de l'interprétation des textes.

Nous abordons la partie délicate de ce travail. Obligé par sa nature de nous en tenir à des notions précises et pratiques, nous négligerons nécessairement le côté purement scientifique. Nous devons dire toutefois, pour l'acquit de notre conscience, que la brièveté de notre texte ne nous a pas dispensé d'un travail sérieux. Les ouvrages des bénédictins, l'abrégé de D. de Vaines, les travaux des paléographes modernes ont été l'objet d'une étude constante. C'est pour nous un devoir de dire ici tout ce que nous devons aux ouvrages de MM. de Wailly, Quentin, Chassant et Bonetty. Nous ferons de nombreux emprunts à M. de Wailly. Il n'est pas besoin d'ajouter que, pour notre propre instruction, nous avons fait passer l'étude des vieilles écritures, des chartes et manuscrits anciens que nous possédons, avant celle des inscriptions. Nous ne nous sommes pas borné à étudier les inscriptions de notre pays; des voyages nombreux nous en ont fourni un grand nombre dont nous avons combiné les éléments avec l'analyse des monuments de notre propre province.

Toute inscription se montre sous la forme de lettres composant des mots. Très-souvent ces mots sont remplacés ou suppléés, en tout ou en partie, par des signes particuliers; ces signes sont les sigles, les notes tironiennes, les signes de contractions, les signes d'abréviations, les emblèmes. Nous allons examiner ces éléments si divers.

*Alphabet.* — Notre alphabet vient des Romains; il suffit pour s'en convaincre de rapprocher nos majuscules typographiques d'une inscription romaine prise au hasard. La personne la moins lettrée saura sur-le-champ reconnaître et nommer les caractères de cette dernière. A quel peuple les Romains eux-mêmes avaient-ils emprunté leur écriture? Ici deux opinions répondent. Selon la plus ancienne, les Romains la tenaient des Grecs; une opinion plus récente prétend que les deux peuples la devaient aux Phéniciens. Ce seraient deux branches issues du même tronc. Que ces deux écritures soient de même origine, dans la ligne collatérale ou dans la ligne directe, nous n'avons pas à le décider; il nous suffit de constater leur parenté. Les Grecs et les Romains, dans leur écriture capitale, tracent de la même manière les lettres A, B, E, I, M, N, O, T et Z. Arrondissez les contours de Γ, Δ, Π, Σ, vous y trouverez les types adoucis des G, D, P, S.

A l'exemple de M. de Wailly, dont nous prenons ici le travail pour guide, il nous paraît utile d'arrêter une terminologie descriptive des lettres. Nous n'avons nulle envie de renouveler la scène plaisante où un philosophe apprend théoriquement à prononcer les A et les O. Nulle description ne saurait remplacer la vue des caractères. Mais l'énumération des modifications subies par les types primitifs exige un langage uniforme, précis; nos planches suppléeront à l'insuffisance de cette nomenclature. Nous prenons pour point de départ les majuscules actuelles; elles ne sont que la reproduction de l'écriture capitale des Romains, écriture dont toutes les autres ne sont que des modifications imposées par la nécessité d'abréger. On sait que l'écriture capitale remonte à la plus haute antiquité. Les autres genres d'écriture ne paraissent sur les monuments, soit gravés, soit écrits, que plusieurs siècles après la capitale.

« Quand on compare dans un livre les caractères employés pour les titres avec ceux qui servent pour le corps du texte, on reconnaît que les lettres capitales se distinguent presque toutes par des formes majestueuses; mais il est impossible en même temps de ne pas s'apercevoir que ces lettres sont souvent plus compliquées, et par conséquent d'un usage moins prompt et moins facile. C'est là ce qui explique l'origine des autres genres d'écriture. En examinant une à une les lettres caractéristiques de l'onciale, de la minuscule et de la cursive, on verra que, tout en se distinguant des lettres qui leur correspondent dans l'alphabet capital, elles s'y rattachent cependant par des points de ressemblance qu'il est impossible de méconnaître. Pour étudier ces rapports dans tous leurs détails et les décrire avec précision, il est indispensable de donner des noms aux différentes parties dont se compose la figure de chaque lettre. Une fois que cette nomenclature sera fixée pour les lettres capitales, on pourra l'employer à décrire les caractères des autres genres d'écriture.

» L'A capital se compose de deux montants écartés à leur base, unis à leur sommet et partagés par une traverse horizontale. Cette traverse est quelquefois brisée à l'époque romaine.

» Les lignes verticales et les lignes convexes qui entrent dans la composition de certaines lettres ont été désignées dans plusieurs ouvrages, les unes sous le nom de haste (*hasta*), les autres sous le nom de *panse*. Ce dernier mot existe dans le langage ordinaire (panse d'*a*). On distinguera donc dans le B la haste et la double panse qui s'y rattache.

» On trouve dans le C une panse terminée par deux crochets.

» Le D se compose d'une haste et d'une panse qui l'enveloppe dans toute sa longueur.

» On distingue dans l'E une haste à laquelle se rattachent trois lignes horizontales que l'on nommera *barres*. Ce mot est employé dans le langage ordinaire pour désigner la ligne horizontale qui rencontre la haste du *t*.

» Il y aura pour la même raison dans l'F une haste et deux barres.

» Le G se compose, comme le C, d'une panse terminée par deux crochets; mais le crochet inférieur du G, au lieu d'être pointu, est coupé carrément ou *tranché*.

» L'H se compose de deux hastes et d'une traverse.

» On ne trouvera dans l'I qu'une haste.

» On distinguera dans le K, indépendamment de la haste, les deux tranches, c'est-à-dire les deux lignes qui partent du centre de cette haste.

» Il y a dans la lettre L une haste et une barre.

» L'M se compose de deux traits verticaux réunis par une ligne brisée. Nous conservons aux deux premiers traits la dénomination ordinaire de *jambages*.

» Par la même raison, nous distinguons dans l'N deux jambages réunis par une traverse oblique.

» L'O est formé par la réunion d'une double panse.

» Le P se compose d'une haste désignée ordinairement sous le nom de *queue*, et d'une panse qui en enveloppe la moitié supérieure.

» Il faut distinguer dans le Q une double panse en forme de cercle et la queue qui s'y rattache.

» On désignera aussi sous le nom de *queue* la ligne qui distingue l'R du P, et qui part du point où la haste est rencontrée par la partie inférieure de la panse.

» L'S se compose de deux panses arrondies l'une à droite, l'autre à gauche, et terminées par un crochet.

» Le T renferme une haste et une barre.

» L'U renferme deux jambages qui s'arrondissent dans leur partie inférieure pour se réunir en forme de panse.

» Le V présente deux montants réunis à leur base et séparés à leur sommet.

» L'X est formé par deux traverses qui se croisent obliquement.

» L'Y se compose d'une haste surmontée de tranches.

» On distingue dans le Z deux barres horizontales réunies entre elles par une traverse oblique. » (*Éléments de paléographie*, I, 387-88.)

Les paléographes, comme le mot le dit, s'occupent de toutes les anciennes écritures; mais les vieilles écritures des diplômes, des chartes, des manuscrits, étant incomparablement les plus nombreuses, ont dû principalement attirer leur attention.

Les bénédictins, nos maîtres, ont adopté plusieurs systèmes de classification. Ils ont distribué les écritures, selon leur origine géographique ou historique, en autant de divisions auxquelles ils ont donné le nom du pays ou du peuple qui les avait pratiquées. Ce système a l'inconvénient d'être beaucoup plus spécieux que solide. Les modifications survenues dans les écritures ont été graduelles; elles se sont lentement introduites par un usage qui a toujours tendu à se généraliser. Aucun peuple du moyen âge n'a eu à son service un système particulier. Les formes nouvelles qu'on rencontre dans les manuscrits d'un pays sont usitées dans la région voisine ou sur le point d'y être introduites. Aussi, à côté de cette classification, les bénédictins en ont adopté d'autres uniquement fondées sur la forme des lettres.

M. de Wailly a rendu évidente cette classification. Nous la lui empruntons.

Chronologiquement on distingue deux époques remarquables par deux systèmes bien tranchés : la première s'arrête à la fin du xii$^e$ siècle ; l'autre date de ce temps et expire au xvii$^e$ siècle. On donne à la première le nom d'époque romaine ; l'autre est appelée époque gothique. Pendant la première période, les écritures se divisent :

| *En trois classes :* | *Cinq genres ;* | *Six espèces :* |
|---|---|---|
| Majuscule, | { Capitale, | Capitale. |
|  | { Onciale, | Onciale. |
| Minuscule, | Minuscule | { Minuscule proprement dite. |
|  |  | { Minuscule diplomatique. |
| Cursive, | Cursive, | Cursive. |
|  | Mixte, | Mixte. |

Pendant la seconde période, on trouve :

| *Trois classes :* | *Quatre genres :* | *Cinq espèces.* |
|---|---|---|
| Majuscule, | Majuscule, | Majuscule. |
| Minuscule, | Minuscule, | { Minuscule proprement dite. |
|  |  | { Minuscule diplomatique. |
| Cursive, | Cursive. |  |
|  | Mixte. |  |

L'écriture capitale est la plus ancienne. Elle n'est autre, disent les bénédictins, que la majuscule telle qu'elle se voit aujourd'hui dans les frontispices et les titres des livres. Lorsque dans les manuscrits cette écriture ne conserve pas l'élégance régulière qui la distingue dans les inscriptions et les médailles, on lui donne le nom de capitale rustique.

L'écriture onciale devrait, à la rigueur, désigner des caractères d'un pouce de hauteur. On sait, en effet, que l'*once* romaine était la douzième partie de l'*as;* et que, par extension, la douzième partie du pied, unité de longueur, a reçu le même nom. Mais les lettres ont rarement atteint cette dimension. L'onciale, selon les bénédictins, est une majuscule dont les caractères affectent souvent des contours arrondis, et qui se distingue de la capitale proprement dite par la forme des lettres A, D, E, G, R, M, Q, T, V. ( *V.* la pl. 1<sup>re</sup>. ) La minuscule est aussi une simplification de l'onciale et de la capitale.

La régularité de ces deux sortes d'écritures, capitale et minuscule, leurs combinaisons de lignes droites, la séparation des lettres qui exigeait la main levée après le tracé de chaque caractère et presque après chaque jambage, en rendaient l'emploi long et difficile. Les copistes mirent donc en usage une écriture qui, par ses liaisons, ses enlacements, ses formes circulaires, pût suffire aux exigences d'une transcription rapide. Ce système forma l'écriture cursive. Malgré les dénégations de quelques savants, son emploi n'est pas dû aux barbares; il est établi qu'elle date des premiers temps, et qu'elle est même antérieure à l'écriture onciale. On trouve des exemples de cursive dans l'épitaphe de Gaudence, datée des consulats d'Ursus et de Polemius, c'est-à-dire de l'an 338 de J.-C.

Mais l'écriture cursive a peu de fixité ; elle varie selon

les habitudes de chaque écrivain ; les liaisons qui unissent tous les caractères permettent difficilement de déterminer où commence l'un et où finit l'autre. Tous ces inconvénients en rendaient la vue désagréable et la lecture difficile pour d'autres que le copiste lui-même. Lorsqu'on sentit le besoin d'une écriture plus nette que la cursive, et plus expéditive que l'onciale, on inventa la minuscule, dans laquelle on rencontre les caractères propres à l'écriture onciale, mais modifiés ; d'autres appartenant à la cursive, mais dégagés des traits superflus, et quelques-unes des lettres communes aux différentes espèces de majuscules qu'on a simplifiées [1]. C'est sur cette forme d'écriture qu'on a composé les caractères typographiques qu'on appelle petit-romain. Selon les bénédictins, cette écriture a été connue des Romains. M. de Wailly prétend, au contraire, que son existence régulière ne date que du VIII<sup>e</sup> siècle.

Un autre genre d'écriture a précédé l'emploi de la minuscule ; c'est l'ecriture mixte, que les bénédictins appellent aussi *demi-onciale*. Elle doit son origine aux modifications apportées aux lettres onciales, dont on a réduit la hauteur et qu'on a réunies avec les lettres cursives. Telles sont, jusqu'au XIII<sup>e</sup> siècle, les principales divisions de l'écriture considérée sous le rapport de la forme. Il ne nous paraît pas nécessaire d'indiquer les subdivisions introduites par les bénédictins dans ce plan général. L'écriture allongée, à laquelle quelques paléographes consacrent un article spécial, n'est qu'une modification accidentelle de toutes les autres sortes d'écriture introduite dans les diplômes.

[1] Quantin, *Dictionnaire de diplomatique chrétienne*.

À dater du commencement du xiiiᵉ siècle, des modifications nombreuses et profondes donnent un caractère tout particulier à l'écriture. Deux systèmes principaux s'établissent et excluent habituellement les autres formes usitées jusqu'alors; ces systèmes prédominants sont la majuscule et la minuscule.

La majuscule prend une physionomie à travers laquelle il est souvent difficile de reconnaître les principes constitutifs de la majuscule primitive. Les lettres C, E, M, T, U ont une forme toute nouvelle : des traits réunissent les divers jambages et font ressembler ces caractères à une boucle semi-circulaire munie ou dépourvue de son ardillon. Dans les autres caractères, les hastes, les barres et les bandes s'allongent, se renflent et se recourbent avec grâce et souplesse; les lignes droites continues n'existent plus. (*V.* la pl. 1ʳᵉ.)

La minuscule, au contraire, adopte exclusivement les lignes brisées avec diverses nuances, selon les époques. Les caractères typographiques allemands peuvent en donner une idée.

Il nous resterait à parler des lettres à ornements. Les bénédictins les ont distribuées en plusieurs classes, selon la nature de leur ornementation végétale ou animale, capricieuse ou historique. Nous en dirons un mot plus tard.

Tels sont les caractères généraux des écritures usitées depuis l'époque romaine jusqu'à nos jours. Il nous a paru utile d'en donner une idée sommaire, pour expliquer l'origine et la provenance des caractères qu'emploie l'épigraphie. La filiation de ces derniers, si l'on peut ainsi parler, se trouvera ainsi indiquée.

Les divers types adoptés par les écrivains peuvent se

montrer exceptionnellement sur les inscriptions. Habituellement ils furent rejetés par les épigraphes. Ils écrivaient pour la foule, pour un effet solennel; les inscriptions appellent naturellement la précision et la brièveté. Le métal, les pierres sur lesquelles elles sont tracées nécessitaient l'emploi de formes simples, faciles; telles furent les influences qui donnent à l'écriture des inscriptions un caractère tout particulier de simplicité et de régularité. Indiquons-en les types principaux, en réservant les détails pour le chapitre consacré à la classification. Nous excluons de ces notions générales les sceaux et les monnaies. Leur écriture exceptionnelle doit faire l'objet d'ouvrages particuliers; plus loin, nous en dirons les motifs.

Nous avons déjà indiqué les principales limites chronologiques de notre système de classification.

Le système romain s'arrête au huitième siècle;

Le roman expire avec le douzième;

Le gothique arrondi finit vers 1360;

Le gothique carré est près de disparaître vers 1540;

La renaissance a accompli son évolution au xviie siècle.

*Alphabet romain.* — L'alphabet romain des inscriptions se compose presque exclusivement des grandes et majestueuses capitales de l'écriture ordinaire. Selon la date, cependant, elles gardent ou perdent leur ampleur et leur élégance. L'écriture elle-même souffre de la décadence de l'empire; les lettres s'enlacent et se lient; le même jambage fait partie de plusieurs caractères; les crochets et les barres minces ou épanouies, les points triangulaires ou ronds fournissent des points de repère précieusement recueillis pour la classification chronologique. Consultez la pl. 1re.

*Alphabet roman.* — La capitale romaine demeure le type de cette écriture. L'architecture des temps qui séparent l'époque romaine de l'époque gothique a reçu le nom de romane, parce qu'elle n'est qu'une modification de l'architecture romaine, qui lui prête la plus grande partie de son système de construction. Une raison analogue nous a fait donner le même nom à l'écriture de ces temps. On y retrouve les éléments de la capitale romaine mêlés avec ceux de l'onciale; la minuscule et les autres écritures n'y apparaissent que rarement. En somme, l'époque romaine préfère la capitale; c'est l'onciale et ses dérivés qui dominent dans l'époque romane. La planche 1re en dira plus que toutes nos descriptions.

*Alphabet gothique arrondi.* — Dès le douzième siècle, il s'opère dans l'écriture quelque chose de semblable à ce qui a lieu dans l'architecture. Les formes de la majuscule gothique se montrent peu à peu; elles se mêlent de plus en plus à l'écriture ordinaire, et, sur la fin de ce temps, elles deviennent prédominantes. Il y a transition dans les inscriptions comme dans les monuments. Au XIIIe siècle, la capitale gothique des manuscrits est exclusivement employée dans les inscriptions. Elle règne encore pendant la première moitié du XIVe siècle; seulement elle prend, vers cette époque, un embonpoint qui décèle son âge; les filets ou liaisons du XIIIe siècle disparaissent aussi de plus en plus.

*Alphabet gothique carré.* — Dès le commencement du XIVe siècle, la minuscule est employée dans l'écriture monumentale. La capitale du siècle précédent, sur certaines inscriptions, persévère, mais réduite à son rôle de simple majuscule, marquant seulement le commencement des phrases ou des vers, et les choses notables, telles que les dates et les noms propres. Dès le xive siècle, cet usage, devient général. Cette écriture gothique a, selon l'époque, des nuances qui sont caractéristiques. Ainsi, au xvie siècle, les têtes et les queues des lettres s'épanouissent en un losange semblable à un fer de lance obtus.

La *renaissance* conserve ces divers alphabets, en leur donnant cependant une physionomie particulière qui décèle leur âge; elle embellit habituellement les caractères de trois épanouissements circulaires qui lui appartiennent en propre. Nous avons essayé de rapprocher sur la même planche les types principaux de ces diverses écritures.

Au risque de fatiguer le lecteur, nous répétons que ces observations ne portent pas sur l'écriture des sceaux et des monnaies. Les règles propres à l'écriture des inscriptions deviendraient fausses si on les appliquait à la numismatique et à la sigillographie, et réciproquement. Nous déduirons plus loin les raisons de ces différences. Une des plus importantes se trouve dans l'emploi prolongé du même type et du même sceau. Je possède deux actes datés, le premier de 1179 et le second de 1245, scellés tous les deux d'une empreinte sortie du même creux; elle montre un évêque mitré, tenant la crosse et bénissant, avec cette légende : *Sigillum ecclie* (ecclesie) *lemovicensis*. Au revers, le contre-scel porte une main bénissant dans un nimbe crucifère : *Manus Domini*.

*Notes tironiennes*[1]. — Tullius Tiro, affranchi de Cicéron, augmenta considérablement le nombre des signes abré-

---

[1] Nous empruntons cet article et une partie du suivant à M. de Wailly, en y ajoutant nos observations particulières.

viatifs inventés par Ennius au nombre de 1,100. Des additions successives en avaient porté le nombre à 5,000, lorsque, au commencement du IIIe siècle, saint Cyprien, évêque de Carthage, étendit encore ce recueil en y ajoutant les signes qui convenaient à l'usage particulier des chrétiens : on s'en servait pour recueillir les discours publics. C'était une sténographie enseignée dans les écoles, comme nous l'apprend le poëte Prudence dans les vers faits à la louange de saint Cassien, célèbre martyr du IVe siècle.

> Præfuerat studiis puerilibus, et grege multo
> Septus, magister litterarum sederat,
> Verba notis brevibus comprehendere multa peritus,
> Raptimque punctis dicta præpetibus sequi.

Saint Augustin et saint Chrysostôme nous apprennent eux-mêmes qu'on recueillait ainsi ce qu'ils disaient en chaire. Les évêques avaient à leur service des écrivains instruits de cette tachygraphie. On en a une preuve certaine dans la lettre qu'Evode écrivit, en 415, à saint Augustin (lettre 258) : *J'avais auprès de moi*, dit Evode, *un jeune homme, fils d'Armenus, prêtre de Melone... il avait été auprès de l'homme de lettres du proconsul, et il écrivait sous lui... il écrivait très-vite en notes.* Saint Genès d'Arles et saint Epiphane de Pavie exercèrent cet art avec distinction dans leur jeunesse. Le premier paraît avoir été un de ces excepteurs ou greffiers publics dont la fonction était d'écrire en notes les interrogatoires des criminels et les sentences des juges. Cet art, perpétué à travers le moyen âge, se retrouve pratiqué dans plusieurs manuscrits Les inscriptions étant d'une transcription plus lente, et n'étant pas seulement destinées aux initiés, mais au public, l'emploi des notes de Tiron y est à peu près inconnu, et nous n'en parlons que pour mémoire. Tout au plus ont-elles fourni quelques signes abréviatifs. Il y aurait lieu toutefois d'examiner si quelques inscriptions inexpliquées, où l'on a voulu voir les caractères des langues étrangères, ne seraient pas écrites en notes tironiennes. Le jour où cette écriture cessa d'être répandue, les initiés en firent une sorte d'écriture secrète. En tous les temps ont vécu des gens moqueurs. Plusieurs inscriptions ont eu certainement pour but d'amuser, en les fatigant, les loisirs des érudits.

*Sigles.* — Sigle vient de *sigilla*, diminutif de *signa*, ou de l'adjectif *singuli, singulæ litteræ*. Les sigles sont des lettres choisies parmi celles qui composent un mot pour exprimer ce mot tout entier. Les sigles simples sont ceux qui désignent un mot par une seule lettre : N. P. pour *Nobilissimus Puer*. Les sigles composés ajoutent à la lettre initiale une ou plusieurs lettres qu'ils prennent au commencement, dans le corps ou à la fin d'un mot, comme *Am* pour *Amiens; col* pour *coloni*. On connaît encore les sigles doublés qui répètent la même lettre. Cette répétition a pour but d'indiquer que le mot qu'ils représentent doit être mis au pluriel, ou qu'il désigne deux ou trois personnes : AA, *Augusti; coss, consules*. D'autres lettres redoublées désignent non le pluriel, mais un superlatif : CC, *clarissimus*.

Les sigles ont été surtout en usage dans les inscriptions de l'époque romaine; leur emploi dans les manuscrits est moins fréquent, et se borne le plus souvent aux citations de textes connus, empruntés soit à la législation, soit aux grands auteurs ou à l'Ecriture sainte.

Les Hébreux paraissent les avoir employés; c'est de ce

genre d'abréviations, disent les bénédictins, qu'on entend ordinairement ces paroles de David : *Ma langue sera comme la plume d'un écrivain qui écrit avec rapidité*. Les Grecs ayant reçu leur écriture des Phéniciens-Hébreux, on ne peut guère douter qu'ils n'en aient aussi tiré leurs abréviations par sigles. Des Grecs, les sigles sont passés chez les Romains, qui les ont portés dans le reste du monde ancien.

L'obscurité que présente souvent l'écriture en sigles détermina Justinien à en interdire l'usage dans les livres de droit, lors même qu'il s'agissait de désigner les noms des jurisconsultes, les titres et les nombres des livres. Puisque cette langue énigmatique présentait de si graves inconvénients pour les contemporains, on ne doit pas s'étonner que de nos jours l'interprétation des sigles anciens exige des connaissances aussi profondes que variées sur les coutumes de chaque siècle et de chaque contrée. Le seul conseil qu'on puisse donner à cet égard, c'est de rechercher avec soin toutes les circonstances accessoires qui peuvent aider à la solution du problème. Il est facile de comprendre, par exemple, que certaines interprétations conviendraient plutôt à une inscription funéraire qu'à une médaille. S'il est possible de connaître le temps et le lieu auquel se rattache une inscription, il faudra tenir compte de ces données, qui fourniront presque toujours des indications précieuses. Presque tous les sigles simples ont des significations nombreuses. Le choix du sens véritable est déterminé par celui des mots qui précèdent et qui suivent.

Tous les ouvrages spéciaux donnent une longue nomenclature de sigles. Les significations dont chaque lettre est susceptible s'y trouvent rangées par ordre alphabétique. Le choix serait impossible à qui ne tiendrait pas compte du contexte. Nous croyons que quelques règles, souvent expérimentées par nous, remplaceront avec avantage ces longues tables, presque toujours inutiles à ceux qui savent et à ceux qui ignorent.

Il n'y a guère d'inscriptions romaines entièrement composées de sigles. Des mots entiers ou seulement abrégés s'y rencontrent presque toujours. Ces mots, ou des formules que nous allons indiquer, permettront de fixer l'inscription dans une classe qui en déterminera le sens général.

Les inscriptions romaines appartiennent habituellement à des tombeaux, à des autels ou à des bornes milliaires., à des *ex-voto*. La forme de la pierre permettra le plus souvent de les classer dans une de ces catégories. De forme triangulaire ou carrée, semblables à des urnes, à des sarcophages ou à des pommes de pin, les cippes ou tombeaux n'ont pu recevoir aucune autre destination. Des feuilles cordiformes, une hachette figurée indiqueront la même origine. Rondes, octogonales ou carrées, les bornes destinées à marquer la distance sur les routes sont toujours en forme de colonne. Les autels ont une base et sont décorés de moulures. S'ils ne sont pas des monuments simplement commémoratifs, ils sont creusés, à la partie supérieure, de trous nécessités par les cérémonies des sacrifices.

La pierre est-elle informe ou mutilée, sans ornements qui indiquent sa destination primitive? l'inscription seule fournira les moyens de la remettre à sa place. Les sigles D. M. (*Dis manibus*), placés au commencement, feront reconnaître une inscription funéraire. Il en serait de même de ceux à la fin desquels on trouverait les sigles

S. A. D. (*sub ascia dedicavit*), et de tous ceux où figure l'*ascia*.

L'inscription, dans ce cas, relatera le nom du défunt, son âge, le nom de celui qui a érigé le monument. Quelques formules de regret, un adieu éloquent dans sa simplicité, une invocation aux dieux, la dédicace *sub ascia* compléteront souvent les formules funéraires. Voici les plus communes :

| | |
|---|---|
| S. E. S. V. P. | Sibi et suis vivus posuit. |
| C. B. M. F. | Conjugi bene merenti fecit. |
| A. O. P. C. | Amico optimo ponendum curavit. |
| B. M. D. S. P. C. | Bene merenti de se ponendum curavit. |
| D. S. F. C. | De suo faciendum curavit. |
| H. S. E. | Hic situs est. |
| B. V. | Bene vale. |
| S. T. T. L. | Sit tibi terra levis. |
| A. C. V. | Anima carissima vale. |
| M. H. N. S. | Monumentum hæredem non sequitur. |

Consultez les inscriptions romaines publiées ci-dessous. Nous résistons à la tentation de citer des inscriptions étrangères à notre province. En voici une fort simple, qui montre la disposition ordinaire du nom du défunt et du consécrateur, l'indication de l'âge :

DIIS MANIB
CAMILL AVGVSTILAE
QVAE VIXIT ANNIS XXX
DIEB. V. DE. QVA. NEMO
SVORVM VMQVAM
DOLVIT NISI MORTEM
SILENIVS REGINVS
FRATER SORORI
KARISSIMAE ET SVB
ASCIA DEDICAVIT

*Aux dieux mânes de Camilla Augustila, qui a vécu trente ans et cinq jours, et qui n'a jamais causé aux siens d'autre peine que sa mort*[1]. *Silenius Reginus, son frère, a consacré ce monument à sa sœur chérie, et l'a dédié sous l'*ASCIA.

Nous parlerons un peu plus loin de cette formule *sub ascia*, si commune en France, et si peu expliquée, malgré le zèle de l'érudition.

A-t-on sous la main un autel, un *ex-voto?* le nom du dieu honoré par cet hommage y figure au datif, et le plus souvent en tête. Il est suivi ou accompagné du nom du consécrateur, peuple ou individu, du nom de celui au profit duquel eut lieu la dédicace. L'inscription est terminée par une formule de consécration : V. S. L. M, *Votum solvit libens merito;* P. C, *Ponendum curavit* ou *censuit;* D, *Dedicavit* ou *dedicaverunt*, etc.

Est-ce un fragment de milliaire qu'on a rencontré? le nom de l'empereur à qui est due la construction de la voie, le nom de la station voisine, la distance indiquée en pas et exprimée en chiffres romains, le feront bientôt reconnaître.

On trouvera malheureusement très-peu d'inscriptions qui ne puissent prendre place dans les rangs de celles-ci. Les souvenirs commémoratifs, les tauroboles, les dédicaces de monuments ou de statues se rencontrent très-rarement. Ces formules générales permettraient cependant de les reconnaître à ceux qui auraient le bonheur de faire des découvertes de ce genre. L'étude de nos

---

[1] C'est le mot de Louis XIV à la mort de la reine sa femme. Cette formule touchante se trouve très-souvent dans les anciennes inscriptions.

planches et des nombreuses inscriptions que nous publions donnera l'intelligence de ces renseignements nécessairement réduits à des généralités.

*Abréviations.* — Les sigles appartiennent surtout à l'époque romaine. Ce n'est que par extension qu'on en a donné le nom à certaines lettres employées au moyen âge et aux initiales des noms sacrés. Les abréviations sont de toutes les époques; elles deviennent plus nombreuses dans le temps qui a suivi l'époque romaine. Plusieurs méthodes ayant pour but de réduire l'étendue de certains mots, de remplacer certaines syllabes par des chiffres, se formulent en systèmes assez réguliers. Nous allons les passer en revue. L'abréviation a eu lieu par enlacement, par signes, par contraction, par suppression de lettres.

*Abréviation par enlacement.* — L'enlacement, employé dès l'époque romaine, a eu pour but de ménager l'espace. Très-souvent il n'est possible de l'expliquer que par une recherche de mauvais goût : il devient en effet plus fréquent aux époques de décadence. Les copistes l'opéraient de deux manières, soit en renfermant les lettres les unes dans les autres, soit en leur donnant des jambages communs. Cette écriture présente des difficultés plus apparentes que réelles; habituellement toute difficulté disparaîtra, si l'on a soin de donner la première place à la lettre qui renferme l'autre, et, dans les lettres liées, à celle dont une partie est plus rapprochée de la gauche. Il y a cependant parfois des combinaisons bizarres, plus difficiles à expliquer. Nous indiquerons le mot *non* de l'épitaphe d'Etienne de l'Aguène (*V.* pl. X), exprimé tout entier par une seule lettre. La traverse oblique réunissant les deux jambages de l'N est double, et forme par conséquent, avec ces deux jambages, un O en losange. Le mot *non* est donc exprimé tout entier par l'N superposée à elle-même et par l'O.

*Abréviation par signes.*—Les signes sont peu nombreux; voici les principaux et leur signification habituelle.

Celui qui est employé le plus fréquemment a la forme du chiffre arabe 9 ; selon le rang qu'il occupe, il exprime deux syllabes différentes. Au commencement ou dans l'intérieur des mots, il remplace les syllabes *cum*, *cun*, *con;* il est alors sur la même ligne que l'écriture ; mis au-dessus de la ligne, à la fin d'un mot, il supplée la syllabe *us*, et plus rarement *ur* ou *er*.

Le point ou le point et virgule après la lettre *q* remplacent les lettres *ue;* le point et virgule remplace aussi la syllabe *et*.

Le trait horizontal au-dessus d'une voyelle exprime la suppression d'une lettre, presque toujours de l'*n* ou de l'*m*. Cette dernière lettre est en effet une de celles qui occupent le plus de place; aussi les abréviateurs l'ont élaguée avec une sorte de complaisance.

Le P dont la queue est coupée par une ligne droite signifie *per*, *par* ou *por*.

Si le trait est la prolongation de la partie inférieure de la panse du P, il signifie *pro*. (*V.* la fondation du cardinal Cramaud, pl. XXIV.)

L'R en forme du chiffre 2 dont la queue est tranchée remplace la syllabe *rum*. On peut en voir plusieurs exemples dans l'épitaphe des bienheureux Marc et Sébastien, pl. XVIII.

Un signe en forme de Z remplace la syllabe *et*.

Les abréviations par contraction sont indiquées par

une sorte d'accent circonflexe placé au-dessus du mot réduit. Ces contractions ont lieu de trois manières :

Par le rapprochement du commencement et de la fin du mot : APS, pour *apostolus;* EPUS, pour *episcopus;* DONI, pour *Domini;*

Par la réunion des consonnes principales de chaque syllabe : SCS, pour *sanctus;* BND, pour *benedictus;* DCS, pour *dictus;* HRLM, pour *Hierusalem;*

Par la réunion des voyelles : AIOE, pour *actionem.*

Quelques exercices sur les inscriptions elles-mêmes ou sur des *fac-simile* exacts familiariseront promptement avec ces difficultés; nous conseillons l'étude de nos planches séparées de leur transcription [1].

*Emblèmes.* — Les emblèmes sculptés, gravés ou peints sur les monuments, seront d'un grand secours pour la lecture des inscriptions et leur interprétation. A l'époque romaine, les tombeaux et les autels sont décorés d'attributs qui en font facilement reconnaître l'origine. Les génies en deuil, les plantes funéraires, et la hache énigmatique, connue sous le nom d'ascia, décoreront les sarcophages; on trouvera sur les autels le vase et la cuiller destinés aux libations (*præfericulum, simpulum*), le sceptre ou *lituus* des pontifes, la hache et le couteau des sacrificateurs; les scènes de la Bible, traitées avec un caractère antique de composition, de pose et de costume, feront reconnaître les sépultures chrétiennes des premiers âges; plus tard les instruments des professions diverses désigneront les origines des divers personnages : aux calices on reconnaîtra les prêtres, les abbés à la

---

[1] M. Chassant, bibliothécaire à Évreux, a publié un excellent dictionnaire lithographié des abréviations, d'un format très-portatif.

crosse, les évêques à la mitre. A dater du xiiᵉ siècle, le blason fournira les indications les plus précieuses sur la famille et les alliances de l'auteur ou donateur du monument que décoreront des armoiries. Il est peu de monuments qu'on ne puisse dater lorsque cette langue symbolique est rapprochée d'une inscription. Nous reviendrons sur ces données.

*De l'ascia.* — Sur un grand nombre de tombeaux est figurée une sorte de hache, de sarcloir, ou de pioche à manche court. L'inscription du tombeau se termine alors par cette formule : *sub asciâ dedicavit* ou *posuit*, etc. L'image de l'*ascia* sans formule explicative, ou la formule sans image, se trouve aussi sur un grand nombre de monuments. Depuis plusieurs siècles, les antiquaires cherchent le sens de cette figure et de cette inscription : *Fait, dédié ou consacré sous la hache;* mais les opinions émises à ce sujet par les érudits les plus célèbres sont aussi nombreuses que peu concluantes. Nous rapporterons les principales.

On a cru d'abord que la formule *sub asciâ* n'avait été employée que dans la Gaule, et qu'elle ne se trouvait que sur des sépultures chrétiennes. Ce serait un signe de reconnaissance inspiré par les persécutions, et il faudrait l'ajouter à ce langage hiéroglyphique des premiers martyrs : l'ancre, la colombe, l'agneau, le poisson. — Les faits contredisent cette conjecture. L'*ascia* se trouve en Italie; elle décore de nombreux tombeaux de païens antérieurs ou postérieurs à l'ère chrétienne. Millin (Voyage en France, I, 442) pense que cette formule et toutes les formules analogues signifient que le monument a été fait à neuf en entier et pour le mort, depuis les fondements pour lesquels on a employé l'espèce de sarcloir appelé *asciâ*. Il emprunte cette explication au marquis Maffei.

**M.** Champollion-Figeac adopte une opinion voisine de celle-ci : il croit que la figure de la doloire et les mots *sub asciâ* indiquent que le monument a été dédié et placé sur le tombeau à l'intention formelle et précise du défunt.

Millin (dictionnaire des beaux-arts), au mot *Hache*, II, 3), résume, d'après Mazochi, les opinions des plus illustres érudits; nous lui empruntons ce qui suit.

Alde Manuce chercha le premier à expliquer ces formules par une loi des Douze Tables qui défend de polir avec l'*ascia* et de travailler les bois dont on construit les bûchers. Il dit que l'*ascia* figurée sur les monuments sépulcraux annonçait que l'on avait satisfait à la loi, en élevant un monument simple et sans art. Fabretti veut que, par l'expression *sub asciâ facere*, on fît hommage à la prescription de simplicité dans les sépulcres commandée par la loi des Douze Tables, en apprenant que le tombeau avait été fait et achevé, quelque élégant qu'il fût, avec l'*ascia*. Reinesius entend par ces formules que celui qui parle dans l'épitaphe a présidé à la construction du monument, depuis le premier coup de l'*ascia* donné pour préparer le terrain jusqu'à l'entière perfection du tombeau opérée par l'outil du marbrier appelé *ascia*.

Maffei, s'appuyant sur un passage de Vitruve, d'après lequel l'*ascia* servait à faire infuser la chaux, conclut que sa présence sur les tombeaux indiquait que ces monuments avaient été faits, construits et reblanchis avec de la chaux pour l'usage de celui dont l'épitaphe faisait mention. La formule *consummatum hoc opus sub asciâ est*, tirée d'une épitaphe rapportée par Guichenon, semblait venir en aide à son système. On oppose, à cette explication, des épitaphes avec l'*ascia*, gravées sur un seul bloc de marbre ou de pierre commune qui n'ont jamais été blanchis.

Mabillon pense que les anciens, en dédiant leurs tombeaux aux mânes, faisaient des imprécations contre ceux qui oseraient en violer la sainteté, et que ces imprécations étaient exprimées par la figure de l'*ascia* dont on menaçait leur tête.

Selon Muratori, cette formule était une prière tacite, mais comme adressée par le mort au possesseur du champ où était situé le monument, d'en sarcler les environs, d'empêcher les broussailles d'en dérober la vue, et de rendre la terre légère sur les cendres du défunt.

Caylus voit dans l'*ascia* un sarcloir consacré par une cérémonie religieuse pour nettoyer le lieu où devait reposer le tombeau. La figure de cet instrument, ou sa mention sur le tombeau, avait pour but d'inspirer le respect de la sépulture par le souvenir des cérémonies religieuses qui l'avaient consacrée. Malheureusement pour ce système, étayé d'ailleurs de trop nombreuses conjectures, l'*ascia* se trouve sur un grand nombre de tombeaux chrétiens, et la foi ne permettait pas l'emploi d'une formule et d'une image qui rappelaient les rites et les cérémonies du paganisme.

Plus près de nous, M. Mangon de la Lande voit dans l'*ascia* la mention de la fondation d'un revenu destiné à entretenir le tombeau, à le préserver des plantes parasites et à l'environner de verdure et de fleurs. L'*ascia* attestait de la part des parents un soin religieux dont ils tiraient une sorte de pieuse vanité aux yeux du public, en apprenant qu'ils avaient dédié le tombeau sous la condition et à la charge de le faire soigner, garder et entretenir. (Mémoires des Antiq. de l'Ouest, II, 267.)

Cette conjecture ingénieuse n'épuise pas la matière. D'autres voient dans l'*ascia* une hache de charpentier. Sa mention sur le tombeau indiquerait qu'il a été élevé sous un toit destiné à l'abriter. Chorier, plus érudit, voit dans l'*ascia* un mot grec qui signifie *un lieu couvert de l'ombrage des bois*. La formule *sub asciâ dedicatum* indiquerait tout simplement un tombeau dédié aux mânes à l'ombre d'un bois. C'est venir de bien loin pour prêter aux Romains une banalité ; le bois qui recouvrait le tombeau était assez visible, plus visible que l'inscription. Mais nous bornons là notre rôle de rapporteur; le lecteur est assez édifié pour choisir, s'il n'aime mieux créer.

Toute inscription *lue* est par là même *interprétée*. La lecture, en effet, suppose la connaissance de la langue dans laquelle le texte est écrit, surtout si ce texte est incomplet ou figuré à demi, comme dans la plupart des inscriptions. L'interprétation des hiéroglyphes n'a été satisfaisante que lorsque le génie de Champollion a eu retrouvé dans le cophte la langue antique dont ces images n'étaient que la traduction figurée. La division établie entre la lecture et l'interprétation des inscriptions est donc plus fictive que réelle; elle n'a pour but que d'en faciliter l'étude. L'esprit humain, à cause de son infirmité, ne saurait tout percevoir par un seul regard; il décompose, il analyse. C'est la loi des progrès en toute science; elle devait régir ce modeste travail.

Nous n'avons mentionné les caractères grecs que pour mémoire. La langue grecque, en effet, n'a guère été parlée en France que dans les colonies de la Méditerranée. Malgré les origines troyennes que la renaissance, plus poétique que véridique, infligea à toutes nos provinces, les textes épigraphiques en cette langue, trouvés au nord de la Provence, sont d'une extrême rareté. Cependant l'Orient, à toutes les époques du moyen âge, nous a fourni des reliquaires, des œuvres d'art gravés d'inscriptions; mais ces textes leur ont valu les préférences de l'érudition; bien rares sont ceux qui n'ont pas été publiés et commentés. L'épigraphie du moyen âge a fait deux emprunts assez fréquents à la langue grecque; ce sont à peu près les seuls. On trouve comme accompagnement à la croix, à l'Agneau divin ou à la figure de N.-S., les lettres A et Ω; c'est la traduction du texte des Ecritures où le Sauveur dit qu'il est le commencement et la fin, l'alpha et l'oméga. Les premières syllabes du nom de Jésus-Christ sont aussi constamment écrites en grec, quelle que soit la langue employée dans le reste de l'inscription : IHS — XPI.

Le latin a été pendant longtemps la langue vulgaire. Lorsque, de ses éléments mêlés avec les éléments barbares, sortirent de nouveaux idiomes, la langue latine demeura encore la langue officielle, la langue de l'érudition et de l'Eglise. Jusqu'au xii$^e$ siècle, la plupart des inscriptions trouvées en France sont écrites dans cette langue : la langue vulgaire, entée sur le latin, se montre dès lors assez fréquemment dans les monuments épigraphiques. On sait que cette langue est double : au nord de la Loire, c'est le français primitif; au sud de ce fleuve, ce sont les dialectes auxquels l'érudition a judicieusement donné le nom de langue romane. Ces dialectes, vaincus par la langue du Nord, sont tombés de nos jours à l'état de patois dédaignés. Il est curieux de les voir, au xiii$^e$ siècle et plus tard, prendre une position officielle en Limousin, en devenant la langue publique des magistratures consulaires. Nous publions plusieurs inscriptions en cette langue. En quelques autres, le latin et le roman sont mêlés comme dans plusieurs actes du xiii⁰ siècle. Le *Glossaire* de Ducange sera d'un grand secours pour l'explication des termes de la basse latinité ; ceux de Roquefort et de Renouard donneront le sens des mots peu usités des langues d'oil et d'oc, noms sous lesquels sont aussi connus le français primitif et la langue romane. Nous n'insistons pas sur cette étude de traducteur. Le latin du moyen âge aime les jeux de mots, les images métaphoriques. A cette recherche près, il a généralement une simplicité de construction et de tournures qui en rend l'intelligence facile. Les mots nouveaux, créés par le besoin d'exprimer des choses nouvelles, sont, il est vrai, assez nombreux ; un peu d'usage familiarisera promptement avec ceux qui sont habituellement employés. Quant à la langue romane, si, comme nous l'espérons, les inscriptions en cette langue sont étudiées sur place par des gens du pays, la connaissance des patois modernes préparera tout naturellement à leur interprétation. Peu de cas d'ailleurs paraîtront imprévus à ceux qui auront étudié nos inscriptions limousines recueillies ici. Ces *specimen* et ces textes nombreux nous ont permis de réduire ces éléments d'épigraphie au strict nécessaire. Cette étude, prise ainsi par le côté pratique, peut avoir un intérêt général en dehors des faits précieux pour l'histoire de notre province, déposés dans ces témoignages.

## CHAPITRE IV.

### CLASSIFICATION.

Le texte étant relevé, lu et interprété, il s'agit de le mettre à sa place, dans l'ordre chronologique. A cette condition seulement, l'événement et le personnage dont il traite prendront rang dans l'histoire. Nos formules de classification ont donc pour but de déterminer la date de l'inscription. Ce point fixé peut seul lui donner la valeur d'un témoignage historique.

Qu'on ne croie pas ces règles inutiles pour les inscriptions qui portent une date. La date elle-même peut être contrôlée par leur moyen; un faussaire peut être démasqué. De nos jours, telle société savante a vu sa réputation diminuée par le bon accueil qu'elle fit à des marbres trop célèbres, riches des plus merveilleuses inscriptions.

Un fait moins récent peut se raconter en toute sécurité. A la fin du quinzième siècle, les chanoines de la collégiale du Dorat se virent inquiétés dans l'usage des droits seigneuriaux qu'ils exerçaient sur la ville. L'affaire, portée au parlement, fut vidée en leur faveur. Tous les arguments qu'ils mirent au service de leur cause n'avaient pas une valeur égale. La fondation de leur église, disaient-ils, remontait à Clovis. C'est de ce chef qu'ils tenaient les droits qu'ils exerçaient. Nous ne savons si les bons chanoines produisirent, cette fois, à l'appui de leurs dires, une inscription gravée au-dessus de la principale porte. On y voit la date 501 en beaux caractères arabes; preuve nulle, sinon opposée à l'ancienneté de leurs titres, puisque ce système de numération ne date guère que du douzième siècle. Heureusement pour le chapitre, une charte authentique de Boson, comte de la Marche en 987, défendit mieux ses prétentions. Si elle n'était pas si manifeste, nous pourrions donner d'autres preuves de l'utilité de ces lois.

Les lois que nous voulons formuler ne seraient pas l'expression exacte des faits qu'elles représentent, si ces faits eux-mêmes ne pouvaient pas s'isoler des influences extérieures qui les dénaturent. Nous recherchons la loi en vertu de laquelle les tendances de l'humanité, à divers âges, se sont reflétées jusque dans les formes de l'écriture monumentale. Nous ne découvrirons cette loi qu'en isolant les habitudes générales de l'écriture de ces formes particulières imposées par des influences spéciales ou locales. Trois formules mettront notre pensée dans tout son jour; les voici :

1° Le Midi retient plus longtemps que le Nord l'architecture et l'écriture de l'époque romane;

2° Les règles de la classification des inscriptions sont fausses, si on les applique aux sceaux et aux monnaies, et réciproquement;

3° Les inscriptions de l'orfévrerie ont aussi des caractères particuliers. Reprenons ces propositions : 1° la persistance du style roman dans le Midi, à l'époque ogivale, est aujourd'hui un fait hors de doute. Nous n'en citerons qu'un exemple. A Saint-Victor de Marseille, on conservait une inscription consacrée au moine-sacristain Hugues, mort en 1255. Son épitaphe dit qu'il renouvela l'église tout entière.

*Templo quod primo quasi totum fecit ab imo.*

Ce temple, qu'il renouvela, est figuré sur cette tombe;

il est dans le plus pur style roman. (M. de Castellane, Mém. des Antiq. du Midi, III, 204). Cette inscription est une preuve de la vérité de notre double assertion; elle contient beaucoup d'O et de Q en losange que pourrait revendiquer l'époque romane. D'autres inscriptions, figurées dans le même recueil, ont, à cette date moderne, des caractères plus manifestement romans encore.

2° Les sceaux sont la matrice de véritables médailles. Leurs empreintes ne diffèrent des produits de la numismatique que par la moindre résistance des matériaux dont elles sont formées. Elles sont en cire ou en plomb, au lieu d'être en cuivre, en argent ou en or. Les sceaux, fabriqués comme les coins monétaires, et souvent par les mêmes mains, ont donc subi toutes les vicissitudes par lesquelles a passé la fabrication des monnaies. On sait que les légendes de ces dernières affectent des formes capricieuses dont il faut rechercher la cause dans l'extrême multiplication des ateliers de monnayage, dans l'imperfection des procédés de gravure et dans l'inhabileté des monétaires. Leur maladresse paresseuse préfère les lettres épatées, carrées, à formes droites. Ce sont en effet celles que trace plus facilement le burin. Ils gardent, en certains lieux, l'alphabet roman jusque fort avant dans le XIII° siècle. On y trouve d'étranges retours vers le passé. Le gothique arrondi, adopté assez généralement fort tard, se maintient aussi plus longtemps en ces petits monuments épigraphiques. Nous laissons à la numismatique le soin d'expliquer entièrement ces anomalies.

Les formes exceptionnelles de l'écriture des sceaux s'expliquent par ces raisons générales. Le long emploi du même sceau fournit une raison non moins décisive. Nous avons déjà cité un fait assez significatif : deux actes, l'un de 1179, l'autre de 1245, sont scellés du même sceau. Voici un autre fait non moins curieux. En 1567, la crainte de voir piller par les protestants l'abbaye de Grandmont fit transporter à Limoges le riche trésor de cette église. Au préalable, fut dressé un inventaire détaillé des objets confiés au sacristain frère Pardoux de la Garde. Nous possédons la double copie originale signée de l'abbé François de Neufville et de tous les religieux présents au monastère. Ces pièces gardent encore l'empreinte du sceau de cette communauté. Quel n'a pas été notre étonnement, en reconnaissant que ce sceau, d'ailleurs fort remarquable comme œuvre d'art, a appartenu à Gérard Caturcin, prieur de l'ordre, décédé en 1238? Ce fait prouve les principes sévères dont il faut s'armer pour la classification des sceaux. Cette observation nous a décidé à les étudier à part. Ils prendront rang, si nous en avons le loisir, dans un essai sur la sigillographie limousine, travail pour lequel nous avons déjà réuni des matériaux assez considérables. Ces courtes observations justifient assez, ce nous semble, notre seconde proposition; nous passons à la troisième.

3° Les inscriptions tracées sur métal se ressentent des procédés de leur exécution. Or, ces procédés sont divers et peuvent se réduire à trois. L'orfévrerie subit donc trois influences qui altèrent plus ou moins son système d'écriture. Les inscriptions de l'orfévrerie sont : 1° empâtées d'incrustations d'émail ; 2° gravées au burin ; 3° inscrites au ciselet.

Les inscriptions remplies de pâtes d'émail recevaient, après cuisson, un poli destiné à faire disparaître les rugosités de la vitrification. Ce poli, opéré au moyen de corps durs, sur un verre fragile, nécessitait l'emploi d'empâtements assez larges pour résister à un frottement prolongé. C'est à ce besoin que les inscriptions incrustées d'émail doivent leur forme large, carrée, et l'absence de déliés qui les caractérisent souvent. Nous citerons la châsse de Mausac et la tombe de Geoffroi Plantagenet. (*V.* la pl. XII.)

Les inscriptions gravées au burin se font remarquer par des qualités opposées. Les déliés, les traits fins et débordants y abondent. Il faut sans nul doute l'attribuer à l'emploi rapide d'un burin acéré; pour que cet instrument coupe le métal, il doit recevoir une impulsion, une sorte d'élan que la main la plus exercée ne peut pas toujours arrêter à propos. Toutes les personnes familières avec l'étude de la vieille orfévrerie confirmeront notre assertion. Nous citerons pour exemple une plaque gravée et émaillée, du cabinet aujourd'hui dispersé de MM. Debruge et Labarte; elle a été publiée dans les Annales archéologiques (VIII, 1). Nous en donnons ci-dessous trois fragments, dont nous devons la gravure à l'obligeance de M. Labarte. On remarquera les traits exagérés qui débordent partout les hastes et les traverses. Les trois barres des E sont le plus souvent reliées par un trait fin, parallèle à leur haste.

† QVODVELEXEMIT·NOVAEA·MORTE·

REDEMIT ⚜ SVSCITAT· INDEDEVS

CORRVIT·VADE·REVS VAEREDIT·MORS·

VAE·PERIT·HOMO SVRGE CREDIT

SVMMO: CV·DNO·SCANDERE REGNA SVO

Les lettres exécutées au ciselet se poinçonnent fragments par fragments. Le graveur frappe des coups de ciselet nombreux pour chaque lettre, et chaque halte du poinçon se marque par une saillie qui fait dent sur la reprise voisine. Nous avons vu un grand nombre d'inscriptions ainsi fabriquées. Celle où ce genre de travail est le plus apparent est tracée sous le pied d'un reliquaire de l'église de Châteauponsat. — Voyez le texte ci-dessous, à l'année 1226.

On tiendra donc compte de ces caractères particuliers

dans l'étude et le classement des inscriptions de l'orfévrerie. Nous n'avons pas cru devoir les exclure de notre recueil et en faire une série entièrement distincte. Nous n'avons vu dans ces formes particulières qu'une nuance et non une dissemblance. Il nous a paru suffisant de les signaler. La place ainsi déblayée, nous entrons de plain-pied dans notre sujet.

Nous répétons qu'il s'agit d'une classification purement chronologique. Assigner l'âge d'une inscription, c'est implicitement déterminer la forme des caractères qu'elle emploie, et réciproquement.

L'âge d'une inscription se détermine par la langue, par les formules, le style, le contexte, les ornements et les emblèmes, et par la forme des caractères.

*Langue des inscriptions.* — Tour à tour langue vulgaire ou langue savante préférée par l'érudition, le latin, à ces titres divers, n'a pas cessé d'alimenter l'épigraphie; à toutes les époques, on trouve des inscriptions rédigées en langue latine. Malgré cette communauté d'idiome, les inscriptions latines des divers temps sont fort reconnaissables. Le latin a changé en paraissant se maintenir. Autre est le latin simple, naïf du moyen âge, et la langue austère et grave du siècle d'Auguste. Ce sont deux langues qui emploient les mêmes mots, mais dont le génie est profondément divers. La renaissance elle-même, malgré ses plagiats savants, garde un accent pédantesque qui trahit le mime et son jeu imitatif. Le latin, en tant que langue, si on l'isole de l'étude du style, ne peut donc fournir que des caractères trop vagues. Au mot style nous déduirons les lois qui sortent d'une étude intime de cette langue.

Le latin et très-rarement le grec se maintiennent exclusivement dans les inscriptions jusqu'au xiiᵉ siècle. Alors, au midi de la Loire, se montre une langue nouvelle formée des débris du latin : c'est la langue d'oc ou romane. Au nord de ce fleuve, une langue différente se produit en même temps : c'est la langue d'oil, la langue française dans son enfance. Toutes les inscriptions rédigées en ces deux langues sont postérieures au xiᵉ siècle.

*Style et formules.* — Les formules et le style nous donneront des indications plus précises. A l'emploi du datif latin, à l'invocation des dieux du paganisme, on reconnaîtra les inscriptions romaines, c'est-à-dire antérieures au vᵉ siècle. Les Romains, passés maîtres dans l'art des grandes choses, ont su allier la simplicité et l'orgueil, l'emphase et la concision. Leurs inscriptions emploient peu les verbes. Les substantifs et les adjectifs accumulés expriment d'une manière courte tous les titres, toutes les qualités de la personne qu'ils veulent honorer. Au chapitre consacré à l'interprétation, nous avons indiqué les principales formules employées par eux. C'est une sorte de langue régulière et constante qui rend très-facile la reconnaissance de leur épigraphie. L'indication du consulat sous lequel eut lieu l'événement relaté dans le texte le daterait assez précisément. Les tables de la durée des consulats et du nom des consuls se rencontrent dans un grand nombre d'ouvrages. Il y a peu d'histoires romaines ou de dictionnaires biographiques qui ne les contiennent. La meilleure liste est celle de l'*Art de vérifier les dates.*

On sait que les villes gauloises admises aux honneurs du droit de cités romaines s'affiliaient, par suite d'une fiction légale, à une des familles ou tribus qui se partageaient la ville de Rome. Il sera donc important de relever avec soin les noms qui figureront sur les inscriptions romaines; à leur forme, on reconnaîtra s'ils ont une origine gauloise ou italique, barbare ou romaine. Ce point pourra, en de certains cas, être une indication précieuse.

L'organisation civile et militaire de l'empire a subi des variations bien constatées par l'histoire. Toute trace d'allusion à des faits de ce genre limiterait d'un côté le texte qui la contiendrait. Expliquons notre pensée : très-souvent l'indication de la date précise sera impossible. L'archéologue cherchera alors à circonscrire le temps où ce texte pourrait se placer. Il aura réussi, s'il peut trouver deux faits successifs qui l'encadrent. Que cet événement ne soit ni antérieur ni postérieur à deux autres événements dont la date est bien connue, ce résultat sera satisfaisant.

Dès le cinquième siècle, et rarement avant cette époque, se montrent les inscriptions chrétiennes. Leurs formules se rapprochent fort des formules païennes. Elles indiquent le nombre d'années, de mois, de jours que vécut le défunt. On les reconnaîtra à l'absence des noms de divinités païennes, aux prières chrétiennes, au ton plus modeste et plus simple. On sent qu'une inspiration nouvelle a touché les cœurs; et, chose étrange, pendant que la civilisation antique périt dans un immense naufrage, la poésie sert plus souvent d'interprète à la religion et à l'histoire; les inscriptions en vers deviennent plus communes. Le caractère de ces deux inspirations différentes se montre dans tout son jour en deux inscriptions gravées sur la même pierre. Quoique ce monument soit fort connu, nous ne pouvons résister au plaisir d'en dire un mot.

Il fut élevé par la cité des Cadurci à Marcus Lucterius

Leo, prêtre de l'autel d'Auguste, au confluent de la Saône et du Rhône. L'inscription rappelle qu'il passa par toutes les charges dans sa patrie ; à cause de son mérite, ce monument solennel fut élevé aux frais du public.

        M. LVCTER
        LUCTERII. SEN
        CIANI F. LEONI
        OMNIBVS. HO
        NORIBVS. IN PA
        TRIA. FVNCTO
        SACERD. ARAE
        AVG. INTER. CON
        FLVENT. ARAR
        ET RHODAN
        CIVITAS. CAD
        OB MERIT. EIVS
        PUBL. POSVIT.

Plus tard, le monument orgueilleux du prêtre païen devint une tombe chrétienne. Au revers, au-dessous du monogramme du Christ et de la figure des colombes symboliques, la main d'un exilé espagnol consacra ces vers à la mémoire d'un autre exilé nommé Grégoire, qui vint mourir à Cahors :

    Conditus hoc tumulo tegitur Gregorius exul
        Exulis et Petri quem posuere manus.
    Qui tamen hispana natus tellure supremum
        Complet cadurcis morte deflenda diem.

Le contraste entre le ton orgueilleux et sec de l'inscription païenne et la mélancolique et modeste résignation du tombeau chrétien n'a pas besoin de commentaire; comme le dit fort bien M. Chaudruc de Crazannes, une pierre est ici plus éloquente que toutes nos paroles. (Mémoires des Antiq. du Midi, IV, 328.)

En se rapprochant du XIe siècle, la versification latine, au défaut de la poésie, devient plus commune. Elle tend en même temps à se formuler d'après les lois nouvelles. La rime se substitue insensiblement à la quantité et à la mesure. Pendant assez longtemps, ces deux formes de la poésie ancienne et de la poésie moderne s'allient dans les mêmes pièces. C'est le caractère constitutif, si l'on peut parler ainsi, des vers léonins. Ces vers, presque toujours mesurés, riment entre eux, et, en outre, la première partie d'un vers rime toujours avec la seconde.

On les trouve à dater du XIe siècle; ils sont fréquents aux XIIe et XIIIe, et disparaissent avec le XIVe. Leur présence fournit donc une présomption d'époque.

Le XVe siècle préfère la prose. Il est diffus, traînant, embarrassé. Mais ses longueurs paraissent pleines de simplicité, si on les compare à la pompe, à l'emphase solennelle et sonore de la renaissance. A l'imitation de l'antiquité romaine, à l'emploi des formules païennes détournées de leur sens pour exprimer les idées et les choses du christianisme, à l'imitation savante et prétentieuse de l'élégance antique, on aura bientôt pressenti et reconnu le XVIe siècle. Pour les inscriptions postérieures, le caractère de leur style peut assez bien se caractériser par l'absence de caractère.

*Ornements et emblèmes.* — Les inscriptions se trouvent rarement seules. Presque toujours elles s'unissent à un monument plus important dont elles sont en quelque sorte l'*enseigne*. L'inscription est-elle muette sur la date ? ce sera alors le monument lui-même qui viendra au secours du texte qui aurait dû l'expliquer et le classer.

L'art est une des langues par lesquelles s'exprime le génie de l'humanité. Grâces aux recherches philosophiques de l'érudition moderne, cette langue est connue. On n'ignore pas son histoire ; on sait les caractères divers que chaque époque lui donna. Il est donc toujours possible de dater une inscription par les caractères artistiques du monument dont elle fait partie. Gallo-romaines, romanes ou gothiques, l'architecture et la sculpture prennent à chaque siècle des formes qui indiquent leur âge précis.

La connaissance des lois générales de l'archéologie sera donc d'un puissant secours dans cette étude. Nous lui avons dû quelques conjectures heureuses qui se sont vérifiées plus tard à la plus grande gloire de la science, qui nous les avait fournies. Nous ne citerons qu'un fait de ce genre. La chapelle de Saint-Fiacre, élégant petit édifice bâti à côté de la commanderie de Paulhac, conserve un fragment d'inscription en lettres gothiques aiguës. Edifice et inscription nous avaient semblé appartenir au milieu du xv$^e$ siècle ; nous consignâmes cette opinion dans un mémoire adressé à M. le préfet de la Creuse. Plus tard, nous avons retrouvé l'inscription entière transcrite par Nadaud dans son *Pouillé* manuscrit. Elle porte la date 1449.

En s'aidant des formes archéologiques, il faudra cependant bien constater au préalable que l'inscription est contemporaine du monument auquel elle est unie. Nous donnons plus loin le dessin d'une frise romane qui a reçu sur son revers une inscription qui lui est postérieure de près d'un demi-siècle. (*V.* pl. **XIX.**) Au-dessus de la porte de l'église ruinée de Saint-Pierre-Château, on lisait : *Tu es Petrus et super hanc petram œdificabo ecclesiam meam. Hæc petra sita est, jubente D. Lascaris Durfe.* Or, cet évêque de Limoges vivait au milieu du xvii<sup>e</sup> siècle, et l'église que décorait ce souvenir était tout entière du xiii<sup>e</sup>. On notera aussi et on recherchera avec soin les additions et les changements dus aux modernes. Ici, c'est un curé qui transforme un cippe romain en piédestal de croix et se place à la suite de l'inscription antique DVX. CRVC. POS. (*Cette croix a été élevée par M. Leduc*). Ailleurs un ciseau facétieux transforme un grammairien en jardinier. Le malicieux vieillard auteur de cette plaisanterie pensait, dit-on, alors au jardin des racines grecques. (Consultez plus loin le commentaire réuni à l'inscription du grammairien Blæsianus.)

Le même esprit de critique devra diriger l'étude des figures et des ornements réunis aux inscriptions. La contemporanéité du texte et de la sculpture étant établie, les caractères de cette dernière conduiront facilement à la constatation de la date. A Panazol, une inscription mutilée par la violence laisse deviner, grâce aux figures en bas-relief qui la couronnent, qu'elle appartenait au xv<sup>e</sup> siècle, et cette date permet d'entrevoir le sujet auquel elle était consacrée.

Voilà bien des conjectures, pourra-t-on objecter. Où sont les lois formelles et précises qui doivent diriger les recherches de l'érudition? Nous répondrons que ces lois sont morales et non mathématiques; c'est précisément à ce caractère qu'elles doivent l'attrait qu'elles ont pour beaucoup d'esprits. Ici chacun est créateur à sa manière; au lieu d'arriver au vrai par un sentier rigoureusement tracé à l'avance, il y atteint par une voie qu'il a formée lui-même. Toutes les puissances de l'intelligence, toutes les facultés de l'âme y ont leur part d'application et de concours. L'érudition la plus vaste y serait impuissante, si elle n'était aidée par la connaissance de ces lois éternelles auxquelles la main de l'homme restera toujours soumise.

Les ornements suivent la loi commune ; nous ne pouvons noter que les traits les plus saillants de leur histoire.

Les feuillages d'origine orientale, traités dans le style grec, l'acanthe et l'olivier, les moulures des ordres grecs, les instruments des sacrifices, les marques des magistratures civiles ou militaires, caractériseront les monuments de l'époque romaine. Le lierre, des feuilles cordiformes et l'*ascia* indiqueront les tombeaux.

L'époque suivante s'inspire des catacombes. Elle emprunte à ces cryptes sacrées l'agneau, le cerf, les colombes, les poissons, le monogramme du Sauveur. Ces emblèmes s'unissent dans les monuments de la primitive Église à une ornementation de forme toute romaine ou grecque.

L'ornementation antique se maintient en se transformant à l'époque romane. La raideur de l'exécution contraste avec la variété des motifs. Dès la fin du $xi^e$ siècle, la tige antique transplantée dans le sol chrétien y puise une séve abondante et se couvre de fleurs nouvelles. On connaît la richesse de cette époque.

Au $xiii^e$ siècle, toutes les réminiscences empruntées à l'art antique ont disparu. Les sculptures reproduisent avec le plus grand bonheur les plantes de notre pays. Leur exécution est large, grasse, ferme.

Une délicatesse plus grande, voisine de la sécheresse et de la maigreur, désignera le xiv° siècle. La feuille de vigne s'y montre avec une abondance un peu fatigante.

Le xv° siècle adopte les feuillages anguleux et tourmentés. Les choux frisés et les chardons remplacent presque toutes les autres plantes.

Le siècle suivant, dans sa première moitié, affectionne aussi l'anguleux, le tourmenté, le déchiqueté; il donne cependant aux plantes un caractère particulier qui les fait reconnaître. Le bord des feuillages se frise; des plis onduleux s'y dessinent. Les motifs d'ornementation empruntés à l'antiquité païenne reparaissent bientôt; les arabesques innombrables, les caprices, le luxe de l'ornementation donnent à ses plagiats un charme particulier.

Nous évitons les détails; un cours d'archéologie exposé en de nombreux et gros volumes deviendrait nécessaire si nous voulions épuiser le sujet. Ce n'est pas notre faute si toutes les connaissances sont solidaires. Ces éléments d'épigraphie doivent se restreindre à leur objet. Pour les mêmes motifs, nous ne dirons qu'un mot du blason.

Quoique l'usage de se distinguer par des emblèmes ait existé de toute antiquité, les armoiries régulièrement formulées ne se rencontrent qu'à dater du milieu du xii° siècle; nous avons déjà donné cette règle. Il faudra donc considérer comme postérieures à cette époque toutes les inscriptions qui se montreront accompagnées d'écussons blasonnés.

Jusqu'au xv° siècle l'écusson a la forme d'une ogive renversée. Au xv°, l'ogive est remplacée par une accolade disposée de la même manière.

Dès le xive siècle, l'écusson en losange est adopté par les veuves.

Les figures qui chargent les écussons permettront de les attribuer aux familles qui les avaient adoptés. Les armoiries rapprochées du texte de l'inscription détermineront sa date d'une manière précise. C'est une étude qui veut être faite sur place par les personnes versées dans l'histoire locale. Aujourd'hui la généalogie des anciennes familles, leurs alliances et l'histoire locale sont assez connues pour qu'on puisse conclure d'une manière satisfaisante lorsqu'il est possible de combiner les diverses données que nous venons d'énumérer. Ces lois ne sont donc pas aussi vagues qu'on veut bien le dire. Elles se révèlent dans le plus simple élément. Fussiez-vous réduit pour la classification d'une inscription à un fragment incomplet, dépourvu d'ornements, d'emblèmes, de nom propre ; eussiez-vous un texte tronqué, mutilé, sans signification, la forme des caractères vous suffirait pour déterminer leur époque d'une manière très-approximative. Ce chapitre trop aride trouvera sa fin dans cette dernière étude.

*Forme des caractères.* — Nous avons résumé déjà l'histoire de l'écriture des chartes et des manuscrits. Il nous reste à montrer comment l'écriture monumentale est sortie de ces formes si diverses. L'histoire de l'écriture, considérée chronologiquement, se divise en deux grandes périodes : l'époque romaine, qui finit avec le xiie siècle ; l'époque gothique, qui se termine vers 1550.

Pendant la première époque, l'écriture se divise en trois classes qui se décomposent en plusieurs divisions et subdivisions :

1° La majuscule se subdivise en capitale et onciale ;

2° La minuscule montre deux variétés, la minuscule ordinaire et la minuscule diplomatique ;

3° La cursive proprement dite et la cursive mixte. En tout trois classes, cinq genres, six espèces.

La seconde époque se subdivise de la même manière, à l'onciale près, qu'elle ne connaît pas.

La majuscule capitale de l'époque romaine des manuscrits s'est conservée jusqu'à nous dans les capitales de notre typographie.

L'onciale naquit du besoin de simplifier le tracé des lettres ; elle arrondit leurs contours et préféra les formes circulaires.

La minuscule et la cursive durent leur origine au développement du même besoin.

L'emploi de ces dernières écritures est d'une rareté extrême dans les inscriptions antérieures au XIIIe siècle. On peut même les considérer comme étrangères à l'épigraphie.

En étudiant les textes épigraphiques, on constate que jusqu'au XIIIe siècle deux écritures se sont seules montrées dans les inscriptions : la majuscule capitale jusqu'au IXe siècle est prédominante ; la majuscule onciale, à dater de ce siècle, tend à le devenir de plus en plus : tel est le motif de notre classification.

Toute inscription de rédaction ancienne où domine la capitale romaine est antérieure au IXe siècle. Toute inscription où domine l'onciale et ses dérivés est postérieure au IXe siècle et antérieure au XIIIe.

Dans l'époque gothique, les inscriptions empruntent aussi leurs caractères à l'écriture ordinaire des manuscrits. De 1200 à 1360, elles sont constamment écrites en majuscules gothiques; de 1360 à 1540, elles ne conservent la capitale que dans les initiales et les têtes de lignes; la minuscule défraye le reste de l'inscription. On peut étudier ces deux systèmes sur toutes les planches que nous donnons, et surtout les planches XVII, XVIII, XIX, XX, XXI, XXII et XXIV. La cursive y est inconnue. Pendant l'époque romaine des bénédictins, c'est-à-dire jusqu'au xiii° siècle, les inscriptions empruntent donc aux écritures ordinaires la capitale et l'onciale. Pendant la seconde époque, elles empruntent la majuscule seule jusque vers 1360, puis concurremment la majuscule et la minuscule. Voilà comment l'écriture monumentale est sortie de l'écriture ordinaire.

Nous avons donc le droit d'établir pour les inscriptions la classification déjà indiquée. Notre terminologie a pour but d'aider la mémoire en plaçant la connaissance de chaque système sous le mot qui l'exprime.

L'époque romaine se ferme au viii° siècle.

L'époque romane, corruption du système romain, finit avec l'architecture de même nom en 1200.

Le gothique arrondi (majuscule des manuscrits de cette époque) défraye toutes les inscriptions de 1200 à 1360.

Le gothique carré (minuscule des manuscrits du même temps) le remplace, sauf dans les initiales, de 1360 à la renaissance.

Les caractères de fantaisie se montrent à la renaissance concurremment avec les gothiques arrondi et carré et les caractères romains. On tiendra donc pour positives les cinq règles suivantes :

1° Toute inscription ancienne en caractères romains réguliers est antérieure au viii° siècle ;

2° Toute inscription où les caractères romains se mêlent avec des caractères exceptionnellement circulaires ou carrés, de forme irrégulière, est postérieure au VII⁰ siècle et antérieure au XIII⁰. Il faut en dire autant des inscriptions à lettres liées, enlacées, surchargées;

3° Toute inscription écrite en entier en caractères gothiques arrondis, dont les M et les E ressemblent à une boucle semi-circulaire munie de son ardillon, ou à un arc tendu et garni de sa flèche, est postérieure à 1200 et antérieure à 1360;

4° Toute inscription où la majeure partie des lettres est en gothique carré (alphabet allemand) est postérieure à 1360 et antérieure à 1550;

5° Toute inscription où se mêlent les lettres des anciens alphabets munies de renflements circulaires ou d'épanouissements fleuronnés appartient à la renaissance.

L'étude du détail va nous permettre de réduire à des termes plus précis ces limites trop étendues.

1° *Époque romaine.* — Pendant les temps de la splendeur de la république et de l'empire, la magnificence de Rome se reflète jusque dans les œuvres particulières. Les travaux exécutés pour le compte des individus se ressentent de la grandeur et de la beauté des travaux publics. Les lettres sont correctes, régulières, élégantes; les mots sont séparés par des points triangulaires. On considérera donc comme antérieures au IV⁰ siècle les inscriptions romaines où brilleront ces caractères.

A dater du IV⁰ siècle, la corruption générale, les dissensions civiles ouvrent l'empire aux barbares. Tout devient incertain et compromis. La beauté de l'art va disparaissant chaque jour. Les œuvres nouvelles portent l'empreinte d'une incertitude hâtive. Le défaut de confiance dans l'avenir se montre partout et jusque dans les inscriptions. Des formes nouvelles, expéditives, empruntées à l'onciale et à la minuscule, y pénètrent de plus en plus. Les caractères gravés à la hâte sont irrégulièrement tracés par une main tremblante. Du IV° siècle au VIII°, c'est l'aspect général des inscriptions.

Dans cette seconde partie de l'époque romaine, les lettres perdent leur forme; on remarque souvent des irrégularités.

En voici quelques-unes recueillies dans des inscriptions à dates certaines :

*V° et VI° siècles.* — Le montant droit de l'A dépasse le montant gauche; la traverse horizontale disparaît.

La haste de l'E se prolonge plus bas que la dernière traverse horizontale.

La barre supérieure de l'F se relève de manière à former avec la haste un angle obtus.

L'L subit le même changement en sens inverse.

Les O et le Q ont la forme de losanges.

Sous Charlemagne, l'écriture reprend sa beauté. La restauration de la société antique ramène l'élégance et la régularité dans les inscriptions monumentales. Cet éclat est malheureusement passager. La barbarie reprend sa marche envahissante.

*IX° siècle.* — Les A perdent quelquefois leur traverse.

Les D prennent une forme triangulaire; les C carrés, les O et les Q en losange se rapprochent des S en zigzags formés de trois lignes droites.

Les lettres s'entrelacent, se lient, s'enveloppent mutuellement. Cependant l'irrégularité est encore exceptionnelle. La physionomie reste romaine jusqu'à la seconde époque.

2° *Époque romane.* — De 800 à 1200. — L'irrégularité devenue presque générale, la correction exceptionnelle, l'appauvrissement des formes, caractérisent cette époque. On aura malheureusement peu d'occasions d'étudier des inscriptions antérieures au xɪᵉ siècle. Elles ne deviennent assez communes qu'à dater de l'an 1000.

Le xɪᵉ siècle se reconnaîtra à plusieurs caractères. Il conserve mieux que le xɪɪᵉ la forme romaine dont son alphabet est dérivé. Chaque mot se sépare souvent par un point du précédent. Déjà la voyelle E remplace quelquefois la diphtongue AE.

Au xɪɪᵉ siècle, ce remplacement devient une habitude presque constante. Comme le précédent, ce siècle aime les O aigus ou en losange, les C et les S carrés, les enlacements et les entrelacements. Il ajoute à tous ces caractères en usage de plus en plus fréquent des E et des M arrondis, imités de l'onciale. Le xɪɪɪᵉ siècle n'aura qu'à adopter ces caractères en réunissant les trois pointes par un trait délié.

La fin du xɪɪᵉ siècle recherche des lettres dont les extrimités forment des évolutions circulaires. Consultez le fragment d'épitaphe de l'abbé Ramnoux, tiré de l'abbaye de l'Esterps, pl. XI ; étudiez aussi les pl. VIII, IX, X et XV. L'M de la fin du xɪɪᵉ siècle a la forme d'un cercle auquel se réunit un demi-cercle.

3° *Gothique arrondi.* — De 1200 à 1360. — Ces caractères, figurés sur les pl. XVII, XVIII, XIX, XX, sont, dans les manuscrits, la majuscule de l'écriture de l'époque gothique. Ils ont un aspect qui les fera toujours reconnaître à première vue.

Ils ne détermineront la date d'une manière positive que lorsqu'ils seront employés dans l'inscription tout entière ou dans la plus grande partie.

La distinction entre le V consonne et l'U voyelle commence à s'établir. On trouve les deux lettres employées dans la même inscription ; mais la différence de leur usage n'est pas encore fixée; elles se remplacent mutuellement sans règles bien arrêtées.

De 1300 à 1360 les inscriptions excluent entièrement les caractères d'origine romaine ou romane qui se mêlaient jusque-là aux autres; les lettres prennent en outre une rondeur et une sorte d'embonpoint qui contraste avec la finesse élégante du XIII° siècle.

4° *Gothique carré*. — De 1360 à 1540. — Vers 1360, le gothique arrondi est réduit à son rôle de majuscule. Il ne paraît plus qu'aux alinéas, au commencement des vers et des noms propres. La minuscule de l'époque gothique s'empare du reste des textes. Assez semblable d'abord à l'écriture des manuscrits, elle se fixe ensuite dans une forme régulière et carrée. Au XIV° siècle, les extrémités des lettres prennent une forme anguleuse; au XV°, elles s'épanouissent en losange.

5° *Renaissance*. — Cette époque s'inspire de tous les systèmes. Son goût pour le nouveau va jusqu'à créer des lettres riches des formes les plus élégantes et les plus capricieuses. Elle remet même en honneur l'élégant alphabet du XIII° siècle. Des points circulaires, des renflements arrondis feront bien vite distinguer ce qui lui est particulier dans ces plagiats. Plusieurs écritures se maintiennent parallèlement. La transition, qui n'est brusque nulle part, se prolonge au XVI° siècle beaucoup plus longtemps qu'à aucune autre époque.

*Systèmes chronologiques*. — L'étude des systèmes chronologiques doit précéder ou accompagner de front la connaissance des notions relatives à l'histoire des anciennes écritures. C'est encore un appel que nous avons à faire aux livres spéciaux. Les ouvrages excellents sur la matière abondent. Nous nous contentons de donner quelques règles dont nous avons vérifié l'exactitude.

Pendant l'époque romaine, on date habituellement de l'année du consulat. — La lecture des listes consulaires fera découvrir sur-le-champ à quelle année de l'ère générale correspond le consulat des personnages indiqués.

Sous la première race, on date du commencement du règne ou du pontificat du prince ou du pape. L'épitaphe d'Amelius (pl. IV) est datée de la 34ᵉ année du règne du roi Charles.

Souvent, à la même époque, des synchronismes indiquent le cycle, l'indiction. Ce sont autant de moyens de contrôle fournis par le texte.

Plus tard, l'année est habituellement indiquée. Il faut remarquer cependant que, selon l'occurrence, cette date peut être en avant ou en arrière d'un an sur la chronologie grégorienne rectifiée. En effet, selon les provinces et selon les temps, l'année a commencé à Noël, à Pâques ou au 25 mars. Le Limousin, dont nous nous occupons plus particulièrement, a été sous ce rapport en dissentiment avec les provinces voisines, et a eu sa chronologie particulière.

Le système de numération improprement attribué aux Arabes est connu dès le xiiᵉ siècle. Il ne passe cependant dans l'écriture des monuments qu'au xviᵉ siècle. On devra donc tenir pour fausse, ou au moins douteuse, toute inscription antérieure à la renaissance où des nombres seraient exprimés en chiffres arabes.

Le lecteur bienveillant que n'a pas effrayé l'aridité de ces détails va trouver l'application de ces lois dans les monuments que nous publions ; il va en vérifier la justesse. Mais un sentiment plus élevé que les joies d'un labeur scientifique sera, nous l'espérons, la récompense de sa persévérance courageuse. Il y a cinq ans passés déjà, dans le but de sauver des débris glorieux, nous nous adressions à l'élite de nos concitoyens réunie à cet effet. Notre appel fut entendu, et ces restes mutilés trouvèrent un abri près des œuvres des artistes de notre patrie. Nous ouvrons aujourd'hui à ces débris vénérés un asile non moins durable dans la mémoire de tous les cœurs généreux. Notre émotion, pour se communiquer, ne trouve pas d'inspiration meilleure que ce souvenir.

Laissons donc un moment les spéculations théoriques et abordons l'étude des monuments. Ouverte au milieu des ruines, elle va nous conduire, dans tous les âges, à travers les tombeaux. A la pensée que c'est la trace la moins périssable du passage de l'homme, un sentiment de tristesse s'éveillera peut-être dans notre cœur; mais cette pensée, en nous associant aux générations écoulées, en nous faisant partager leurs joies et leurs douleurs, colore d'une teinte mélancolique l'exploration du passé; elle fait le charme des études historiques. L'antiquité païenne évoquait les ombres des aïeux errantes parmi les ruines : le christianisme nous montre la réalité à travers ces fictions. Pour nous, le goût des vieilles choses n'est pas l'étude d'une forme vaine et passagère; c'est un culte affectueux rendu à la mémoire de ceux qui recherchèrent la main divine dans ses manifestations les plus apparentes : le vrai, le bon et le beau !

# RECUEIL DES INSCRIPTIONS DU LIMOUSIN.

###### AVIS.

La plus grande partie des inscriptions que nous publions dans ces pages a été recueillie par nous sur les monuments eux-mêmes. Toutes les planches qui accompagnent notre travail, à l'exception de trois, ont été lithographiées par nous-même ou d'après nos dessins. Ces dessins ont été exécutés sur place, ou réduits sur des estampages à la manière noire ou à la manière blanche. Quoique ce travail consciencieux soit encore au-dessous du désir que nous aurions eu d'être parfaitement et irréprochablement exact, nous l'offrons cependant à nos concitoyens comme un des plus fidèles et des plus complets qui aient été faits jusqu'à ce jour. Les inscriptions du moyen âge que nous publions sont presque toutes inédites ; aucune n'a été figurée. Plus de deux cents témoignages historiques nouveaux sont ainsi mis à la disposition de l'histoire locale. Puissent ces titres que nous énumérons en toute simplicité nous valoir la continuation de la bienveillance des érudits ! Ces quelques pages sont le fruit de recherches nombreuses. Les voyages souvent infructueux que nous avons accomplis pendant dix ans représentent un parcours de plusieurs milliers de lieues. C'est beaucoup trop sans doute, si l'on considère le peu d'importance du résultat, et cependant nous ne regrettons pas cette peine. Notre mémoire s'est enrichie de souvenirs qui nous suivront jusqu'à la tombe. On goûte un charme profond à s'entretenir avec les âmes généreuses qui nous ont précédés ici-bas. Le spectacle du présent n'amoindrit pas la douceur de cette vue des anciens âges.

Un certain nombre d'inscriptions nous a été fourni par un manuscrit de l'abbé Legros, resté inédit comme presque toutes les œuvres de ce laborieux et savant érudit. Ce volume, conservé à la bibliothèque du séminaire de Limoges, est consacré aux inscriptions de cette ville. Nous indiquons fidèlement la source de ces emprunts.

En laissant inédites les œuvres de l'abbé Legros et les recherches non moins savantes de son prédécesseur l'abbé Nadaud, le Limousin oublie trop la reconnaissance qu'il doit à ces deux modestes érudits. Ils ont scruté les origines de son histoire avec une minutie, une persévérance de recherches et de détails qui étonnent encore après les travaux des bénédictins. Nous considérerions comme un plagiat honteux tout emprunt anonyme fait aux œuvres de ces compatriotes, et nous sommes heureux de leur rendre à l'occasion un hommage modeste. Nous associons à leur souvenir le nom d'un religieux, le P. Bonaventure de Saint-Amable, dont l'ouvrage colossal est encore, malgré ses défauts, la mine la plus abondante et la moins exploitée de l'histoire limousine. Les modernes, Duroux et Allou en tête, n'ont fait que mettre en œuvre avec plus ou moins de bonheur les matériaux réunis par leurs prédécesseurs. Nous regrettons de le constater, mais il faut bien rendre justice à qui de droit : leurs ouvrages n'ont pas mis en lumière un seul fait nouveau. Ces auteurs ont le mérite, et il est grand à nos yeux, de s'être faits antiquaires et historiens en un temps où les études de ce genre étaient fort dédaignées. Nous croyons qu'on n'a pas assez honoré le courage de Duroux, dont l'ouvrage parut en 1811.

Nous inscrivons toutes les inscriptions sous un numéro d'ordre qui rendra plus faciles le renvoi de l'une à l'autre et l'usage de la table des matières.

Dans la transcription typographique, nous essayons de rendre les abrévations à l'aide des caractères modernes d'imprimerie; les mots abrégés sont restitués à la marge en lettres italiques.

On pourra trouver étrange l'usage des anciennes mesures remplacées par le système métrique. Il est motivé par le besoin de maintenir les textes en rapport avec les anciens systèmes constatant la dimension et le poids qui y sont mentionnés. Le pied et la livre moderne se rapprochent beaucoup des mêmes quantités exprimées à l'époque romaine par des termes semblables.

Nous donnons toutes le inscriptions romaines dont nous avons eu connaissance.

Il en est de même pour les inscriptions de l'époque romane. Cependant nous avons retranché de notre recueil les inscriptions insignifiantes au double point de vue du texte et de la forme des caractères. Qu'apprendrions-nous en disant que sur la tombe d'Amblard, abbé de Saint-Martial, on lisait ce seul mot : *Amblardus ?* D'autres sépultures de personnages illustres ne portaient que cette humble prière : *Requiescat in pace.*

Jusqu'au xvi<sup>e</sup> siècle nous inscrivons dans notre recueil toutes les inscriptions, soit inédites, soit publiées. Celles qui ont déjà vu le jour gisent dans des recueils anciens, fort rares aujourd'hui ; il est assez intéressant d'y suivre le développement du style lapidaire. Sous ce rapport, notre recueil est un chapitre de l'histoire littéraire.

Le choix commence au xvie siècle; il se justifie par le nombre des inscriptions de ce temps, inscriptions doublement insignifiantes.

Par le même motif, on nous excusera de ne donner qu'un très-petit nombre d'inscriptions des xviie et xviiie siècles.

---

## INSCRIPTIONS DU LIMOUSIN.

### PREMIÈRE PARTIE. — ÉPOQUE ROMAINE.

#### Jusqu'à la fin du viie siècle.

Les inscriptions de cette époque que nous avons réunies n'atteignent pas le nombre de cinquante. Ce chiffre peu élevé rend inutile une classification méthodique. Nous préférons l'ordre géographique, et nous partons du centre pour aborder les divers points de la circonférence. Les inscriptions conservées jusqu'à ce jour précèdent celles qui ont disparu et dont l'authenticité, ou du moins la fidèle transcription sont douteuses. On verra bientôt que, depuis la renaissance, les érudits ont trop souvent manqué de conscience, et partant d'exactitude. Toute inscription publiée sur la foi d'un seul savant doit être relevée de nouveau sur le monument par la critique moderne.

Les inscriptions romaines de Limoges ne donnent pas une idée suffisante de la splendeur de cette ville au temps de l'empire. Il a fallu les fouilles multipliés de l'industrie moderne pour nous convaincre de la vérité des tableaux de nos anciennes chroniques. Dans un espace de près de trois quarts de lieue d'étendue, du pont Saint-Etienne à la Roche-au-Got, sur la Vienne, on n'a, pour ainsi dire, qu'à gratter le sol pour en tirer des médailles, des marbres, des poteries, des mosaïques de l'époque romaine. Des statuettes du plus grand prix, des fragments d'une statue colossale en bronze, des peintures encore éclatantes de fraîcheur, des revêtements de marbres rares, attestent la magnificence d'une cité que la ville moderne n'est pas sur le point d'éclipser. Après toutes les découvertes que nous avons suivies depuis dix ans, nous croyons aux merveilles jusque-là douteuses du palais de Duratius. Pour nous, il est incontestable que le monde s'est appauvri en vieillissant. Une puissance qui n'a jamais eu d'égale avait transformé l'Europe ou plutôt l'univers. Sa chute serait peu regrettable, si nous avions gagné en bonheur ce que nous avons perdu en grandeur et en beauté. Mais nous oublions trop les merveilles que nous devons au christianisme ; la Rome antique n'a rien à leur opposer. Ce recueil en fournira lui-même plusieurs preuves.

Selon une ancienne tradition, saint Martial, en introduisant le christianisme à Limoges, aurait élevé des églises au vrai Dieu sur l'emplacement même des temples consacrés aux idoles. Ainsi, la cathédrale actuelle, consacrée sous l'invocation de saint Etienne, aurait remplacé un temple de Jupiter. Les découvertes modernes tendent à prouver de plus en plus la vérité de ces récits jusque-là dénués de preuves. Deux tombeaux romains se trouvent aux abords de la cathédrale, et nous en avons découvert un troisième sur les voûtes mêmes de cet édifice. Des sondages nombreux, opérés pour constater sa solidité, nous ont fait voir à une grande profondeur des substructions d'origine romaine.

L'antique abbaye de Saint-Martial aurait été bâtie sur l'emplacement d'un cimetière gallo-romain. On en donnait pour preuve, au siècle dernier, une inscription funéraire engagée dans la construction du clocher. Nous la donnons ci-dessous sous le n° 6. En 1790, la collégiale fut supprimée, et la démolition de cette antique église, berceau de la foi en Limousin, commença sur-le-champ par les soins du sieur Brousseaud, entrepreneur de bâtiments, qui s'en était rendu acquéreur. On trouva dans les fondations sept autres tombes romaines. Pendant que sous la pioche des démolisseurs tombaient en pièces les chefs-d'œuvre de l'art roman et gothique, accumulés dans cette basilique par la piété des siècles, l'origine de ces pierres les sauva. Elles furent recueillies par M. Juge Saint-Martin, et déposées dans sa pépinière de la place des Arènes. Nous dirons plus loin ce qu'elles sont devenues.

Millin ayant eu communication de ces inscriptions en 1808 en donna, dans le Magasin encyclopédique, une interprétation que nous lui empruntons.

(1) DM ◂ ET ◂ M... (lacune). *Dis Manibus et memoriæ.*
◂ T ◂ PROCV... (lacune). *Titi ou Tulli Proculei Irenes.*
IRENEI ◂
CAES ◂ PACAV (lacune). *Cæsar Pacatus Pater et sibi*
PAER ▸ H̅ ◂ SIBI *suisque vivus* (posuit).
SVISQ ◂ VIVS (lacune).

Inédite. Au musée de Limoges.

Un bac à demi brisé, en granit, gisait dans des décombres ; en le retournant, il y a quelques semaines, on a pu lire cette inscription en grands et beaux caractères. Elle est tracée sur un cippe en forme d'autel, que décoraient autrefois une corniche et une base aujourd'hui mutilées. Nous ne savons si l'excavation qui lui avait fait donner une destination si vulgaire est ancienne. Les caractères admirablement formés et les points triangulaires permettraient d'attribuer cette inscription au siècle d'Auguste, si les enlacements de lettres n'accusaient pas une époque postérieure; nous la croyons du second siècle. L'S du nom *Irenes* a la forme de la même lettre employée dans la typographie ordinaire. La destination de cette pierre l'a sauvée, comme deux autres que nous décrirons plus loin. Bassin de fontaine, abreuvoir de chevaux ou auge à porcs, voilà donc ce que deviennent les tombes des aïeux! Les antiquaires, ne nous enseigneraient-ils que le respect des sépultures, n'auraient vraiment pas perdu leur temps. — Hauteur, 3 pieds; largeur, 1 pied et demi.

(2) D. M. ET. M :
PAET. PAETINI
DECVRIONIS
CIVITATIS AV
LERCORVM E. B.   *Eburovicum.*
R. IPSE SIBIVIVS
POSVIT.

Au musée de Limoges.

*Aux dieux Mânes et à la mémoire de Pœtus Pœtinus, décurion de la cité des Aulerci Eburovices; il s'est posé cette pierre lui-même, de son vivant.* Les *Aulerci Eburovices* habitaient le Perche; Evreux était leur capitale. Dans les colonies et les villes municipales, les décurions remplissaient des fonctions semblables à celles du sénat à Rome. Leurs décrets avaient la force d'un sénatus-consulte. La célébration des fêtes, l'assiette et le recouvrement des impôts étaient dans leurs attributions. C'était une magistrature fort honorable et qui supposait une fortune assez considérable.

La pierre qui porte cette inscription est en granit grossier du pays; elle est de forme carrée. Elle a environ 2 pieds 6 pouces de hauteur, sur une largeur de 2 pieds 2 pouces, et 1 pied 8 pouces d'épaisseur.

Lors de l'ouverture du musée de Limoges, les héritiers de M. Juge ayant bien voulu nous donner pour cet établissement trois pierres au choix, ce cippe a eu tout naturellement notre préférence, et nous l'avons fait déposer au musée, ainsi que la tombe du grammairien Blæsianus.

(3)   D. M. ET MEMOR
CANNITOGI MARI
MAENIA PAVLINA
CONIVNXSIBI ET   *Conjunx* pour *conjux.*
SVIS VIVA POSVIT

*Pépinière des Arènes, à Limoges.*

*Aux dieux Mânes et à la mémoire de Cannitogus (son époux ou Marius), Mænia Paulina, son épouse, a posé cette pierre, de son vivant, pour lui, pour elle et pour les siens.*

Cette pierre, de forme prismatique, a 2 pieds 10 pouces sur 2 pieds 6 pouces, et 2 pieds. Le jardin de la pépinière où cette pierre est déposée vient d'être vendu. Espérons que le nouveau propriétaire saura compléter le don des héritiers de M. Juge, et que cette pierre et les suivantes iront au musée rejoindre les cippes de Pætus et de Blæsianus, qui ont la même origine.

(4)  D. M. ET M.
IVL. ANNONIAE
MAGNVS FIL ET   *Filius et sibi* ou mieux *Filetus.*
SIBI. VIVS. POSVIT

Pépinière des Arènes, à Limoges.

*Aux dieux Mânes et à la mémoire de Julia Annonia; Magnus* (son fils) *a posé cette pierre de son vivant pour elle et pour lui-même.*

Cette pierre, en forme d'acerra ou de pyramide, a 2 pieds 7 pouces de haut sur 2 pieds 6 pouces de large.

(5)  D. M.
ET M.
SVLPIC
REGINAE
SVLPI REGENVS
PATER ET IVL. LITTA
MATER VIVI ET SIBI
POSVER.

Pépinière des Arènes, à Limoges.

*Aux dieux Mânes et à la mémoire de Sulpicia Regina; Sulpicius Regenus, son père, et Julia Litta, sa mère, ont posé cette pierre à leur fille et à eux-mêmes de leur vivant.* Millin suppose qu'on a mis par erreur *Regenus* pour *Reginus*, nom très-commun dans les inscriptions.

Cette pierre a aussi la forme pyramidale; elle a 3 pieds 1 pouce de haut sur 3 pieds 5 pouces de large.

(6)  D. M. IVLI
INSIDIOLA
AE INSIDI
ATOR PAER
VIV ET SI
BI POSVIT.

Pépinière des Arènes, à Limoges.

*Aux dieux Mânes et à la mémoire de Julia Insidiola ; Insidiator, son père, a posé cette pierre, de son vivant, pour elle et pour lui-même.*

Cette pierre se voyait à découvert dans l'escalier du clocher de Saint-Martial. Beaumesnil en faisait le piédestal d'une divinité topique, et en proposait les lectures suivantes qu'on lui a empruntées plus tard :

DEO MAXIMO JULIO
INSIDIO, LIBERATORI
AB INSIDIATORIBUS
PATERVIVS
ET SIBI
POSVIT

Non content d'avoir créé un dieu *Insidius* et un citoyen nommé Patervivs, il proposait encore l'interprétation :

DEO MAXIMO JVLIO
INSIDIO LABORIS
INSIDIATOR PATER
CIVIBVS ET SIBI
POSVIT.

Celle-ci n'est pas moins amusante :

DEO MAXIMO JULIO
INSIDIO LABORAVIT

INSIDIATOR PATERVIVS
ET SIBI POSVIT.

Cette pierre, de forme prismatique, a 3 pieds 1 pouce de haut sur 1 pied 3 pouces de large, et 1 pied 7 pouces d'épaisseur.

(7)  D. M.
ET MEMORI
C. SVLPI FIDI
NATO ANN. III
SVL AVGILO PATER
PO. SV. IT.

Pépinière des Arènes, à Limoges.

*Aux dieux Mânes et à la mémoire de Caius Sulpitius Fidus, âgé de trois ans; son père S. Augilo a posé cette pierre.*

Hauteur, 3 pieds 5 pouces; largeur, 2 pieds 2 pouces; épaisseur, 1 pied 10 pouces.

Les sigles D M sont séparés par une feuille de lierre. Les points sont triangulaires. Pour ce motif, on attribue à cette pierre une antiquité plus reculée qu'aux autres. Millin les attribuait au v<sup>e</sup> ou au vi<sup>e</sup> siècle. Nous croyons qu'elles ne sont pas postérieures au iii<sup>e</sup>. Leur date est probablement plus reculée encore.

(8)  D. M. ET M
ANNIAE ANNI
OTAE QVAE VIXIT
ANNOS X ET MX    *Et menses decem.*
GEMINANTIVS
PATER VIVS PO
SVIT FILIAE CA
RISSIMAE.

Pépinière des Arènes, à Limoges.

*Aux dieux Mânes et à la mémoire d'Annia Anniota, qui*

*vécut dix ans et dix mois; Geminantius, son père, a posé cette pierre, de son vivant, à sa fille bien-aimée.*

 (9) ARTIS GRAMMATICES
   DOCTOR MORVMQ MAG *Magister.*
   BLAESIANVS BITVRIX M
   VSARVM SEMPER AMTOR *Amator.*
   HIC JACET AETERNI DEV
   INCTVS MEMBRA.SOPORE.

   MCBBC

        Au musée de Limoges.

*Blæsianus de Bourges, savant dans la grammaire et la morale, repose ici, retenu par les liens du sommeil éternel.*

Un bas-relief très-fruste représente en buste un personnage barbu, à mi-corps, tenant d'une main un rouleau et de l'autre une espèce de boule. Sur une tablette placée à sa droite, on lit MCBBC, que Millin interprète *Monumentum conjugi bene-merenti B* (le nom de l'épouse) *curavit.* D'autres lisent *Magister Caius Blæsianus Biturix condidit.* Ces deux explications ne paraissent pas satisfaisantes.

Quelques-uns lisent *æterno* au lieu d'*æterni.* La faute que présente le vers serait ainsi éloignée. On ne pourrait plus dire, selon la piquante observation de Millin, que l'auteur du tombeau avait bien peu profité des leçons du grammairien de Bourges.

Le mot *grammatices* a aussi subi un changement notable : M. Juge a fait repiquer le granit, et on lit aujourd'hui *insitionis.* Notre compatriote, grand amateur d'horticulture, a transformé le grammairien en jardinier, professeur de greffe. Le même goût de joyeux amusement faisait trouver à M. Juge, dans ces citoyens romains, les aïeux de plusieurs de nos familles limousines. *Pœtinus* avait donné naissance aux Pétiniaud, *Reginus* aux Reix, etc., etc.

On trouve dans le style de l'inscription et dans le faire négligé de la sculpture des marques de décadence, et, pour ce motif, divers antiquaires assignent à ce monument la date du vi° ou vii° siècle. Nous ne trouvons de satisfaisante dans ces raisons que celle tirée de la rédaction métrique de l'inscription. Le reste peut s'expliquer par la dureté du granit, l'inhabileté d'un ouvrier et le fruste du temps.—Hauteur de la pierre, 3 pieds 1 pouce, sur 2 pieds 2 pouces de largeur et 1 pied 10 pouces d'épaisseur.

(10)    E T    E et T mutilés.
        ..ORI    *Dis manibus*
O mutilé ..ONT ◄ DE    *et memoriæ.*
N mutilé ..NCAE ◄ PA    A mutilé.    . . . . .
        ....ENANVS    *Enanus maritus*
        ...ARITVS VI    *Vivus posuit.*
        VS POSVT

Inédite.        Jardin de M. Vivien, à Limoges.

On pense que la pierre où se lisent ces fragments provient de la démolition de Saint-Martial. Il y a quelques années, elle se voyait sur le chemin d'Ambazac, à la porte du jardin de M. Vivien. Elle a été *utilisée* dans l'intérieur, à l'angle d'une petite construction débouchant sur la prairie voisine.

M. Allou avait inexactement transcrit cette inscription; notre version est très-exacte.

(11)  C. AN. SABINIANVS.
   SIBI. ET. FILIO. VIVS.
   POS(ui)T
   ITEM. D. M. ET. MEMR
   SABINEI. A. P( )LINIS. R. S.

Inédite.                                     Au musée de Limoges.

Ce tombeau, creusé en forme d'auge carrée, servait de bassin à la fontaine Saint-Cessateur, près de Limoges. Deux trous pratiqués à la face antérieure, pour l'écoulement des eaux, ont mutilé l'inscription. La restitution du dernier mot présente seule quelque difficulté. M. Ardant propose de lire : ...*et memoriæ Sabinei à Pullinis requietorium sacrum.* Cette lecture établit au temps de la domination romaine une sorte d'administration des haras dans les Gaules, et fait penser involontairement aux marbres de Nérac.

Hauteur, 2 pieds 7 pouces.

(12)  D. M. ET.
   MEMOR. IXTRI.
   L. MOXIVS. F. VIVS D.

                                     Au musée de Limoges.

*Aux dieux Mânes et à la mémoire d'Ixter; Lucius Moxius, son fils, a dédié ce monument de son vivant.*

En 1840, par ordre de l'administration municipale de Limoges, une rue nouvelle fut percée sur l'emplacement de l'amphithéâtre romain. On trouva alors en dehors de la courbe des constructions antiques, au milieu de débris d'architecture et d'ossements d'animaux, une tombe d'une forme assez rare. Un œuf colossal, allongé et posé par le petit bout sur un piédestal, en donnerait

une idée assez exacte. M. Ardant veut y voir une pomme de pin grossière « que les Romains sculptaient sur les
» tombeaux, soit pour rappeler les pins et autres arbres
» résineux dont le bois servait aux bûchers des morts,
» soit que cet arbre ait pu leur paraître l'arbre de la
» douleur, *parce qu'il semble verser des larmes en épanchant*
» *des gouttes abondantes d'un certain liquide quand il est*
» *agité par le vent Borée.* » (Bulletin de la Société d'agriculture de Limoges, XIX, 28.)

Le nom d'*Ixtrus* paraît barbare à M. Maurice Ardant, et lui fait croire que le défunt était sans doute un gladiateur thrace d'origine. Il aurait trouvé sa sépulture au lieu témoin de ses combats, et sa cendre se serait mêlée à celle des animaux égorgés dans l'arène. — Les points de cette inscription sont triangulaires, ce qui est ordinairement un caractère des bonnesé poques, c'est-à-dire des 1er et IIe siècles.

Cette sépulture romaine n'était pas la seule qu'abritât l'amphithéâtre de Limoges. On peut voir au musée de cette ville un vase de bronze provenant du même lieu. Ce vase, plein d'ossements brûlés et recouvert d'une rondelle de plomb, a été trouvé dans les substructions de cet édifice par M. Fayette, architecte du département de la Haute-Vienne.

Hauteur du cippe de Moxius, 2 pieds 5 pouces; diamètre du cône, 1 pied; largeur de la base, 1 pied 2 pouces.

(13) ...IAESV
ORIGAŃI
ONIS.

Rue des Allois, à Limoges.

Nous avons trouvé des sépultures romaines à l'amphithéâtre et sur l'emplacement de l'église Saint-Martial ; à la cathédrale et dans son voisinage, nous allons encore étudier trois tombeaux du même temps.

On croit lire l'inscription rapportée plus haut sur un cippe en forme de pyramide, engagé dans le pavé à l'extrémité de la rue des Allois, près de la cathédrale. Une partie de l'inscription est probablement cachée sous le sol. Au bout de la troisième ligne est figurée une feuille de lierre. Malgré la tournure inusitée de cette inscription inintelligible, le lierre, emblème de la douleur, et la présence des caractères romains, ont fait croire aux antiquaires que ce pourrait être une sépulture de Gaulois *romanisé*. Nous proposons une autre solution : le mot IAESV est précédé d'une mutilation de la pierre qui l'a rendu incomplet. A-t-on bien lu IAESV d'ailleurs? Il nous semble reconnaître la fin du mot MANIBVS. L'I serait le dernier jambage de l'M mutilé ; l'E serait une N. — Nous ne hasarderons une interprétation que lorsque la pierre déchaussée nous aura montré toutes ses faces.

(14)  D M ET M
         TAN
IVNIDVM. . . .
VEN. . . . . .
SVOR
R... NIM..D MI
VIER.. L.. MOR
VINIA MEA ME
BIS. LE... O T.
RATVS. . . .
LOTVS MV.. V..
ESM...

## INSCRIPTIONS DU LIMOUSIN.

      Æ SINVS
      T
      SVLE.

Derrière l'abside de la cathédrale de Limoges.

Nous donnons, d'après la transcription de Duroux, l'inscription suivante que cet antiquaire aurait relevée sur un grand cippe monumental placé au chevet de la cathédrale, rue Porte-Panet. M. Allou discute l'origine de ce monument, où il n'a pu découvrir aucun caractère, malgré l'étude la plus attentive. Ses yeux et ses mains l'ont fort mal servi en cette circonstance, et le *dis manibus et memoriæ* exprimé par des sigles se reconnaît à première vue. Nous nous sommes donné le plaisir de le faire découvrir par des personnes sachant à peine lire et étrangères de tout point aux études archéologiques. Le reste, nous l'avouons, est fort peu lisible. Nous avons cependant vérifié sur plusieurs points l'exactitude de la transcription de Duroux. A la troisième ligne nous lisons IVNIBVS, au lieu de IUNIDVM.

Ce tombeau monumental en granit d'Auzette, comme la plupart de nos tombeaux romains, a 7 pieds 6 pouces de hauteur, sur 2 pieds de largeur à la base. Un moulage en plâtre permettrait de restituer une partie de cette inscription.

    (15)  D. M. E. MEI
          L. DION M. T
          IVS. D. S. P
          . . . . .

Inédite.                         Cathédrale de Limoges.

*Aux dieux Mânes et à la mémoire de Lucius Dion..; il a dédié cette pierre à ses frais, de son vivant.*

Cette tombe mutilée est engagée dans le dallage de la terrasse qui recouvre le collatéral sud de la nef de la cathédrale. On a rogné et retaillé cette pierre pour l'assortir aux dimensions des autres dalles.

Ce fragment clôt la série des inscriptions romaines présentement conservées à Limoges (mai 1850). Nous ne jugeons pas dignes de la gravité de ce travail les innombrables signatures de potier recueillies sur les vases trouvés dans cette ville; elles feront d'ailleurs l'objet d'un mémoire particulier. Quelques lettres inintelligibles doivent cependant être notées. En creusant les fondations de l'usine à gaz, au faubourg Saint-Martial, on trouva, comme sur tout ce versant, les ruines d'édifices splendides d'origine romaine. Nous avons vu retirer de terre des débris de marbres étrangers. Au revers d'une grande et mince plaque de marbre qui a dû servir de revêtement on lisait :

AIL. X.

Etait-ce une signature ou un point de repère destiné à diriger la pose?

(16) DIS MA
MEMORI
M.ATVII
A      *Amici* ou *Alumni*.

Ms. Legros.

*Aux dieux Mânes et à la mémoire de Marcus Atvius ou Atulius, ses amis ou ses élèves.*

En 1757, dit M. de Lépine, cité par l'abbé Legros, en fouillant les murs de clôture du futur palais épiscopal, on trouva des inscriptions de l'antiquité la plus reculée pour notre province, entassées dans l'endroit où elles étaient enterrées pêle-mêle avec des chapiteaux doriques, des fragments de corniche, etc. Cette inscription, aujourd'hui perdue, en provenait. Elle était tracée sur une pierre de forme pyramidale ayant 16 pouces de haut sur 20 de côté à la base et 12 au sommet.

(17)  D.M. ET. M
      ANNI IOLA
      ANA III VS    *Triumvir, sacrum*
      P             *Posuit.*

Ms. Legros.

*Aux dieux Mânes et à la mémoire d'Annius; Iola Annia, triumvir, a consacré cette pierre.*

Ce cippe a la même forme et la même origine que le précédent; il a disparu comme lui. Le titre de triumvir a souvent exprimé des magistratures fort diverses et souvent peu considérables. La modestie de ce tombeau semble prouver qu'il abritait les cendres d'un personnage peu important.

(18)  D. M. LA
      DANVS ET N
      OMA VIVI PO
      SVERVNT

Ms. Legros.

*Ladanus et Noma, de leur vivant, ont consacré cette pierre aux dieux Mânes.*

Cette pierre, semblable par les dimensions et la forme aux précédentes, provient comme elles des fouilles de l'évêché. On voudra bien se rappeler que l'évêché est contigu à la cathédrale au sud-ouest. Cet édifice était donc enveloppé de toutes parts par des sépultures romaines. Le cercle va se fermer au nord par les tombes trouvées près de la paroisse de Saint-Maurice.

(19) MEMORIAE GLMDLV     *Grati lemovicum municipi*
CAETAVRI CAET VELOX FIL     *decurionis* (?)
ET SIBI VIVVI
POSVERVNT

Ms. Legros.

*A la mémoire de Lucius Cœtaurus, décurion de la cité municipale des Limousins* (?), *Cœtaurus Velox et ses fils ont consacré cette pierre de leur vivant et pour eux-mêmes.*

Cette pierre, trouvée dans les fouilles de l'évêché, était en forme de prisme triangulaire très-allongé. Elle avait environ 1 pied de haut sur 3 pieds 4 lignes de large à la base. Les caractères, gravés dans le sens de la longueur, prouvent que c'était une couverture de tombeau.

(20)
PVB. D. DVM. CL. IO. O. I. PVB. D. TID. B. O. IV. TRIB.

Ms. Beaumesnil.

On ne saurait douter de l'existence des inscriptions aujourd'hui perdues que nous avons données jusqu'à présent. Nous les avons rapportées sur les témoignages réunis des abbés Nadaud et Legros, et de M. de Lépine, subdélégué de l'intendance, trois savants aussi consciencieux qu'exacts, dont s'honorera toujours le Limousin. Ici les auteurs nous font défaut : c'est sur le témoignage de Beaumesnil que nous publions cette inscription et deux autres. Or, Beaumesnil, sous le double rapport de la science et de la conscience, laisse beaucoup à désirer; ses nombreux manuscrits en font foi. Pour lui, tous les

fanaux chrétiens sont des temples de Pluton; tous les modillons des églises romanes ont une origine druidique. C'était l'erreur du siècle précédent, et nous lui serions indulgent si nous n'avions pas de graves motifs de nier sa probité littéraire. Comédien de profession, pourrions-nous dire, il jouait les savants comme les pères nobles. Il se crut obligé de gagner la pension de 1,500 livres que lui avait fait obtenir l'Académie des inscriptions en fabriquant toute sorte d'antiquités. Il avait un goût particulier pour les obscénités, et son crayon infidèle en créa de si dégoûtantes, qu'il a réussi à calomnier même les mœurs du paganisme. Nous prouverons bientôt que son crayon incorrect mérite toutes les flétrissures que lui inflige M. Mérimée. « Entre autres inventions qui montrent la
» tournure de son esprit, il dessine toute une série de
» tombeaux et de bas-reliefs accompagnés de caractères
» bizarres, grecs, étrusques, romains. L'immodestie
» des ornements, a-t-il soin d'ajouter, scandalisèrent
» l'évêque de Limoges, qui fit détruire les inscriptions et
» les bas-reliefs. Ces emblèmes paraissent l'amuser
» beaucoup, car il en voit partout et toujours dans des
» monuments détruits. » (*Voyage en Auvergne et en Limousin*, p. 101.)

L'inscription ci-dessus et la suivante fournissent deux preuves de la grossièreté de cette fabrique. La première aurait été transcrite sur un autel de 3 pieds de haut sur 2 pieds 4 pouces de large, offrant sur une face deux têtes avec la barbe fourchue, dont la seconde était entourée d'une draperie. Or, le dessin, réuni à cette description de Beaumesnil, contredit son texte : l'inscription s'y lit avec la variante PVB. D. DM. V.... TIB. D. D... La seconde inscription va nous montrer Beaumesnil se contredisant avec une impudence encore plus manifeste.

(21)    COSS. EST. PVR.
   GVARD. VER.
   TOT. SET. AE.
   MART. SEM.
   P. P.

Ms. Beaumesnil.

Selon Beaumesnil, ces mots étaient gravés sur la face latérale d'une pierre de 3 pieds 2 pouces de haut sur 2 pieds 1 pouce de large. La face antérieure représentait une espèce de flambeau renversé. Cette pierre fut trouvée, dit-il, dans les fouilles de l'évêché, pratiquées pendant les années 1758 et 1759. Beaumesnil en a fait deux dessins; sur le second, destiné à l'Académie des inscriptions, il lit : COSSESTIVS... VER.... AED. Cette pierre, ajoute-t-il dans le texte, était en 1747 près du jardin des dames de la Providence; elle ne s'est pas retrouvée. Ces deux versions si différentes prouvent que ce faussaire ne se donnait même pas la peine d'être d'accord avec lui-même. Ce n'est pas la dernière inscription de sa façon que nous ayons à enregistrer.

(22)    D. M.
   IVSTINI
  SIBI ET SVIS
   POSVE
   RVNT
DVX. CRVC. POS. AN. MDCCI

Ms. Legros.

*La famille des Justins a consacré cette pierre aux dieux Mânes pour elle et pour les siens.* (**M. Le Duc** *a élevé cette croix l'an* 1701.)

A quatre-vingts pas au nord de l'église cathédrale, s'élève l'ancienne église paroissiale de Saint-Maurice. Au commencement du xviiie siècle, on trouva diverses tombes romaines dans le jardin du presbytère. M. Le Duc, curé de cette paroisse, fit d'un de ces tombeaux le piédestal d'une croix placée sur la porte de son habitation. C'est ce qui explique le rapprochement, assez embarrassant au premier abord, de ces deux inscriptions. Cette tombe a disparu.

(23)  D· M. ET
      ME. TVL.

Ms. Legros.

*Aux dieux Mânes et à la mémoire de Tullius.*

Cette tombe, placée au même presbytère, ne se retrouve plus, ainsi que la suivante.

(24)  D. M. ET
      ME. TVL. LI.
      BER.

Ms. Legros.

*Aux dieux Mânes et à la mémoire de Tullius affranchi.*

Cette tombe, comme les deux précédentes, a la forme pyramidale. Au nord, au midi et au levant, la cathédrale était donc, au siècle dernier, entourée par des sépultures romaines.

(25)  D. M.
      PVB. CARNVCVS
         ADESTE SVP. *Superi.*

Ms. Beaumesnil.

*Aux dieux Mânes, Publius Carnucus; Dieux, soyez-lui favorables.*

Selon Beaumesnil, cette inscription était, en 1747, près du jardin de la Providence, à Limoges; mais elle ne s'y trouvait plus en 1759. Les points qui accompagnaient les lettres étaient de forme triangulaire, ce qui est le caractère des bonnes époques et du siècle d'Auguste. *Carnucus*, selon Beaumesnil, serait un nom gaulois; le même auteur reconnaît que la formule *Adeste superi* est fort rare. Nous ne mentionnons le tout que sous bénéfice d'inventaire. L'ancien couvent de la Providence était situé en face de l'église de Saint-Maurice; son église, convertie aujourd'hui en caserne, est à quelques pas de la cathédrale.

   (26) IL
      ILR ou ILB
      VIT

Ms. Legros.

« On lisait les restes de cette inscription romaine dans la basse église de Saint-Martial, au bas d'un pilier qui était à main droite en descendant de la grande église dans la basse, le second en montant vers l'autel, à main droite de la porte d'entrée de la cave qui allait sous la chapelle de Saint-Eutrope. » ( *Recueil d'inscriptions.* )

Les lettres de ce fragment, aujourd'hui perdu, avaient plus de 4 pouces de hauteur.

   (27) RAMNV
      VSDE

Ms. Legros.

« Dans la chapelle Saint-Crépin de l'église Saint-Martial, qui sert de maître-autel à la seconde église (*sic*), ou église inférieure dudit Saint-Martial, à main droite en entrant dans le sanctuaire, sur le chambranle de la première croisée, à peu près vers le milieu dudit chambranle, on voit une pierre d'environ 1 P. de large sur 11 P. de haut, sur laquelle on lit l'inscription précédente en caractères qui paraissent être romains; mais il faut remarquer que la pierre a été renversée lorsqu'on a construit la croisée, ce qui renverse aussi l'inscription, en sorte que la première ligne se trouve la plus basse, et la seconde est la plus haute; aussi les lignes paraissent à rebours. » (*Recueil d'inscriptions.*)

Malgré la conjecture de Legros, ce fragment nous paraît appartenir au moyen âge plutôt qu'à l'époque romaine. — Le nom RAMNV ne nous semble pas romain. Un croquis, réuni au texte de Legros, confirme cette conjecture L'A a le premier montant courbé en dehors; il est surmonté d'un trait horizontal. L'M et l'N ont un jambage commun; l'V de la première ligne a la forme d'un Y. Ce sont autant de caractères que revendique la paléographie de l'époque romane.

(28) . . . . . . . . . . .
TR. P. PP. COSS. VII. EX. S. G.

IMP. CAES. DIVI. TIT. AEL. HADRIANO. ANT.
DIVI TRAIANI. PARTHICI. MAX. FIL.
DIVI NERVAE NEPOTI AVG. PONT.
MAXIM. PP. TR. P. II. COS. I
ARENAE LEMOV. AEDIF. LEG.
X̄X̄ ET LEG. XIIĪI. PER. P. M. II.
(Figure de l'ascia)    DD

IMP. CAES. T. AVR. FVL. ANTONI
. . . . . AVG. DIV. FIL. HADRI
. . . . AVG. PONT. MAX. ARENAE

.  .  .  MAVSENSIS. TR. POT. III
     D                 D

Ms. Beaumesnil.

« En 1739, selon Beaumesnil, il se trouva dans l'ate-
» lier d'un marbrier de Rome, parmi d'autres débris,
» plusieurs fragments d'une table de marbre blanc salin,
» inscrite, dont le marbrier, ayant lu quelques caractères,
» en donna avis à M. de Troy, directeur de l'école de
» peinture et de sculpture de Rome, qui en fit l'acqui-
» sition à peu de frais. Le tout rassemblé formait une
» table de 3 pieds 2 pouces de large et 2 pieds 5 pouces
» de haut. C'était une sorte de catalogue des amphi-
» théâtres élevés par les empereurs. »

Ce texte magnifique était trop intéressant; les explications abondèrent bientôt. La partie supérieure, très-mutilée et dont une ligne à peine était lisible, pouvait s'appliquer au Colisée, achevé sous le règne de Titus, qui fut huit fois consul. Quant à la partie inférieure, beaucoup mieux conservée, elle s'applique évidemment à l'amphithéâtre de Nîmes : *Arenæ* (ne) *mausensis*, dont la fondation ne remonte qu'au règne d'Antonin le Pieux, fils adoptif d'Adrien : *Antoni fili Hadriani*.

Le texte intermédiaire étant consacré à l'amphithéâtre de Limoges, voilà cet édifice placé du premier coup entre le Colisée et les arènes de Nîmes.

On lira ensuite en rectifiant le texte de la première ligne et en remplaçant DIVI par DIVO :

*Au divin empereur César-Titus-Ælius-Hadrianus-Antonin, fils du divin Trajan le Grand et le Parthique; petit-fils du divin Nerva; Auguste, souverain pontife, père de la patrie, tribun du peuple pour la seconde fois, consul pour la première, les* xx*ᵉ et* xiv*ᵉ légions ont dédié les Arènes de Limoges, dont elles avaient édifié une longueur de deux mille pas.*

Deux mille pas forment une longueur bien grande, même pour l'amphithéâtre de Limoges, qui était fort grand : Beaumesnil, et après lui Duroux, lisent deux mille pieds. Mais le mot *pes* n'a jamais eu chez les Romains la signification qu'on lui donne ici, fait observer M. Allou. Cet auteur se trompe, s'il veut dire que le pied n'a jamais été chez les Romains une mesure de longueur; sa proposition reste vraie si on l'applique à la formule *perfectis pedibus*. Pour se rapprocher d'un sens plus naturel, on propose d'interpréter les sigles P. M. II. par *per menses duos*. Ce gigantesque travail aurait donc été achevé en deux mois; nous allons de difficultés en difficultés.

Nous nous rangeons donc à l'avis de M. Mérimée, et nous croyons que cette inscription est plus que douteuse. L'arène centrale, où les combats de l'amphithéâtre avaient lieu, a sans doute servi à désigner l'amphithéâtre lui-même; mais la langue des inscriptions a ses exigences, et, chez les Romains, sa sévérité. L'*Arenæ ædificatæ* ou *ædificium* est un non-sens qui trahit la maladresse du faussaire. A regarder de près, la place qu'occupe l'amphithéâtre de Limoges, après le Colisée, mais avant l'amphithéâtre de Nîmes, fournirait un autre indice de falsification.

(29) . . TVRAE. NA
RINI. FILI. NA

A Solignac.

Une porte de ville, à Solignac, était d'une construction fort originale : sa voûte en plein cintre était fortifiée par des arcs-doubleaux reposant sur des pilastres fort simples. Ce passage, long et large, portait l'ancienne église paroissiale de St-Michel, construction du xiie siècle. On abordait ce dernier édifice, d'un côté, par une pente du terrain, et, de l'autre, par un escalier. Ainsi, chaque jour, les habitants, en allant aux champs, avaient à passer sous leur église paroissiale. Nous avons vu détruire tout cela, il y a quelques années.

Dans le premier pilastre à gauche était engagé un bloc de granit sur lequel est gravé le fragment d'inscription rapporté plus haut. Les lettres, fort régulières, ont une hauteur de six pouces. On sait que Solignac, dès le temps de Dagobert (viie siècle), était une villa royale. La première race, qui édifiait peu, avait dû tout naturellement préférer les lieux embellis par le séjour des Romains.

(30) NVMINIBVS AUG.
FANVM PLVTONIS
ANDECAMVLEN
SES DE SVO POSVE (*re*)

(*V*. pl. II.)                                           A Rancon.

La Gartempe est une rivière torrentueuse qui coule sur un lit de rochers entre des rives escarpées. Les Romains, attirés soit par la beauté des sites qu'elle embellit, soit par la facilité de la défense de ses bords, échelonnèrent leurs établissements tout le long de son cours. Au pont Saint-Martin on a trouvé des urnes en verre et des médailles. En remontant à l'est, nous allons rencontrer des postes non moins importants à Rancon, Château-Poinsat et Bessines.

Le bourg de Rancon, situé sur un promontoire de la rive gauche, commande un des rares passages qui coupent le cours de la rivière. Il fut détruit de fond en comble pendant les guerres de la domination anglaise, au xive siècle. On y voit encore un fanal de l'époque romane, une église de transition, ornée, sous la corniche extérieure, d'une ceinture de modillons grimaçants. Cette église, crénelée au xive siècle, faisait partie de la ligne de défense. L'utilité de ces détails va se montrer bientôt.

A l'ouest du bourg, sur une élévation isolée par des fossés du plateau supérieur, et coupée à pic du côté de l'eau, on voit, à fleur du sol, les restes d'une construction, ou, comme on dit dans le pays, d'un château considérable. Ces débris, recouverts de terre et envahis par la végétation, ne nous ont montré, dans la partie que nous avons pu explorer, rien d'antérieur au moyen âge. Au xviie siècle le savant Robert fut plus heureux; il put explorer une salle circulaire soutenue par des colonnes et pavée de *marqueterie*. La description qu'il en donne paraît s'appliquer de tous points à un édifice romain : en effet, l'inscription importante que nous publions plus haut provient de ce lieu. Ces ruines servaient de carrière, et on en tira les matériaux de la maison de M. de Grandmont, dans le portail de laquelle cette pierre est aujourd'hui engagée.

Il y a peu d'inscriptions plus importantes. Elle nous révèle le nom et l'existence d'une peuplade gauloise existant en ce lieu et soumise aux Romains, qui consacra aux divinités de ce peuple un ancien temple de Pluton. Plusieurs auteurs ont conjecturé que le culte de ce dieu dans les Gaules était antérieur à la conquête romaine. César nous apprend que les Gaulois se vantaient d'en descendre. Selon une conjecture plus plausible, Rancon portait alors le nom d'*Andecamulum*, et ce nom a pris place en conséquence dans tous les livres qui traitent de l'ancienne géographie des Gaules.

Lebeuf, venant en aide cette fois à Nadaud et à Legros, rappelle que Camulus était un surnom donné par les Gaulois au dieu Mars, comme le prouve une inscription rapportée par Gruter ( Legros cité par Allou, p. 313 ). *Ande*, suivant le même auteur, est une épithète qui signifie victorieux ; une inscription trouvée à Nevers portait le mot *Andegamulus*.

Beaumesnil avait trop beau jeu pour ne pas se donner carrière. Selon lui, les modillons de l'église représentent soit des druides, soit des divinités druidiques ; ils proviennent du temple de Pluton érigé en ce lieu. En conséquence, son crayon infidèle leur prête des formes que les originaux encore entiers n'eurent jamais. Le faussaire est pris en flagrant délit. Quant au fanal, le feu qu'on y entretenait rappelait trop bien le culte de Pluton pour ne pas donner matière à un rapprochement : évidemment, c'est un reste du culte et du temple de ce dieu.

Malheureusement pour le système de Beaumesnil, longtemps avant les antiquaires modernes, Mabillon avait recherché l'origine de ces fanaux, et il en avait trouvé l'explication dans un passage de Pierre le Vénérable. Cet auteur du XII$^e$ siècle nous apprend que ces monuments sont d'origine chrétienne. La lampe qu'on allumait à leur sommet avait pour but d'honorer les morts dont elle éclairait les tombes, de porter au loin leur souvenir, en sollicitant dans les ténèbres la prière des fidèles. ( Consultez les préfaces des *Act. SS. ord. S. Benedict.*) Le fanal du cimetière de Rancon n'est pas antérieur au XII$^e$ siècle.

La pierre qui a donné lieu à cette digression a 17 pouces de large sur 1 pied de haut; elle est en granit, comme toutes les inscriptions romaines du Limousin.

Nous partageons l'avis de ceux qui pensent que cette inscription n'est pas postérieure au iii° siècle; le contexte suffirait pour le prouver. Mais nous ne pouvons trouver aucune marque des bonnes époques dans la netteté et la beauté des caractères. Ils ne sont ni plus nets ni plus beaux que ceux des autres inscriptions romaines que nous citons dans le cours de ce travail. La conservation de cette pierre laisse aussi à désirer; le temps, en usant sa surface, l'a hérissée d'aspérités qui ont rendu notre travail de copiste un peu hésitant et incertain. Les traverses des A, que nous donnons brisées, sont douteuses. Il se pourrait qu'elles soient rectilignes.

(31) HERCVLI DEO
    TIB. IVL. IVLIAN

A Rancon.

Cette consécration au dieu Hercule par Tiberius Julius Julianus se lit sur une pierre carrée qui sert aujourd'hui de support à un pilier de la halle. On en avait fait autrefois un pied de croix. Le mot *Herculi* est en grands et beaux caractères de 6 pouces de haut.

(32) PRO. SAL. IMP. CAI. . .   *Pro salute imperatoris*
                                  *Cæsaris.*
  MONM. LV. CAI. . . .   *Monumentum*
   VERICI FIL ET PARIS. . .

(*V*. pl. II.)                  Au pont de Château-Poinsat.

Rancon est sur la rive gauche de la Gartempe, et commande un pont jeté sur cette rivière. A une lieue plus à l'est, la ville de Château-Poinsat ou Château-Ponsat, située sur la rive droite, défendait un autre passage. En aval, sur la première pile du pont de la rive gauche, se lit l'inscription que nous rapportons ci-dessus. La pierre, située à fleur d'eau pendant les eaux les plus basses, est habituellement immergée. C'est ce qui explique sans doute les transcriptions fautives qui en ont été faites jusqu'à ce jour; on peut avoir toute confiance dans notre dessin ( *V.* la pl. II). Un croquis du pont montre la place qu'elle occupe. Conformément à la lithographie, la pierre, qu'entoure un encadrement en saillie, est mutilée sur la droite; ce n'est que par analogie qu'on peut y lire CAE(*saris*), au lieu de GAI(*us*); la cassure n'a, en effet, laissé subsister que la haste de l'E. L'N de *mon*(u)*m*(entum) forme le V par l'inclinaison de ses deux derniers jambages. Le T et l'R de *patris* sont réunis par une haste commune; ce qui annonçait une époque de décadence. Ce petit monument a subi des vicissitudes bien diverses. Avant d'être *condamné à l'eau*, il a été exposé au feu. Nous le conjecturons à sa teinte rosée. Tous les granits de cette région prennent dans le feu cette couleur. Nous citerons pour exemple l'église de Soubrebost, incendiée il y a trente ans, et dont les ruines exposées à l'air ont conservé, malgré la gelée et la pluie, cette nuance indélébile.

(33)    BAROBA. SAC.       *Sacrum.*
       AAIOM. . . .
       ISONIVIVI. E.

Au pont de Château-Poinsat.

Nous rapportons, sur la foi de Beaumesnil, cette inscription qu'il a lue sur la pile de la rive droite du même pont; nous n'avons pas pu la retrouver. Si son existence, attestée par d'autres témoins, est certaine, la fidélité de la transcription nous paraît douteuse. On vient d'en avoir une preuve. *Baroba* serait un nom de divinité topique.

(34) ACEMO. . . . .
TA EN. . . . .
OANANIS. . . .

Au pont de Château-Poinsat.

Les observations précédentes s'appliquent à ce fragment placé au même endroit.

(35) . . . RIAE IVL. ALPINAE *Memoriæ.*

Duroux.

Ce souvenir funéraire donné à la mémoire de Julia Alpina était placé au-dessus de la porte de l'ancien cimetière de Rancon ; il ne se retrouve plus.

En remontant le cours de la Gartempe, on trouve à Bessines un pont dit des *Bons-Hommes*, parce qu'il fut bâti par les moines de Grandmont. Nous y avons lu autrefois une inscription romaine. Lorsque tout récemment nous avons voulu la transcrire, l'état de ruine du pont ne nous a pas permis de la retrouver. Nous ne croyons pas convenable de la rapporter sur la foi seule d'un souvenir hésitant.

(36) . . SESMVT ENIAE
D. S. C. *Deo suo consecravit.*

Allou.

Selon Allou, dans la rue qui conduisait de l'église de Magnac-Laval aux ruines de l'ancien château, on voyait une pierre en forme d'autel, portant sur une de ses faces l'inscription que nous avons transcrite. Sur la face adjacente à celle qui portait l'inscription, on distinguait une figure à demi-relief, dont on ne voyait que la partie inférieure, depuis la ceinture jusqu'aux pieds, l'autel ayant été probablement mutilé. Cette figure était revêtue d'une courte tunique qui ne descendait que jusqu'aux genoux. La pierre mutilée avait 3 pieds de haut sur 2 pieds et demi de large.

Nous allons maintenant, en étendant notre course à l'est, aborder la région qui forme aujourd'hui le département de la Creuse. Les établissements romains s'y échelonnent dans une ligne assez droite qui le coupe en deux de l'ouest à l'est. Ce sera le tracé de notre itinéraire.

(37) . . IS MANIBVS
. . NI. FILI. ITEM
. . PATRIS. PIEN. . *Pientissimi;* d'autres lisent *item.*
A. C. V. S. *Anima carissima valeas.* On lirait mieux : *Animæ carissimæ votum solvit.*

Église de la Souterraine.

Selon une vieille tradition, vague et confuse comme toutes les traditions de ce genre, la ville de la Souterraine devrait son nom à un temple *souterrain* consacré aux faux dieux, et qui occupait l'emplacement de l'église actuelle.

L'église actuelle, commencée au XIe siècle, possède en effet une crypte placée sous le sanctuaire. C'est dans ce souterrain que se lit encore le fragment publié plus haut. La pierre est retournée sens dessus dessous. Une autre tombe romaine voisine de celle-ci a été cachée par des réparations exécutées au siècle dernier. Nous la publions d'après une copie de l'abbé Nadaud.

(38)    . . . . . . . . .
       ET MEMORIAE PAVLI
       NERTACI AVI N
       VIVVS. . . POS.   *Posuit.*

Église de la Souterraine.

En 1750, cette inscription fut masquée par un mur de clôture élevé pour consolider les fondations d'un pilier qui menaçait ruine. C'est le lieu de rappeler que la ville de la Souterraine avait dans son voisinage des établissements romains considérables. La *villa* de Brèdes, dont on a voulu faire une ville, avait ses murs embellis de peintures, de placages de marbre; elle était pavée de mosaïques; on y a trouvé des statues et des médailles.

Les tranchées du chemin de fer ont révélé plusieurs sépultures romaines. Nous possédons un vase en bronze qui a cette origine.

(39)    D. M. ET. M.    *Dis manibus et memoriæ.*
       CARIGO. . . .
       . . . . . AE VI
       VA PONƎN
       DVM CV
       RAVIT

A Salagnac.

Dans la chapelle de Saint-Léobon, au grand bourg de Salagnac, on lisait autrefois cette inscription. Une copie fautive fut communiquée à l'abbé Lebeuf. L'E du mot *ponendum,* retourné pour prêter sa haste à l'N, a fait conjecturer à ce savant que cette inscription n'était pas de la plus haute antiquité.

(40)  D. M. E. M.
     ALPINI.

Au moûtier d'Ahun.

Nous avons déjà remarqué la préférence des Romains pour les cours d'eau. Le moûtier d'Ahun, situé sur la Creuse, possède dans les murs extérieurs de son église cette inscription gravée au-dessous d'un relief figurant un jeune homme vêtu de sa toge. Deux autres inscriptions proviennent du même lieu.

(41)  D.     M.
      ET.    MEM.
      REGINI
      ET   POMPA
      I.   SVAE.

A Chantemille.

Gruter publie, comme la tenant de Scaliger, l'inscription précédente. Elle était gravée sur une pierre en forme d'autel, provenant de l'abbaye d'Ahun et transportée au château de Chantemille, où elle servait de base à l'autel de la chapelle. Il y a dix ans, nous avons vu dans des décombres, à la porte de cette chapelle, une pierre carrée ornée à la base et au sommet de moulures. Sa forme se rapproche assez de celle de l'autel publié par Gruter. La terre et les lichens qui recouvraient ce cippe délaissé ne nous permirent pas alors de déchiffrer toute l'inscription : nous avions foi d'ailleurs dans Duroux, qui l'a publiée d'après Gruter. Lorsque nous avons voulu rapprocher notre note du texte publié, nous avons reconnu que la version de Gruter est entièrement fausse. La pierre porte sept lignes de caractères, au lieu de cinq données par

Gruter ; les mots sont très-rapprochés et couvrent entièrement la surface. Voici ceux que nous avons pu déchiffrer :

(42)
D. M.
ET   MEM.
OR. . MAI. .
ELL. . NEF
LIN. R. . TI.
GENT. . . .
HC. . . . . .

Nous recommandons cette pierre au vigilant conservateur du musée de Guéret, M. Bonafoux.

(43)  D. M.         MARCINI
  ET MEM           CIVIS. LVG
  VENERIAE        DVNENSIS
  ET LVTTI         I. S. V. P.    *Impensis suis vivus posuit.*

A Chantemille. — Gruter.

Selon Gruter, un cippe carré provenant du moûtier d'Ahun et transporté au même château portait sur deux de ses faces l'inscription ci-dessus. Nous n'avons pu le retrouver. Peut-être est-il enfoui dans les décombres de cette habitation à demi ruinée.

(44)  D. M.
ET. MEMORIAE
IVL. ATIOLI. ET
  IVL. AVITAE
    CONIVGIS
      EIVS.
   H. M. N. N.   *Hæredes monumentum nostrum nesciant.*
Ou mieux  H. H. N. N.  *Hæredes nepotes ?*

Au musée de Guéret.

Ce monument se voyait à Bonnat (Creuse), à quatre

lieues au nord de Guéret, non loin de la petite Creuse. Les sigles qui le terminent seraient une formule équivalente à celle de nos tombeaux modernes : *Concession perpétuelle*.

(45)   D M
ET MEMO
RIAE
G P. CILEI
. . . STTL   *Sit tibi terra levis*.

A Ussel.

Les Romains s'étaient fortement établis aux environs de la ville d'Ussel. Des ruines de villas magnifiques y ont été découvertes; dans un camp du voisinage, on a trouvé une aigle colossale en granit, qui, gauchement restaurée, décore aujourd'hui une fontaine publique. Ce cippe transcrit plus haut se trouvait, il y a quelques années, sous la halle.

(46)   D. M
ET MEMO
RIAE
AEMILI
COMBRI
CI

Près d'Ussel.

Cette inscription se lit sur une pierre engagée dans la pile d'un pont, sur le chemin aujourd'hui rectifié qui allait d'Ussel à Saint-Exupéry.

Quatre monuments trouvés en Limousin auraient pu grossir cette liste; ils sont plus remarquables par la sculpture que par le sens des inscriptions qui les décorent. Ces dernières ont cependant du prix, puisqu'en faisant connaître le nom des personnages qu'ils représentent, elles déterminent leur âge.

(47)   PROCOP' ANTHEM' ANT' FIL'

Le premier, décrit dans une notice de l'abbé Legros accompagnée d'une planche, est un dyptique en ivoire. Il représente le consul assis sur sa chaise curule; il est surmonté de l'inscription *Procop' Anthem' Ant' Fil'*. C'est le nom d'Anthemius, fils du patrice Procope, qui exerçait la charge de consul l'an 455. Ce dyptique a été trouvé à Limoges.

(48)
FL. FELICIS VCCOM AC MAG VTR MIL PATR ET COS ORD

Le second monument est encore un dyptique en ivoire. Avant la révolution, il servait de reliure à un manuscrit de la vie de saint Junien, conservé dans la collégiale de la ville du même nom. La générosité d'un maire a fait don de la moitié antérieure à la bibliothèque nationale. Ce monument a été publié par Mabillon dans ses *Annales* (III, 203). L'inscription *Fl. Felicis V C com ac Mag Vtr mil patr et cos ord.*, est lue ainsi par lui : *Flavius Felicis, vir clarissimus, comes ac magister utriusque militiæ, patricius et consul ordinarius.* Ce patrice appartient plus directement au Limousin par ses liaisons avec un évêque de cette province, Rorice l'ancien, qu'il vint visiter vers 480. Depuis la publication de Mabillon, la partie antérieure a été plusieurs fois reproduite par la gravure. L'autre partie, dont Mabillon a donné le dessin, est perdue. Elle représente aussi le consul debout et vêtu de la même manière; la seule différence consiste dans l'attitude des mains : la droite tient un rouleau ; la gauche est cachée sous son manteau.

Le château de Cromières possède deux médaillons en marbre de la plus belle exécution. Ils représentent, dans des dimensions plus petites que nature, deux têtes d'empereurs.

(49)   AVRELIO. C. S. IMPERATOR

On lit autour de la première : AVRELIO C. S IMPERATOR. Cette légende embarrasse doublement les antiquaires : cette faute de langue, rapprochée du nom qui ne figure pas parmi les empereurs du haut empire, laisserait douter de l'authenticité de cette sculpture. Ne serait-ce pas une imitation habile de la renaissance? Plusieurs châteaux de notre province, et notamment celui du Fraisse, ont reçu à cette époque des marbres qui avaient cette origine.

(50)   IMP. C. O. TRAIANVS DECIVS

Autour du second médaillon, représentant une tête d'un âge mûr, on lit : IMP. C. O. TRAIANVS DECIVS. C'est donc un portrait de Dèce, qui monta sur le trône impérial en 246.

On nous signale, près du bourg de Roussac, sur un piédestal de croix, un fragment d'inscription romaine que nous n'avons pu lire sur place.

Un fragment de même nature, où l'on ne distingue plus que les lettres A E S V, se voit au transsept nord de l'église du Dorat.

## INSCRIPTIONS DU LIMOUSIN.

DEUXIÈME PARTIE. — ÉPOQUE ROMANE.

Du vii<sup>e</sup> siècle à la fin du xii<sup>e</sup>.

Les inscriptions des trois premiers siècles de cette époque sont très-rares : nous n'en donnons que deux. L'une et l'autre sont datées; nous reproduisons la seconde d'après un calque; c'est un spécimen des caractères de son temps, auquel on peut avoir toute confiance. Elle est entièrement étrangère au Limousin. La première ne lui appartient qu'à demi : c'est l'épitaphe d'un abbé de Saint-Martial, mort et enseveli à Saint-Savin, dont il gouverna l'abbaye à deux reprises. Les siècles suivants nous fourniront heureusement une moisson plus abondante. Une bonne partie des inscriptions de cet âge n'avait jamais été publiée, au moins en *fac-simile*. Il sera intéressant de suivre sur nos planches et dans notre texte le double développement des langues et des écritures.

### 855.

(51) IN HOC TVMVLO RQVIESCIT SCÆ MEMORIÆ DOMN⁹
DODO ABBA QVI MVLTORV̄ MONACHORV̄ EXTITIT
PATER
NAM HVIVS LOCI PATER ELECTVS NON SOLV̄ HVNC
LOCV̄ AEDIFICIIS ET REBV̄ : ĀPLIFICAVIT. SED ETIĀ
QVINQVE A FVNDAMENTIS MONASTERIA CONSTRVXIT
+ IN PLVRIBV : VERO ALIIS LOCIS IN QVIB : REGV-
LARIS
ORDO DEFECERAT SVO EXEMPLO MONASTICV̄ ORDIN̄E
REFORMAVIT + MIGRAVIT AVTEM A SC̄LO IIII ĪD IVN̄S
ANNO INCARNATIONIS DN̄I : DCCCLIII : ETATIS VERO

FERME XC REXIT AVTEM HVNC LOCV NOBILITER
ANNOS CIRCITER xxx.

Autrefois à Saint-Savin. — Ms. de la<br>bibliothèque de Poitiers.

Un dessin de cette inscription est conservé à la bibliothèque publique de Poitiers. Le Poitou, si riche d'inscriptions de tous les âges, verra sans doute publier, dans un avenir peu éloigné, le recueil de ses inscriptions : cette espérance a commandé notre réserve. Nous ne publions pas le *fac-simile*. Selon une note réunie au dessin original, cette inscription était sur une pierre de 5 pieds de long sur 1 pied 2 pouces de large, placée près le baptistère de l'église paroissiale de Saint-Savin, et trouvée en fouillant les terres de cette église. Les caractères sont réguliers et se rapprochent beaucoup de l'alphabet romain. Les C sont carrés et les X minuscules; l'E de *rexit* est oncial; plusieurs lettres plus petites sont enveloppées par celles qui les précèdent. D'autres ont des jambages communs; les points sont triangulaires,

L'abbé Dodo ou Odon dont il est question ici fut choisi par les moines de Saint-Martial de Limoges pour y introduire une sévère discipline. Il quitta dans ce but l'abbaye de Saint-Savin, qu'il dirigeait, et demeura à Saint-Martial de 848 à 850. A cette époque, il retourna à Saint-Savin. Outre cette abbaye, il dirigea celle de Strade ou Saint-Genou, en Berri. Dans l'impossibilité de déterminer sa mort d'une manière précise, les auteurs de la *Gallia Christiana* font observer qu'il vivait encore en 853, puisque, à cette date, il assista au concile de Soissons, où il signa le premier entre les abbés. Notre texte établit qu'il mourut la même année, et nous fait connaître les services et les vertus de ce pieux personnage.

874.

(52)     + IN ANNO XXXIIII REGNAN
TE DOMNO CARLO REGE
XII CL MAI : SIC OBIIT
AMELIVS : LAICVS : PVER : O LEC
TOR QVI LEGIS ORA PRO ANI
MA EIVS : REQVIESCAT IN P
AC. .

(*V*. pl. IV.)              Au musée de Poitiers.

La publication de ce texte étranger au Limousin a pour but de fournir un spécimen exact de l'écriture monumentale du milieu du ix° siècle. M. de Caumont en a déjà donné un dessin (*Bulletin monum.*, VIII, 324). Notre lithographie à grande échelle ne paraîtra pas inutile si on la rapproche de la gravure sur bois. On remarquera le C de *calendas* et le titre de serviteur laïc (*laicus puer*). M. Lecointre-Dupont propose de lire *sibi obiit*, au lieu de *sic obiit*; l'O d'obiit est en effet surchargé d'un I parasite. On notera les points triangulaires; Charles le Chauve est le seul roi de ce nom dont le règne ait été assez long pour que ce texte lui soit applicable. La trente-quatrième année de son règne correspond à l'an 874.

1025.

(53)     ROTGERIUS : CANTOR
VI K (a) L (endas) MAI (i) REQUIEVIT :

(*V*. fig. 1. pl. VI.)    Inédite.        Au musée de Limoges.

Cette épitaphe est gravée en caractères inégaux, hauts

en moyenne de 8 à 9 pouces, sur une tombe de granit longue de plus de 5 pieds. La pierre, taillée à deux pentes, va en se rétrécissant de la tête aux pieds. Les fouilles opérées en 1837 pour la construction du théâtre de Limoges, sur l'emplacement de l'antique abbaye de Saint-Martial, firent découvrir un grand nombre de sépultures. Ce tombeau était du nombre.

L'emploi de la capitale romaine, la forme grasse des caractères, les épanouissements aigus qui surmontent le A et terminent les traverses des T et des E, rapprochés de l'O aigu et du G arrondi du mot *Rotgerius*, assigneraient le XI° siècle à cette inscription; mais un texte formel vient préciser sa date.

En 1020, dit la chronique limousine publiée par Labbe (*Bibl. nov. msc.*, t. I, p. 334), mourut le chantre Rotgerius.

La sixième année de l'abbé Hugo, dit le moine Adémar de Chabanes, Rotgerius, frère du doyen Adalbert, homme très-illustre, mon oncle et mon maître, mourut *le* VI *des calendes de mai* (in commem. abbat. S. Mart. ap. Labbe, II, 273). Un peu plus haut, Adémar explique sa parenté avec Roger : *S. Turpio episcopus (lemovicensis) obiit* VIII *kal. Augusti. Ex cujus nepte Officia nomine nati sunt Adalbertus decanus et Rotgerius, patre Fulcherio in proprio jure hereditario quod vocatur Campanense, juxta castellum Potentiam. Tertius quoque Raimondus junior natu germanus extitit amborum, cujus ego Ademarus filius fui matre Hildegarde* (*sive Aldearde*, p. 273).

Ailleurs, Adémar trouve les accents les plus touchants pour raconter la mort de Roger : « En ce temps, dit-il, deux moines de Saint-Martial, entre les premiers, remarquables par leur religion, illustres par leur sainteté, éclatants de sagesse, honorés du sacerdoce, se chérissaient entre tous, et soutenaient tout le monastère comme deux colonnes, l'éclairaient comme deux candélabres ; à table, ils prenaient place à côté l'un de l'autre. L'un était le chantre Roger, homme extrêmement généreux; l'autre, le bibliothécaire (*Armarius*) Adalbert. Le jour de Pâques, une vision leur annonça leur trépas prochain. Ils moururent l'un et l'autre dans cette même semaine. »

Cette pierre a donc recouvert les restes mortels d'un homme distingué par ses connaissances, et dont les leçons ont formé un de nos meilleurs chroniqueurs limousins. — Nous l'avons fait déposer au musée de Limoges. — Nous devons indiquer une variante de la date du décès. Selon la chronique limousine, recueillie par Martène, Roger mourut en 1025, et non en 1020, comme l'indique une autre chronique limousine publiée par Labbe; mais Adémar, en assignant le décès à la sixième année de l'abbé Hugues, nous permet de donner gain de cause à la chronique de Martène. L'abbé Hugues ayant pris possession de sa charge en 1019, la sixième année correspond en effet à 1025. Le six des calendes de mai correspond au 26 avril. On se demandera pourquoi le jour du décès est indiqué, pendant que l'année est omise. L'inscription du jour du mois avait pour but de rappeler l'obit ou service annuel fondé pour le défunt, seul souvenir important en ces âges de foi. Cette raison explique le laconisme incomplet des nombreuses inscriptions de ce genre, qui se retrouvent dans les anciens monastères. Peut-être, en cette circonstance particulière, pensait-on que la date du trépas serait conservée à la gloire du défunt, *vir clarissimus*, dit Adémar.

1022.

(54)   + HIC REQVIESCIT COR
PVS GIRALDI LEMOVICE
SEDIS EPISCOPI QVI ĒDE
SEDI PREFVIT VIII TO AN
NIS III IDVS NOVEMBRIS HOBIIT

Inédite. (*V*. la gravure.)                               A Charroux.

En juillet 1850, un cabaretier de Charroux, voulant agrandir son établissement, faisait pratiquer des fouilles sur l'emplacement du transsept méridional de l'église abbatiale, ruinée au commencement de ce siècle. A douze pieds sous terre et au-dessous de plusieurs sépultures anciennes, fut trouvé un cercueil en calcaire, recouvert d'une lourde pierre à deux pentes. Sous la tête du défunt reposait une plaque de plomb entaillée, à la pointe sèche, au ciselet, de l'inscription que nous avons transcrite.

Deux évêques de Limoges ont porté le nom de Girald, Gérard ou Girard; mais deux passages d'Adémar de Chabanes et de Bernard Guidonis ont fait cesser toute hésitation. *Et ipse (Girardus) quia thesaurarius sancti Hilarii erat, cum iret Pictavis ad festivitatem omnium sanctorum, ægrotans in sancto Carrofo, intra dies* XV *obiit et ibi sepultus est. Ad caput ejus tabula plumbea posita est scripta* : HIC REQUIESCIT GIRALDUS EPISCOPUS LEMOVICÆ, OBIIT III IDUS NOVEMBRIS, PRÆFUIT EIDEM SEDI OCTO ANNIS. (Adémar ap., Labbe II, 176.)

On le voit, à une inversion près, l'historien Adémar, moine contemporain, a fidèlement transcrit l'épitaphe. On avait donc sous les yeux les restes mortels de l'évêque Gérard, fils de Guy, vicomte de Limoges, et mort en 1022. Le pontife était de petite stature. On en a la preuve dans la petite dimension des ossements du crâne. Son anneau, trouvé dans le cercueil, mesure également une très-petite ouverture. Cet anneau est en or massif; il pèse 14 grammes 146 milligrammes. Aucune pierrerie ne le décore. La tête de l'anneau ou chaton est formée de quatre fleurs trilobées opposées par la base, sur lesquelles courent de légers filets d'émail bleu. Au côté droit furent trouvées les deux extrémités de la crosse, séparées par un intervalle de plus de 3 pieds représentant la dimension de la hampe. Sa partie supérieure ne se recourbe pas en volute, selon la forme latine des crosses épiscopales. C'est plutôt une crosse abbatiale, un *tau* ou béquille, destinée à servir de point d'appui au chœur. En effet, deux têtes de lion y sont opposées, et le sculpteur semble avoir pris plaisir à adoucir les aspérités du dessin. On remarquera l'élégance des ornements qui séparent les deux têtes de lion. Cette partie de la crosse était probablement en corne de rhinocéros. Le temps et l'humidité lui ont donné sur une face l'aspect du bois de peuplier pourri; l'autre côté, atteint par l'oxydation d'un clou en cuivre, a la teinte et la transparence d'une corne verdâtre. Un fragment creux enveloppait le sommet de la hampe. Il est couvert de gracieux ornements. Le bâton pastoral était très-mince; il était terminé par un cône de cuivre s'appuyant sur une boule. Aujourd'hui l'évêque Gérard a retrouvé une sépulture dans l'église paroissiale de Charroux. Tous les objets si curieux trouvés dans sa tombe y ont été replacés. Nous sommes heureux d'en avoir sauvé l'image par un dessin que les Annales archéologiques ont déjà publié [1].

---

[1] Voir quelques détails de plus donnés par M. Faye dans les *Bulletins de la Société des Antiquaires de l'Ouest*, numéro du 4ᵉ trimestre 1850.

Vers 1031.

(55)  + HIC REQVIESCIT
MARTIALIS :
APOSTOLVS XPI : (Christi)

(*V.* pl. V.) Inédite.      Au musée de Limoges.

Ces mots sont gravés en grands caractères sur les deux faces d'un marbre blanc, veiné et tacheté de brun et de rouge. La pierre a 10 pouces de longueur sur une largeur inégale d'environ 3 pouces; elle a été trouvée dans le tombeau de saint Martial, ouvert et détruit en 1790. Recueillie par M. Périer, elle fut donnée par lui à M. Maurice Ardant, qui l'a cédée au musée de Limoges. Une autre pierre de mêmes dimensions trouvée au même lieu fut léguée par l'abbé Legros au séminaire de Limoges. On y lit une inscription de style et d'écriture semblables; la tranche porte en outre ces mots significatifs : *Ademari miserere tui*. Il est évident qu'il s'agit ici du moine Adémar, dont nous avons déjà invoqué le témoignage. On sait qu'au concile de Limoges, en 1031, il déploya le zèle le plus ardent pour l'apostolat de saint Martial. Le tombeau du saint apôtre de l'Aquitaine fut ouvert à cette époque. Il est donc à peu près certain que ces marbres y furent déposés par Adémar lui-même, vers 1031.

On remarque les C carrés, étroits et longs; les E de même forme, à trois barres égales; les O aigus et les S carrés. On notera encore la forme du Q et du P, les épanouissements aigus qui terminent toutes les lettres, et les trous ronds, au nombre de dix-neuf, dont elles sont arbitrairement semées. Plusieurs lettres conservent une partie de la couleur rouge dont elles étaient peintes.

1097.

(56) SPIRITUS ALBOINI COMMENDETUR, CHRISTE
CUM VENIES JUDEX HUMI CADENTI SIBI SP̄TE. CHRISTE
NEQVE RESPONSUM REFERAT, TE JUDICE, TRISTE
SEDIS LEMOVICŒ FUIT ARCHIDIACONUS ISTE
PRIDIÈ NONAS AUGUSTI OBIIT ALBOINUS ANIMA EJUS,
REQUIESCAT IN PACE. AMEN.

Inédite.   Legros.   Autrefois dans le cloître de Saint-Augustin-lez-Limoges.

A l'entrée du cloître de Saint-Augustin, sous une petite statue de la sainte Vierge engagée dans le mur, une petite pierre blanche portait ces mots écrits en lettres enlacées et liées. Nous pensons qu'elle marquait la sépulture de Pierre Alboin, mort en 1097. Au vu des caractères, l'abbé Legros la datait du x$^e$ ou du xi$^e$ siècle.

(57) DE MEDIO. PIETAS. RAPVIT. DIVINA BOSONĒ
NE QVA SVAM ĪPIETAS MVTARET RELIGIONĒ
CVI$^9$ ERAT CLARV̄. GEN$^9$ ALTA. SCIENCIA MORES
EXIMII PLACITIQ DŌ P̄PLOQ LABORES : CV̄Q CO
LV̄BINĀ, SVARET. SĒPLICITATĒ : SP̄ETIS. TN̄. ĪDV
ERAT. SI. CALLIDITATE : A PATE. PMVIT. VEL T.
AXA DARI SI. PLORĀS : IRRIGVV̄ DV
PLEX. SĒP. DV̄. N. LEGIT. ORĀS
LAVDES, GO. SVAS. RECOLĒTES. N. HONORET : FRES
T P FRE DM̄. DEVOCI$^9$. ORET : XVII. K SEPTB. O.
BONE ME
MORIE. BOSO. DEI. MUN. CUI$^9$. AIA. REQESCAT. I.
PACE. A.

*De medio pietas rapuit divina Bosonem*
*Ne qua suam impietas mutaret relligionem*

*Cujus erat clarum genus, alta scientia, mores
Eximii placitique Deo populoque labores
Cumque columbinam servaret simplicitatem
Serpentis tamen induerat sibi calliditatem
A patre promeruit velut axa (?) dari sibi plorans
Irriguum duplex, sepulchrum dum non legit orans.
Laudes ergò suas recolentes nomen honorent
Fratres, et pro fratre deum devocius orent
XVII kalendas septembris obiit bone memorie
Boso. Dei munere cujus anima requiescat
in pace. Amen.*

(*V.* pl. VII.) Inédite. Dans l'église autrefois abbatiale, aujourd'hui paroissiale d'Uzerche.

On lit ces vers mesurés et rimés, tracés en lettres longues d'un pouce, sur un calcaire jaunâtre, sillonné d'une veine blanche et dure que le ciseau a respectée. Nous l'avons figurée sur notre dessin. La pierre, longue d'un pied huit pouces, large d'un pied un pouce, est surmontée d'un haut relief très-mutilé. Il représente un moine à large tonsure, qu'un ange volant de haut en bas saisit par les épaules. Est-ce là cette piété divine qui arracha Boson au monde, comme le dit l'inscription? Dans l'époque romane, à laquelle appartient cette inscription, les anges figurant des vertus ne sont pas très-rares.

Quel est ce Boson dont les vertus reçoivent ici un si magnifique éloge, et qui réunissait les qualités d'une illustre naissance aux dons plus rares d'une haute science et d'une exquise moralité? M. Marvaud (*Histoire du bas Limousin*, I, 145) y voit l'épitaphe de Boson II, comte de la Marche, qui, vers 997, soumit à l'abbaye d'Uzerche l'abbaye d'Ahun qu'il venait de fonder. En récompense de ce service, Boson, mort en 1006, aurait reçu sa sépulture dans l'abbaye d'Uzerche. Ce témoignage si précis du jeune auteur est malheureusement fort amoindri par une note où il nous apprend qu'on ne peut lire sur cette inscription que le nom de Boson et celui de son frère Gaubert; *Boso et Gaubertus. Le reste*, selon lui, *est entièrement effacé;* assertion qui renferme plus d'erreurs que de mots. L'épitaphe de Boson est très-lisible, à un mot près; et, quant au nom de *Gaubertus*, il se trouve sur une inscription différente, qu'on a tout récemment placée à côté de celle qui nous occupe. On verra bientôt de quel personnage il s'agit dans cette dernière.

Quoi qu'il en soit, en tirant au hasard, M. Marvaud pourrait bien avoir rencontré juste. L'inscription a bien les caractères paléographiques de la première moitié du XIe siècle. On ne connaît à cette date aucun abbé du nom de Boson. Un religieux, doué de tant de qualités éminentes, serait-il resté longtemps dans les rangs des simples frères? L'habit religieux que porte le défunt ne s'opposerait pas à cette interprétation. Un de nos collègues, à qui nous soumettions la difficulté que présente le septième vers : *A patre promeruit velut axa (?) dari*, suppose tout d'abord que Boson était un seigneur laïque qui avait voulu mourir sous l'habit monastique ; ce qui lui permettait, il est vrai, de lire : *A patre promeruit velum et alba dari.*

N'est-ce pas vers ce temps que le duc Guillaume quittait le siècle pour mourir sous l'habit religieux dans le monastère de Saint-Maixent ? A peu d'intervalle, Arnoul, comte d'Angoulême, allait mourir sous le froc dans un monastère de sa ville principale. (*Adémar apud* Labbe, II, 170.)

Nous ne laissons donc pas la question entièrement indécise. Quant au texte, la pierre consultée par nous à trois reprises différentes, fidèlement calquée et estampée, ne permet pas de lire autrement que : *A patre promeruit velut axa dari sibi;* il ne peut y avoir de doute que pour l'x du mot *axa*. Nous avions d'abord supposé que la veine dure qui passe au-devant de ce mot avait présenté un obstacle au ciseau. Le graveur se serait contenté de peindre tout ou partie d'un mot sur cette surface demeurée lisse et polie : malheureusement la mesure et la quantité du vers ne permettent pas la plus petite insertion. On traduira donc axa comme on pourra ; sauf à en faire un nom propre ou à convertir l'x en l, ala. Peut-être préféreriez-vous la traduction d'un de nos collègues : *il mérita d'être proposé pour modèle à la communauté. Axa*, mot inconnu avec ce sens aux glossateurs, aurait, en basse latinité, le sens de pivot, axe ; et, comme tout roule sur le pivot, le reste se devine. Avis aux éditeurs de Ducange.

Les entrelacements, les lettres intercalées, les abréviations de cette inscription ont eu évidemment pour but de faire loger le texte dans un espace donné. Les trois premiers vers, grâce à l'emploi de ces moyens, finissent exactement à la ligne ; au quatrième, des abréviations ont permis de gagner de la place. On remarquera la proportion plus petite des caractères, les enlacements nombreux et les abréviations des deux dernières lignes. Il fallait entasser la matière ; l'espace allait manquer. Ces derniers mots, d'ailleurs, sous leur forme abrégée, sont très-communs, et partant plus lisibles dans la langue de l'épigraphie. L'M, étant la lettre qui occupe le plus de place, y est remplacé onze fois par un trait horizontal ; le même signe indique sept fois la suppression de l'N. Dans les contractions ou suppressions plus considérables, le trait, au lieu d'être superposé au mot, coupe habituellement une des lettres principales. Notons quelques formes assez rares : le premier Q du second vers, le T et l'N de *tamen*, cinquième ligne, le point et virgule ne remplaçant pas la syllabe *que*, mais tenant lieu seulement des deux dernières lettres, la virgule ou 9 remplaçant la syllabe *er* de *servaret*.

xi° siècle (?)

(58)    IST       IVS
    ECCLIE [1]  PRIOR. HIC       [1] *Ecclesiæ.*
    GAVBERTVS. HVMAT
    VR : SPS [2]   ILLIVS REQIE [3]   [2] *Spiritus.* [3] *Requie.*
  [4] FINE   FRVATVR         [4] *Sine.*
  . . . . . CVIT (?) FE
  . . . . . ITEVI
  . . . . . LECT
  . . . . . TARI
  . . . . . E . .

(*V*: pl. VI, fig. 2.)     Inédite.     Église d'Uzerche.

Ce fragment mutilé a été trouvé, il y a quelques années, dans l'abbaye d'Uzerche; il a été placé dans l'ancienne église abbatiale, à côté de l'épitaphe de Boson. La ressemblance du subjectif et des caractères ont sans doute inspiré ce rapprochement. Comme l'épitaphe de Boson, celle-ci est gravée sur un calcaire jaunâtre et fumé; elle était accompagnée d'un relief aujourd'hui entièrement effacé; la partie qui a reçu l'inscription a seize pouces de hauteur sur huit de largeur. Les lettres, un peu plus régulières et moins maigres que celles de l'épitaphe voisine, ont aussi un pouce de hauteur; du reste, c'est le même alphabet, le même style et la même main, plus ferme et moins indécise. Cette inscription pourrait donc être de la même époque que celle de Boson.

A quelle époque vivait ce Gaubertus? Un Gaubertus, dit Malafaida, gouverna l'abbaye d'Uzerche sur la fin du XIe siècle, selon le témoignage de Geoffroi du Vigeois ; mais le même auteur nous apprend qu'il mourut dans un voyage à Saint-Martial de Limoges, et qu'il y fut enseveli honorablement. *Gaubertus.... Lemovicas veniens IV kal. octobris obiit et infra basilicam regalem Salvatoris mundi non longe a tumulo Guillermi pontificis, non ignobili traditur sepultura.* (Labbe, II, 298). La forme des lettres, d'ailleurs, n'annonce pas le XIIe siècle. Serait-ce l'épitaphe de Gaubertus qui, sur la fin du Xe siècle, fut le premier auteur de la restauration de l'abbaye d'Uzerche? Malgré la réponse affirmative de plusieurs personnes très-versées dans l'histoire locale, nous n'oserions le donner pour entièrement certain. Selon le P. Estiennot, ce moine, connu aussi sous le nom de Gauzlenus, fut le cinquième abbé de Saint-Augustin-lez-Limoges, et devint plus tard chorévêque de Limoges sous Hildegarius. Mais ce dernier fait est controversé.

Notons qu'un troisième Gaubert de Mirabel fut abbé d'Uzerche en 1149 et 1151, et fut enseveli au chapitre d'Uzerche. Serait-ce l'épitaphe de ce dernier? Cette inscription a été trouvée, en effet, dans l'ancien chapitre. Nous ne lui avons donné cette place que par égard pour une opinion très-accréditée en Limousin.

(59) VIIII K. MARTII :
OBIIT : BONE. ME
MORIE : DOMNV,
ROTBERTUS :
ARMARIUS : +

(*V*. pl. VI, fig. 5.)   Inédite.   Legros.   Autrefois à l'abbaye de Saint-Martial.

Cette inscription, placée dans le cloître de l'abbaye de

Saint-Martial, fut recueillie par l'abbé Legros; il n'en reste que notre dessin : c'est un simple souvenir destiné à rappeler les prières anniversaires dues à un moine qui occupa les importantes fonctions de *bibliothécaire.* Cette illustre abbaye posséda une suite de bibliothécaires distingués; nous en avons une liste incomplète. C'est à eux qu'est due la précieuse collection de manuscrits qui, en 1730, longtemps après la sécularisation de l'abbaye, fut vendue à la bibliothèque royale, où on la conserve encore aujourd'hui. Dans le nombre, nous ne citerons que Bernard Itier, auteur d'une chronique estimée. Ces fonctions ne se bornaient pas à la conservation et à l'acquisition des livres. L'*armarius* était aussi copiste, ainsi qu'Itier nous l'apprend de lui-même dans une note inscrite à la suite d'un manuscrit qu'il avait acheté pour son abbaye. Le bibliothécaire avait encore la surveillance et la direction des calligraphes du monastère. Il devait, dit le coutumier de Saint-Victor, choisir les auteurs à transcrire, fournir les instruments du travail, et veiller à ce que les copistes ne s'occupassent pas de transcriptions autres que celles qui leur avaient été ordonnées. On sait que, dès le XI$^e$ siècle, les copistes étaient au nombre de douze dans les grandes abbayes. Au XVII$^e$ siècle, Martène et Durand trouvèrent encore à Cîteaux les cellules silencieuses destinées à ce travail. Le père Cahier, dans un mémoire spécial, a donné les renseignements les plus curieux sur les *scriptoria* des monastères. (*Ann. de Phil. Chrét.*) Nous avons recueilli nous-mêmes, sur les manuscrits de la bibliothèque nationale provenant de l'abbaye de Saint-Martial, une liste de bibliothécaires de Saint-Martial, et l'indication de quelques-uns de leurs travaux. On la trouvera aux notes.

xi° siècle (?).

(60)　　JESUS NAZARENUS REX JUDÆORUM.
CHRISTE, TUOS REDIMIS BENEDICTA QUI CRUCE,
　　　　　CHRISTE
CHRISTE, SUBACTA, POTENS, FRANGIS QUI TAR-
　　　　TARA, CHRISTE
CHRISTE, AGIUS, SANCTUSQUE DEUS, DA PROSPERA,
　　　　　CHRISTE.
(61) THOMAS, PHILIPPUS, JUDAS TRUCULENTUS, AD
　　　　ISTAM
REGIS EDUNT CŒNAM, JOHANNES, PETERUS, MAR-
　　　　TIALISQUE
REGIA CHRISTICOLIS HÆC DENTUR PRANDIA CUNCTIS
HIC SACRA JUSTIFICE SERANTUR LIMINA PORTE.

　　Inédites.　　　　　　　　　　　　　　　Legros.

Le tympan de la porte méridionale de l'abbaye de Saint-Martial était occupé par deux grands bas-reliefs superposés. Le bas-relief supérieur représentait la crucifixion. On lisait à l'entour, gravée sur une plate-bande, la première de ces inscriptions. Au-dessous se voyait la cène, contournée par le second quatrain. L'abbé Legros, qui a transcrit ces inscriptions avant la destruction de l'abbaye de Saint-Martial, en 1791, dit que les lettres tenaient beaucoup du romain, et qu'elles paraissaient remonter au moins au x° siècle. Nous ne pouvons partager cette opinion.

Cette partie de l'abbaye de Saint-Martial avait été reconstruite au xi° siècle. Les représentations de Jésus-Christ en croix étaient d'ailleurs fort rares avant cette époque. Enfin saint Martial figure parmi les apôtres. Cette tradition iconographique a été surtout propagée à dater des discussions animées qui eurent lieu au concile de Limoges sur l'apostolat de saint Martial, en 1028 et 1031. Il faudra à jamais regretter qu'un dessin exact n'ait pas sauvé une image de ces vieux monuments et de tant d'œuvres d'art conservées dans la célèbre abbaye. Aujourd'hui un théâtre s'élève sur son emplacement; mais, quoiqu'il ne compte pas dix ans de date, déjà il menace ruine. La Providence semble vouloir venger cette profanation du berceau de la foi dans notre province. On dira ailleurs les tristes circonstances qui accompagnèrent la démolition de Saint-Martial.

Incertaine.

(62) HIC REQUI . . SIT . . ONCERAD   *Concerad* ou *Gon-*
    QUI HOC EDIFICAVIT SEPULCHRUM   *cerad.*
    ET OBIIT VIII K JULI

Inédite.                         Église de Saint-Léonard.

Cette épitaphe est gravée en caractères hauts d'environ 7 pouces, sur une tombe de granit longue de 5 pieds. Elle est maintenant déposée loin de sa place primitive, sous le clocher de l'ancienne collégiale de Saint-Léonard. Cette église possédait, avant la révolution, une représentation en sculpture de N.-S. mis au tombeau. On sait qu'on donnait le nom de sépulcre ou de monument à ces sortes de sujets. Figurés par des personnages grands comme nature, ils occupaient une place importante dans la plupart des anciennes églises. Concerad fut, il n'en faut pas douter, le donateur ou l'exécuteur d'une œuvre de ce genre; une pierre imparfaitement taillée ne lui aurait pas valu l'éloge inscrit sur sa tombe.

Cette inscription nous paraît appartenir à la fin du XI$^e$ siècle ou au commencement du XII$^e$. Le V et l'U s'y trouvent distingués.

(63) UXOR GAUTII R ' HOC I TUMULO   ‹ *Uxor G. requiescit.*

Inédite.                    Église d'Aymoutiers.

Cette épitaphe, d'une forme insolite, est gravée sur une longue dalle de granit placée près de la porte méridionale de l'église d'Aymoutiers.

(64)  IN ISTO      PRIMIT[9]
      SARCOF      QV̄ANDO
      SCS MAR     FVIT MOR
      TIAL AP̄LS   TVVS RE
                  QVIEVIT

Inédite.                                   Legros.

Cette inscription, en caractères romains, était gravée sur les deux faces d'une pierre conservée dans les archives de Saint-Martial. Elle a disparu et n'est plus connue que par un dessin de l'abbé Legros. Plusieurs A n'ont pas de traverses, ce qui semblerait annoncer une date plus reculée que le XIe siècle; le premier *E* de *requievit* est arrondi.

(65) NONAS.   SEPTĒ
     BRIS.  +  OBIIT
   + HUGO    PRIOR +
     ⌒         ⌒
   + IHS  +   XPS  +

Inédite.                                   Legros.

Ce souvenir si court était placé dans l'abbaye de Saint-Martial, au-dessus d'une ancienne porte qui séparait le cloître du chapitre.

(66)

DOCTUS LEGE.... CLUNICENSIS HUGONIS ALUMNUS (Dei)
HIC CINIS HUGO PIUS REDDIDIT OSSA S . . .
VIRTUTUM TITU..¹ MERITORUM CLARUS. HO...² ¹Titulis
²Honoris
QUANDO THOMAS CO. . .¹ ARTUBUS EXUITUR ¹Colitur

Inédite.                                Legros.

On lisait cette épitaphe à peu de distance de la précédente. En 1063, le monastère de Saint-Martial fut réformé par saint Hugues, abbé de Cluny, qui y conduisit une petite colonie de moines. Le défunt, dont cette épitaphe indiquait la sépulture, en faisait partie, ce qui assigne pour date à son décès la seconde moitié du xie siècle. Nous restituons en marge une partie des mots effacés sur la pierre.

(67)    TU ES PETRUS ET SUPER HANC PETRAM ÆDIFICABO ECCLESIAM MEAM

(68)        REX
A     LUX     LEX     $\Omega$
        PAX

DOMVM ISTAM TU PROTEGE DOMINE ET ANGELI TVI
CUSTODIANT
MUROS EJVS ET OMNES HABITANTES IN EA. AMEN
ALLELUIA

(*V*. pl. VIII.)      Inédites.      Église Saint-Pierre, au Dorat.

Ces deux inscriptions décorent deux portes de l'ancienne collégiale du Dorat. La première suit le contour des deux arcades qui subdivisent la porte occidentale. Les claveaux des deux cintres, au nombre de vingt-neuf, ont reçu chacun une ou deux lettres. Cette inscription rappelle d'une manière assez ingénieuse que la collégiale était sous l'invocation de saint Pierre. Au-dessus de cette inscription, on en lit une autre qui a fait beaucoup plus de bruit, malgré sa brièveté : c'est la date 501, inscrite *en chiffres arabes* dans un cartouche. Au xvii<sup>e</sup> siècle, les chanoines du Dorat, pour s'exempter de quelques droits seigneuriaux, prétendirent ne relever que du roi, par suite d'un privilége accordé par *leur fondateur.* Cette inscription aurait-elle eu pour but de faire croire que l'église actuelle datait de cette époque ; ou n'y faut-il voir que le jeu d'un ciseau érudit qui voulait consacrer, pour l'enseignement du public, une vieille et vague tradition? Dans tous les cas, l'exécution fut malheureuse. On sait que l'emploi des chiffres arabes ne date que de la seconde moitié du xii<sup>e</sup> siècle ; ce serait, selon quelques auteurs, l'époque de la construction de cette partie de l'édifice. La forme moderne des chiffres ne nous permet pas de croire qu'ils soient contemporains de cette construction ; ce serait le plus ancien exemple de leur emploi régulier.

La seconde inscription est gravée, à l'extérieur de l'église, sur le linteau triangulaire d'une porte latérale débouchant dans la chapelle, aujourd'hui détruite, de Notre-Dame-de-Lorette ou des Jarris. Les quatre mots : *rex*, *lux*, *lex*, *pax*, sont inscrits sur une croix en convergeant tous vers le centre ( *V.* le dessin ) ; de telle sorte que l'X inscrit au centre les termine à la fois.

MM. Robert nous apprennent (Mss. de la biblioth. de Poitiers) que cette inscription se terminait ainsi : *Anno Domini* 1013 *incoata fuit ecclesia sancti Petri scotoriensis quæ antea cremata fuerat per magnatenses.*

*Anno* 1075 *quinto idus octobris vacante sede Lemovicensi,*

*Philippo rege Francorum regnante consecratum fuit majus altare in honorem beatorum apostolorum Petri et Pauli a reverendo patre Lexoviensi episcopo.*

La collégiale du Dorat, après avoir été brûlée par les habitants de Magnac, fut reconstruite de 1013 à 1075.

On ne peut douter de la sincérité des érudits auxquels nous devons ce renseignement; cependant cette inscription présente plusieurs difficultés :

1° Les dates sont en chiffres arabes pour une époque antérieure à leur emploi ;

2° Selon plusieurs antiquaires, l'église du Dorat tout entière ne date que du xiie siècle.

Mais ces difficultés ne sont pas insolubles. MM. Robert n'ont voulu donner que le sens de l'inscription et non un *fac-simile* rigoureusement orthographié. Nous en avons la preuve dans l'inscription elle-même. Ces deux savants lisent sur le linteau : *Domum istam tu protege, Domine, et angeli tui* CUSTODES EJUS. La pierre montre : *Custodiant muros ejus.* En second lieu, malgré l'homogénéité de style de cet édifice, est-il possible qu'une aussi vaste construction avec crypte et collatéraux, quatre petites tours et deux grandes, ait été achevée en un quart de siècle? Un examen attentif y fait reconnaître des reprises nombreuses, et on peut, sur l'appareil, compter tous les temps d'arrêt. Nous avons découvert une inscription que nous rapportons plus loin, et qui semble marquer une de ces haltes des architectes. Vers 1071, le tombeau de saint Angilbert fut reconnu par saint Gervin aux quatre mots gravés sur le pavé : *rex, lex, lux, pax.* Nous ne donnons que comme un fait curieux cette concordance de dates et d'inscriptions (*Act. SS.*, t. I, *Mart.*, p. 287). La question de la date de l'édifice reste donc entière, et nous en ferons l'objet d'un travail particulier.

(69) HIC REQUIES.

Inédite. A Saint-Pierre du Dorat.

Cette inscription est inscrite, à fleur de terre, sur la paroi extérieure du mur nord du transsept méridional de l'église Saint-Pierre; elle est gravée sur une grande dalle, à égale distance des bords qui lui forment une marge régulière et de grande dimension. Cette disposition prouve qu'elle est entière et qu'elle forme un sens complet. Est-ce l'indication d'une sépulture? Le mur, en cette partie, porte les traces d'un temps d'arrêt; on peut donc y voir un souvenir de la suspension des travaux, et nous adopterions volontiers cette dernière opinion. Au reste, la forme des caractères accuse bien l'époque romane. — L'abbé Nadaud lisait ici : *Hic na quies*, qu'il traduit : ***Hic nostra quies***. Au Dorat, on interprétait de son temps, c'est-à-dire vers 1770, *Hic jacent comites*.

Incertaines. — Antérieures au gothique.

(70)

ARA CRUCIS TUMILIQUE CALIX LAPIDISQUE PATENA
(*Tumuli.*)
SINDONIS OFFICIUM CANDIDA BISSUS HABETO
LAMBERTUS ME FECIT.

Inédite. Legros.

Dans la sacristie de l'église de la Souterraine se conservait une table de marbre longue d'environ 1 pied et large de 8 pouces. Par-dessus était une croix d'argent, et autour était gravée sur le métal l'inscription rapportée plus haut.

C'était évidemment un autel portatif. On croyait, à la Souterraine, qu'il avait été à l'usage de saint Martial.

L'abbé Legros se donne beaucoup de mal pour prouver que cette attribution n'était pas fondée. Les vers sont empruntés à des auteurs du xi° siècle ou du xii°, Marbode ou Hildebert du Mans; Lambertus est un nom teutonique de beaucoup postérieur à l'époque gallo-romaine; enfin, l'usage des autels portatifs est beaucoup moins ancien.

Cette raison dernière nous paraît un peu hasardée. Quant aux deux autres, elles prouveraient tout au plus que la monture de l'autel était relativement moderne. — Nous n'en inscrivons pas moins ce fait curieux, en réunissant le nom de Lambert à celui de nos vieux orfèvres romans. On sait que leurs œuvres, si remarquables et si admirées aujourd'hui, sont presque toujours dépourvues de signatures.

(71)

+ XVII KL' IVLII DE...... COMPSIT ACVARNVS
' Kalendas.
HAEC IN HONORE SACRÆ CELE.... AE DECUS O
.METUENDE D(eu)S.

Inédite.  Église de Chamborant.

Ces deux fragments d'inscription sont gravés sur une pierre calcaire brisée qui a dû servir d'autel. Le premier fragment est tracé sur le plat de la pierre, et le second sur la tranche. Les caractères appartiennent tous à l'alphabet romain, à l'exception des C, qui sont carrés. Les lettres sont enlacées ou renfermées les unes dans les autres. Tous ces caractères assignent bien l'époque romane à ce fragment; mais cette classification le colloque en de trop larges limites. S'il fallait restreindre cette date, nous dirions que ce fragment est antérieur au xii° siècle. L'emploi des AE, la forme des vers, le style de la date, aussi bien que la tournure des caractères, concourent à reculer sa date. Cet ACVARNVS, dont nous trouvons ici le nom pour la première fois, y figure-t-il à titre de sculpteur ou de consécrateur? Nous l'ignorons. Le Limousin, dont nous étudions d'assez près les Annales, ne nous fournit aucun nom semblable. Ce fragment reposait sous le maître-autel de l'église actuelle. Des fouilles opérées en ce lieu feraient peut-être retrouver le reste.

(72)

HIC JACET DOMINUS GULPHERIUS DE TURRIBUS ET DE NEXONIO, ET DOMINUS GUIDO ET GULFERIUS FILII EJUS ET GENUS SUUM, QUI ELEGERUNT AD OPUS SUI ET SUORUM SEPULTURAM. ANIMÆ EORUM PER MISERICORDIAM DEI REQUIESCANT IN PACE

« Baldric, abbé de Burgueil, dit ce qui suit de Gouffier de Las Tours au siége de la ville de Marra. Les Turcs et les Sarrasins étant en défense, et avec de grands cris s'encourageant les uns les autres, personne n'osait monter... La force des Sarrasins semblant infatigable, Gouffié de Las Tours, homme d'un haut lignage et d'un courage merveilleux, natif du Limosin, s'avança hardiment et monta jusqu'au haut des murailles, et quelques-uns après lui, toutefois peu, parce que l'échelle se mit en pièces; ils débusquèrent les infidèles....., et cette ville opulente de Marra fut prise l'onzième décembre, sur le soir. Aux chapelles basses du Chalard, qui sont sous terre, est un tombeau en vase; la pierre de dessus fort blanche, telle qu'au païs n'y en a de semblable, de sept pieds de long et quatre de large; épaisse de dix pouces, entourée de tours, de roses et de fleurs de lis : au-dessus un homme armé, gravé, ayant un écu et dedans trois tours et fleurs de lis, à ses pieds un lion; à côté une femme, à ses pieds un serpent de la grandeur du lion à peu près, et il y a écrit autour (l'épitaphe rapportée plus haut). » (*Bonav. de S. Amab.*, III, 429.)

Selon nos chroniqueurs limousins, le lion et le serpent figurés sur ce tombeau rappelaient un exploit merveilleux de Gouffier. Un jour, dans une de ses excursions au pays d'outre-mer, il fut attiré par les rugissements d'un lion qu'enlaçait un serpent monstrueux. Son épée délivra le lion, et cet animal reconnaissant s'attacha à ses pas comme un chien. Il lui était grandement utile à la chasse et à la guerre. Au retour, les matelots effrayés n'ayant pas voulu le recevoir, il suivit le vaisseau à la nage, jusqu'à ce que, ses forces l'abandonnant, il périt dans les flots. (Cf. la chronique de Geoffroi du Vigeois, ap. Labbe, II, 293.)

Le contexte et les armoiries figurées sur cette tombe prouvent qu'elle était de beaucoup postérieure à la mort du guerrier dont elle recouvrait les cendres.

(73)

1100.

ANNO AB INCARNATIONE DOMINI MILLESIMO C....
SEXTO KL JULII DOMNUS PONCIUS BARBASTRENSIS
EPISCOPUS ET SANCTE FIDIS VIRGINIS MONACHUS
HOC ALTARE BEGONIS ABBATIS DEDICAVIT
ET DE + XPI ET SEPULCRO EJUS MULTASQUE
ALIAS SANCTAS RELIQUIAS HIC REPOSUIT.

(*V.* pl. XI, fig. 1re.)   Inédite.   Église de Conques.

Un autel portatif en porphyre de l'ancienne abbaye de Conques est encadré de bandes d'argent sur lesquelles sont estampés des ornements. Des arcades cintrées enveloppent les portraits en buste de N.-S., de sainte Foi et des apôtres. Cette partie de la décoration est niellée. On lit sur la tranche l'inscription que nous reproduisons, et dont nous donnons en partie le *fac-simile*. La lithographie, exécutée en notre absence, accuse une main beaucoup trop timide. Cette inscription est triplement curieuse par les faits qu'elle rappelle, le rare monument qu'elle décore et sa date précise : tels sont les motifs qui nous ont porté à la publier, quoiqu'elle n'appartienne pas au Limousin. On remarque les O aigus, les C carrés et la forme des M et des Q. On notera aussi la croix remplaçant le mot *cruce*.

(74)

1101.

ABBAS FORMAVIT BEGO RELIQUIAS QUE LO(cavit). SUM DOMINI QUE CRUX . . . .

(*V*. pl. XI, fig. 2.)　　　Inédite.　　　Église de Conques.

Dans le trésor de la même église est conservé un reliquaire très-ancien, en forme de triangle, et attribué à Charlemagne. Il accuse toutefois deux restaurations, une du xii⁰ et l'autre du xiii⁰ siècle. Nous attribuons à la première époque deux anges debout sur la base et tenant des encensoirs. L'inscription citée par nous ne laisse pas de doutes sur la date : c'est l'écriture et le nom de l'abbé Bégon, donateur de l'autel mentionné plus haut.

(75)

1106.

HIC JACET CORP⁹ SCI JUNIANI IN VASE IN QUO
PRIUS POSITUM FUIT.
AD. COLLUM. MATRIS. PENDET. SAPIENCIA. PATRIS ⁖
ME. XPI. MATREM. PRODO. GERENDO. PATREM ⁖
MVNDI. FACTOREM. GENITRIX. GERIT. ET. GENI-
TOREM ⁖
MATERNOSQ; SINVS. SARCINAT. HIC DOMINVS ⁖

(*V.* la planche.)  Église de Saint-Junien.

Le tombeau de saint Junien est une des œuvres les plus remarquables de l'époque romane. Il est placé derrière le maître-autel de l'ancienne collégiale consacrée au saint dont il conserve les cendres. Ses trois faces sculptées représentent le Christ entre les symboles des évangélistes, l'Agneau de l'Apocalypse et la sainte Vierge, dans une gloire elliptique soutenue par quatre anges. Sur les deux faces latérales sont assis, sur des trônes, les vingt-quatre vieillards de la vision de saint Jean; ils sont couronnés et tiennent des instruments de musique et des vases de parfum. Les ornements les plus variés, la décoration la plus magnifique s'épanouissent sur les plates-bandes, sur les fûts et les chapiteaux tous différents de l'architecture. Ce travail roman peut se comparer aux sculptures les plus riches du xvᵉ siècle. Le chroniqueur Maleu nous apprend que cette œuvre intéressante fut exécutée par ordre du prévôt Ramnulphe, dans les premières années du xiiᵉ siècle. Les deux inscriptions transcrites plus haut se lisent, la première sur une bande horizontale au-dessus de la tête du Christ; l'autre se développe sur l'ellipse ovoïde qui enveloppe la sainte Vierge tenant l'enfant Jésus. Ces antithèses, d'un effet si laborieux, rappellent une autre inscription gravée sur le piédestal d'une statue de la même époque, à Beaucaire :

IN GREMIO MATRIS RESIDET SAPIENTIA PATRIS.

A l'intérieur du tombeau, sur la paroi de la pierre qui porte extérieurement la figure du Christ, est gravée, conformément au récit de Maleu, l'inscription suivante, surmontée et coupée d'une croix.

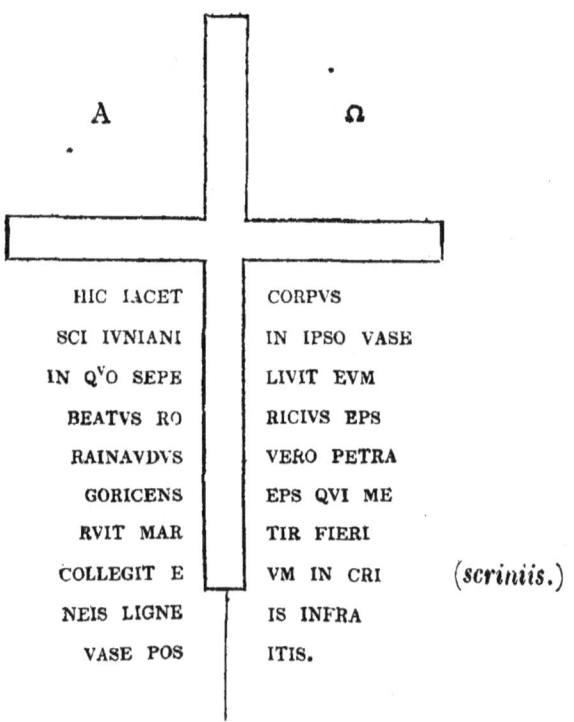

HIC IACET
SCI IVNIANI
IN Q^VO SEPE
BEATVS RO
RAINAVDVS
GORICENS
RVIT MAR
COLLEGIT E
NEIS LIGNE
VASE POS

CORPVS
IN IPSO VASE
LIVIT EVM
RICIVS EPS
VERO PETRA
EPS QVI ME
TIR FIERI
VM IN CRI (*scriniis.*)
IS INFRA
ITIS.

Le récit du chroniqueur se trouve parfaitement confirmé par l'exactitude des moindres détails de sa description. Il faut donc voir dans ce tombeau une œuvre bien authentique du commencement du xııᵉ siècle. Cette date dérange un peu les systèmes qui reculent vers 1150 l'avénement du roman fleuri. C'est un titre à ajouter à tous ceux qui rendent ce monument si remarquable. Notre ami l'abbé Arbellot a publié, après nous, une excellente notice sur cette œuvre si intéressante.

(76)

Vers 1143.

ECCE DEO GRATUS JACET : IC RAMNULFUS HUMATUS
PASTOR CONDIGNUS PIUS ABBAS VIRQ : BENIGNUS
QUI PER TER DENOS VITE MODERAMINE PLENOS
ANNOS REGNAVIT COMMISSOS REXIT AMAVIT :
MENSE SUB AUGUSTO MIGRAT DE CORPORE KISTO (sic)
VIVIT ADHUC MULTUS FAMA JAM CARNE SEPULTUS
PRO FAMULO CRISTI REQUIEM CANTATE MINISTRI

(*V.* pl. XI, fig. 4.)        Église de Lesterps.

Cette épitaphe est gravée sur une pierre calcaire teinte en noir, longue de plus de 5 pieds. Elle est engagée dans le mur nord de l'église aujourd'hui paroissiale de l'ancienne abbaye de Lesterps. Cette inscription n'a jamais été figurée. La *Gallia Christiana* la donne d'une manière fautive. Il ne faut pas lire, au premier vers : *latet*, mais *jacet*. Au cinquième vers, les bénédictins lisent : *de corpore, Christo*. Le monument porte *kisto*, ce qui rend douteuse l'interprétation adoptée par eux : *Christo vivit adhuc*. Il se pourrait que le K du mot *kisto* ne fût qu'une sorte d'aspiration destinée à conserver la mesure du vers en s'opposant à l'élision de la dernière voyelle du mot *corpore*.

L'abbé Ramnulfe ou Ramnoux, dont il est ici question, fait acte d'autorité dans l'administration de l'abbaye dès

1113; son épitaphe nous apprend qu'il la gouverna pendant trente années. C'est donc vers 1143 qu'il faut placer son décès. C'est à peu près la date de l'inscription dont nous avons publié les deux premières lignes. Notre dessin ne donne qu'une idée bien insuffisante de l'élégance capricieuse de ces caractères, longs en moyenne d'un pouce et demi. Cette forme d'écriture appartient plutôt aux manuscrits qu'aux monuments, où elle se rencontre très-rarement. Dans les lettres tour à tour sèches, nues et serpentantes, on retrouve parfaitement le passage du roman au gothique. Ces traits redressant leur courbure d'un jambage à l'autre formeront les boucles du gothique arrondi.

(77)

Après 1150.

ANNO AB INCARNATIONE .... DEDICAVIT .... IN HONOREM PLURIUM ........ MARTIRUM.

Inédite. Abbaye d'Obasine.

Un édifice disposé comme l'abside d'une église romane, à deux étages solidement voûtés en pierre, s'élève à l'extrémité du transsept nord de l'église d'Obasine : c'est une construction romane simple et solide comme tous les bâtiments de cette abbaye. A l'étage inférieur, et au dedans, sous la corniche, court une bande peinte en noir. Cette inscription, en beaux caractères de transition, est peinte sur ce fond noir. Il y a trois ans, elle était partout lisible. Lorsque, les vacances dernières, nous avons voulu en faire un dessin fidèle, nous avons constaté ces lacunes dues aux bonnes intentions d'un balai maladroit; et, chose deux fois regrettable! les seules particularités intéressantes, le nom et la date ont disparu. Voilà un vandalisme bien intelligent.

Après 1150.

(78)     ÆPLACEN ⋮ PRIOR III ⋮
            XIII KLD IV BOB ⋮

(*V*. pl. XI, fig. 5.)      Inédite.      Eglise d'Aureil.

Cette inscription, en grands caractères en relief, se trouve sur une dalle en granit du pavé de l'église de l'ancien prieuré d'Aureil. Sa lecture ne laisse pas que de présenter quelques difficultés. Le troisième prieur de ce monastère, fondé par saint Gaucher, est inscrit dans les catalogues sous le nom de Guillaume (*V. Bonav. de Saint-Amable*, III, 421) : il est nommé ici *Æplacen*. Ce dernier nom sera donc, contrairement aux usages religieux des sépultures monastiques, le nom patronymique, et non le nom de baptême ou de religion. Il reste à lire la seconde ligne. On y trouve, d'une manière assez apparente : *XIII Kalendas junii bonus (?) obiit.*

Le second prieur d'Aureil, Germond, compagnon inséparable de saint Gaucher, vécut jusqu'en 1150. Cette inscription, très-authentique malgré ses obscurités, est donc postérieure à cette date.

(79)     AMELIUS DE GRANNO.

(*V*. pl. XI, fig. 5.)      Inédite.      Eglise d'Aymoutiers.

Ce nom isolé, éloquent sans doute au temps où il fut écrit, est gravé sur une longue pierre sépulcrale placée près de la porte septentrionale de l'église d'Aymoutiers. On remarquera l'M formé de deux ellipses rapprochées.

(80)

Après 1150.

CORPORE NON MERITIS QUIBUS HIC ET IN ETERE
VIVIT
HOC STEP̄H̄S TUMULO CLAUDIT⁰ ALT⁰ HOMO
HIC REQUIES ÆGRIS CIBUS ET VESTITUS ÆGENIS
CLAUDUS IN HOC GRESSUM CEC⁰ HABEBAT OCLUM
INTER TANTA PIIS COLUIT QUE MORIB⁹ ALT⁹
FUNDITUS HANC TOTĀ CONDIDIT ÆCLESIAM
SOLE PER AUGUSTAS CŒLUM LUSTRANTE KALENDAS
MORS ILLO CARUIT : VITA BEATA TENET.

(*V*. pl. X.)    Inédite.    Eglise de l'Aguène.

(81)

1150.

VIR BONUS ATQUE PIUS FUNDAVIT STEPHANUS ISTUD
ALTARE IN HONORE DOMINI CHRISTI, ALMÆQUE MA-
RIÆ VIRGINIS, SANCTIQUE MICHAELIS ARCHANGELI,
ET OMNIUM AGMINUM CŒLESTIUM.

Inédite.    Maître-autel de la même église.

L'église de l'Aguène (*Aquina*), près Tulle, a été refaite en partie dans ces derniers temps. Elle se termine à l'ouest par trois absides romanes qui datent du xiiᵉ siècle. A l'entrée occidentale, au niveau du sol, est incrusté un marbre sur lequel est gravée, en caractères à demi effacés par la chaux et le ciment, l'épitaphe que nous rapportons. Le pieux fondateur dont elle rappelle les vertus vivait, au témoignage de l'abbé Legros, dans le milieu du xiiᵉ siècle. M. Labiche de Reignefort lui consacre une notice dans ses Vies des Saints du Limousin (I, 263). Nous ne savons sur quel renseignement le même auteur lui donne le nom d'Etienne *Autain*. S'il n'a d'autre témoignage que celui de l'épitaphe : *Hoc Stephanus tumulo clauditur* ALTUS *homo*, cette attribution est plus que douteuse; *Altus* serait une épithète beaucoup plutôt qu'un nom patronymique. La seconde inscription se lit autour de la table d'un autel enveloppé aujourd'hui de boiseries modernes. Malgré les enlacements, les C carrés, les O aigus et les autres complications de ces inscriptions, elles laissent percer le faire du XIIe siècle. Nous noterons le mot *non*, formé d'un losange flanqué de deux barres. Le losange tient lieu, en même temps, de l'O et de la traverse de l'N; cette dernière lettre est censée se superposer à elle-même. Le lithographe a trop amaigri les traits de notre dessin.

Un religieux, le P. Thomas d'Aquin, a publié au XVIIe siècle une traduction rimée de cette épitaphe; la voici :

> Etienne, homme d'un haut mérite,
> Repose, quant au corps, dessous ce monument :
> Mais son esprit jouit du bonheur qu'il mérite,
> Puisqu'il vit sur la terre et dans le firmament.
>
> Il couvrait le nu de sa laine
> Et donnait de quoi vivre au pauvre souffreteux,
> Il tirait l'affligé du trouble et de la peine,
> Servait d'œil à l'aveugle et de pied au boiteux.
>
> Non content de ce bon exemple,
> Qu'il donnait au prochain par tant de charités,
> Il fit à ses dépens l'ouvrage de ce temple,
> Où Dieu reçoit les vœux qui lui sont présentés.
>
> Au mois suivi de la balance,
> Quand le soleil formait le premier de ses jours,
> La mort perdant sur lui sa funeste puissance,
> La vie et le bonheur l'ont reçu pour toujours.

(82)

Après 1151.

ENSE TUO PRINCEPS PRÆDONUM TURBA FUGATUR
ECCLESIISQUE QUIES PACE VIGENTE DATUR

Cette inscription est gravée en tête d'une plaque de cuivre émaillé représentant Geoffroi le Bel (Plantagenet), duc de Normandie, comte d'Anjou et du Maine, père du roi Henri II, et souche de la dynastie anglaise, des Plantagenets. C'est un des débris les plus remarquables de l'art de l'émailleur au xii° siècle. Le prince est debout, vêtu d'une tunique verte et d'un manteau bleu doublé de vair. Il tient un écu de la main gauche ; sa droite porte le glaive. Son écu et son casque d'azur sont chargés de lions grimpants, insignes héraldiques de la maison d'Anjou. Le fond d'or, réticulé de vert, est semé de fleurons blancs et bleus. Le tout est encadré par une architecture plein-cintrée couronnée de coupoles à imbrications. Les bordures d'encadrement sont d'un beau style. Ce prince, mort à Château-sur-Loir en septembre 1151, fut inhumé dans la cathédrale du Mans. Jusqu'à nos jours le portrait resta appendu au pilier voisin de sa sépulture. Il orne aujourd'hui le musée du Mans. En comparant cette œuvre à la plaque représentant saint Etienne de Muret, on n'hésitera pas à leur attribuer une origine commune. Rapprochées par la date, elles ne diffèrent pas par l'exécution et le style. On sait d'ailleurs que Mathilde, veuve de Geoffroi le Bel, enrichit de ses libéralités les églises limousines. Saint Etienne de Muret, notamment, reçut d'elle une magnifique dalmatique en soie. Ce vêtement si intéressant est conservé présentement dans l'église d'Ambazac, près Limoges. Ce don suffirait à lui seul pour indiquer l'origine de la plaque que nous venons de décrire. — Les lettres empâtées d'émail de l'inscription ont une forme trapue et lourde, qu'explique leur système d'exécution. Par la même cause, le fragment de châsse de Mausac que nous publions a des caractères semblables.

(83)

1165.

NICOLAZ ERT PARLA A MNE TEVE DE MURET

*Nicolas était parlant au moine Etienne de Muret.*

Musée Du Sommerard, à Paris.

On lit ces mots sur une plaque en cuivre, dorée et émaillée, haute de 10 pouces sur 9 de large. Saint Etienne, vêtu en moine, barbe et cheveux longs, s'appuie sur une crosse potencée (tau). Sa tête n'est pas nimbée. Saint Nicolas, tonsuré, vêtu de l'aube et de la chasuble, tient de la main gauche un livre relié en rouge, décoré d'ornements et clos par un fermoir. Un nimbe teint de bleu, de jaune, de vert et de rouge, enveloppe son chef. Les vêtements de dessous des deux personnages sont teints en bleu clair. Le bleu foncé colore ceux de dessus. Une arcade cintrée et couronnée de coupoles enveloppe les deux personnages. Leur geste indique une conversation animée.

Tout prouve que cette plaque a dû faire partie du maître-autel de l'abbaye de Grandmont, consacré en 1165. La vie de N.-S. et celle de saint Etienne de Muret y étaient figurées en émail incrusté. Or, une autre plaque, acquise au même lieu, d'un style et d'une décoration identiques, figure l'adoration des mages. L'émail qui nous occupe est la mise en scène d'une apparition de saint Nicolas de Myre au fondateur de l'ordre de Grandmont. Etienne avait fait un voyage à Bari, en Calabre, pour visiter les reliques du saint évêque nouvellement transportées en ce lieu. Saint Nicolas lui apparut, dit la légende, et lui donna d'utiles conseils. L'absence de nimbe à la tête de saint Etienne indique que cet émail est antérieur à sa canonisation. Elle n'eut lieu, en effet, qu'en 1189. Tout se réunit donc pour confirmer la date de 1165. On remarquera l'exécution, à la fois simple et large, de cette plaque émaillée. Un trait hardi accuse seul le mouvement général. Les couleurs des vêtements des deux saints personnages ne sont pas exactes; elles n'ont qu'une valeur décorative. Le même système présidait à l'exécution des vitraux du même temps. Le fini, le ton vrai y étaient toujours sacrifiés à l'effet d'ensemble.

Notez les A sommés d'un trait horizontal, l'S figuré comme un Z retourné, l'M formé d'un O auquel se soude un jambage tordu. M. du Sommerard a publié une bonne lithographie en couleur de cet émail. (*Album*, 2ᵉ série, pl. XXXVIII.) Nous avons nos raisons pour ne pas dater comme lui cet émail du *commencement* du xiiᵉ siècle.

(84)

Vers 1168.

BEATA NAMADIA SEPELIT[1] IC
HIC IN MONASTERIO MAUSIACO AB AGELIS DUCITUR
PETRUS ABBAS MAUSIACUS FECIT CAPSAM PRECIO
PETRUS ABBAS M
S. CALMINIUS COSTRUIT[2] UNAM ABBAIAM[3] : IN
PODENSI EPATU[4] IN ONORE S. CETEOFREDI MARTIRIS

[1] *Sepelitur.*   [2] *Construit.*   [3] *Abbatiam.*   [4] *Episcopatu.*

SC. CALMINIUS SENATOR ROMAN⁹ COARUIT (sic) SEDM ᵃ
ABBAĪAM IN LEMOVICENSI EPĀTU NO IE THUELLAM
S. CALMINIVS CŌSTRUIT TERCIĀ ABBAĪAM NOMINE
MAUZIACUM IN ARVERNENSI EPĀTU : IN ONORE SI :
CAPRASII : MRS ᵇ : ET SCI PETR. QUEM OFFER EIS
OĒM SCIS.

               ᵃ *Secundam.*      ᵇ *Martyris.*

(*V.* pl. XII.)          Châsse de Mausac (Auvergne).

Ces inscriptions sont gravées au trait ou creusées au burin et empâtées d'émail sur la châsse en cuivre émaillé de Mausac.

Cette œuvre remarquable a été publiée deux fois par M. Mallay; une réduction en couleur, éditée par M. du Sommerard, en donne une idée très-exacte. La fondation de trois abbayes par saint Calminius, sa mort et celle de sainte Namadie, occupent la face postérieure. Nous reproduisons le trait de ce dernier tableau. Le genre du travail, le style et les sujets figurés en font une œuvre essentiellement limousine. L'abbaye de Mausac a d'ailleurs relevé pendant longtemps de celle de Saint-Martial de Limoges. — Nous avons prouvé ailleurs, après M. Mallay, que l'abbé Pierre, dont l'image et le nom figurent deux fois sur cette châsse à titre d'auteur, était l'abbé Pierre, troisième du nom, qui vivait en 1168. C'est donc la date de cette œuvre, comme à peu près c'est la date de l'autel de Grandmont et du tombeau de Geoffroy le Bel. La parenté, l'origine commune de ces trois œuvres d'art, si distantes les unes des autres, ne sauraient être plus manifestes.

(85)

1172.

HIC JACET DOMINUS PETRUS BERNARDI PRIOR
QUINTUS QUI SECUNDUM DOCTRINAM MOYSI DIXIT
PROPINQUIS, NESCIO VOS. VIXIT IN PRIORATV
SEPTEM ANNIS ET SEMIS.

Bonav. de Saint-Amable.

Cette épitaphe était placée sur la tombe de Pierre Bernard de Boschiac, cinquième abbé de Grandmont, qui, après avoir construit le chœur de son église, en fit la dédicace solennelle en 1165. Ce religieux appartenait à une illustre famille. Son épitaphe le loue d'avoir su résister aux influences qui lui venaient de ce côté.

1174.

(86) ID$^9$ SEPTBS IIIITO VIR CECIDIT ISTE
QO NEC MAIOREM TR̄A DABITVE PAREM
TANTO DIGNA VIRO N . . . . . . . . .
HVIC LAVDES . . . . . ORE
CLER$^9$ FAMA VALOR . . . .
VNO DEMTO . . . . . . . .
FLET DOMVS MERITO . . . . . . .
LAVDATQ; . . . . . SERVIT EI
ABBAS PETRVS ERAT QVE P̄R ARDVA CVNCTA
PETRA TEGIT TVMVLVM PETRA . . . . .

*Idibus septembris quarto vir cecidit iste*
*Quo nec majorem terra dabitve parem*
*Tanto digna viro, non . . . non ego spero.*
*Huic laudes debebit esse, fuisse, fore.*
*Clerus, fama, valor mendicant (?) magni declarant*
*Uno demto . . . . . . . . . . . . .*

*Flet domus merito* . . . . . . . . . . . .
*Laudatque* . . . . . . . . . . *servit ei*
*Abbas Petrus erat quem Petrus per ardua cuncta*
*Petra tegit tumulum petra* . . . .

Inédite.

Pierre del Barri, dont il est question dans cette épitaphe, gouverna l'abbaye de Saint-Martial de 1162 à 1174, date de sa mort. M. Labiche (*Vies des saints du Limousin*, II, 83) a consacré une notice à ce pieux personnage. Il est auteur d'une chronique inédite. Pierre le Vénérable, abbé de Cluny, entretenait avec lui une correspondance. Il fut enseveli au chapitre de Saint-Martial avec ses ornements sacerdotaux; une belle crosse d'ivoire fut placée à ses côtés.

Nous possédons le calque fidèle du dessin de cette inscription, fait par l'abbé Nadaud, et copié par Legros; mais cette transcription, mollement exécutée, manque de précision et d'exactitude. Pour ce motif nous ne la publions pas.

(87)

1174.

HIC JACET PETRUS ABBAS SCI MARTINI LEMOVICENSIS JUXTA OSTIUM QUOD EXIT IN CIMITERIO.

Autrefois à l'abbaye de Cluny.

C'est l'épitaphe de Pierre de Pierre-Buffière, abbé de Saint-Martin de Limoges, mort à l'abbaye de Cluny le 18 octobre 1174. L'abbé Legros, qui ne rit guère, se demande s'il faut attribuer la fin de l'inscription à une rédaction négligée du copiste, ou si ces mots se trouvaient réellement sur l'épitaphe. Dans ce dernier cas, ajoute-t-il, cette inscription pourrait faire pendant à celle d'un pont célèbre : *Ce pont a été fait ici.* Quand le grave abbé Legros faisait cette réflexion plaisante, la révolution n'avait pasencore détruit les abbayes et bouleversé toutes les sépultures. On ne pouvait pas prévoir que les tombes elles-mêmes seraient menteuses ou incertaines dans leurs indications les plus positives : *Hic jacet.* Des indications très-précises, quelque naïves qu'on les fasse, nous paraîtraient maintenant beaucoup moins plaisantes. La *Gallia christiana* (II, 583) donne cette inscription dans les mêmes termes que nous la rapportons.

(88)

Vers 1174.

ΒΡΑΧΥΝ ῩΠΝΩ'ΣΑΣ ῩΠΝΟΝ ΈΝ ΤΡΙΔΕΝΔΡΙ'Αι,
'Ο ΠΑΜΒΑΣΙΛΕΥ͂Σ ΚΑ'Ι ΘΕΑ'ΝΘΡΩΠΟΣ ΛΟ'ΓΟΣ,
ΠΟΛΛ͂ΗΝ 'ΕΠΕΒΡΑ'ΒΕΥΣΕ Τ͂Ωι ΔΕ'ΝΔΡΩι ΧΑ'ΡΙΝ.
'ΕΜΨΥ'ΧΕΤΑΙ Γ'ΑΡ ΠΑ͂Σ ΠΥΡΟΥ'ΜΕΝΟΣ ΝΟ'ΣΟΙΣ,
'Ο ΠΡΟΣΠΕΦΕΥΓ'ΩΣ Τ͂ΟΙΣ ΤΡΙΔΕΝΔΡΙ'ΑΣ ΚΛΑ'ΔΟΙΣ.
'ΑΛΛ'Α ΦΛΟΓΩΘΕ'ΙΣ 'ΕΝ ΜΕ'ΣΗι ΜΕΣΗΜΒΡΙ'Αι,
"ΕΔΡΑΜΟΝ, ῏ΗΛΘΟΝ, Τ͂ΟΙΣ ΚΛΑ'ΔΟΙΣ ῩΠΕΙΣΕ'ΔΥΝ,
ΚΑΙ' Τ͂Ηι ΣΚΙ'Αι ΔΕ'ΧΟΥ ΜΕ, ΚΑ'Ι ΚΑΛ͂ΩΣ ΣΚΕ'ΠΕ,
῏Ω ΣΥΣΚΙ'Α'ΖΟΝ ΔΕ'ΝΔΡΟΝ "ΑΠΑΣΑΝ ΧΘΟ'ΝΑ,
ΚΑ'Ι ΤΙ'ΝΑ ῞ΕΡΜΟΝ 'ΕΝΣΤΑΛΑ'ΞΟΝ ΜΟΙ' ΔΡΟ'ΣΟΝ
'ΕΚ ΔΟΥΚΙΚ͂ΗΣ ΦΥΕ'ΝΤΙ ΚΑΛΛΙΔΕΝΔΡΙ'Ας,
῏ΗΣ 'ΡΙΖΟ'ΠΡΕΜΝΟΝ 'Η ΒΑΣΙΛΙ'Σ ΕΊΡΗ'ΝΗ,
'Η ΜΗΤΡΟΜΑ'ΜΜΗ, Τ͂ΩΝ 'ΑΝΑ'ΚΤΩΝ Τ'Ο ΚΛΕ'Ος,
'ΑΛΕΞΙ'ΟΥ ΚΡΑΤΟ͂ΥΝΤΟς 'ΑΥΣΟ'ΝΩΝ ΔΑ'ΜΑΡ.
ΝΑ'Ι, ΝΑ'Ι, ΔΥΣΩΠ͂Ω Τ'ΟΝ Μ'ΕΝ ΦΥ'ΛΑΚΑ' ΜΟΥ,
Σ'Ος ΔΟ͂ΥΛΟς 'ΑΛΕ'ΞΙΟς 'ΕΚ ΓΕ'ΝΟΥς ΔΟ͂ΥΚΑς.

QUI SEMPER VIVIT, CUM MORTEM SPONTE SUBIVIT
MORS VITAM GENUIT, MORS NECE TRITA FUIT.
LUX CALIGAVIT, PAX VERA CRUCEM TOLERAVIT.
NOX SUA, NOSTRA DIES ; CRUX SUA, NOSTRA QUIES

CRUX PLASMATORIS, VIA PACIS, META LABORIS,
MORS SALVATORIS, MORS MORTIS, CULMEN HONORIS.
CRUX PRETIOSA VALE, MUNDI PRETIUM SPECIALE.
CRUX REVERENDA VALE, POPULI DECUS IMPERIALE.

REX AMALRICUS, SIT SUMMI REGIS AMICUS :
PROPTER DONA CRUCIS DONETUR MUNERE LUCIS;
QUANDO CRUCEM MISIT, NOS CHRISTI GRATIA VISIT
HUIC JOCUNDEMUR, VIGILESQUE DEUM VENEREMUR,
REGIA MIREMUR, REGEM PRO REGE PRECEMUR,
CHRISTO JUNGATUR QUICUMQUE CRUCEM VENERA-
[TUR.
NEC PARS, NEC TOTA SIT GRANDIMONTE REMOTA;
QUI SCELUS ISTUD AGET, DEUS HUNC ANATHEMATE
[PLAGET.

(*V.* pl. III.)  Autrefois à Grandmont.

Dans le riche trésor de l'abbaye de Grandmont, un reliquaire attirait principalement les regards, moins encore à cause du prix de sa matière que du précieux dépôt qu'il renfermait.

Il était formé de deux plaques d'argent doré, jointes et adossées l'une à l'autre. A la partie antérieure était inséré un fragment du bois de la vraie croix, disposé en forme de croix patriarcale ayant quatre pouces (0 m. 12 cent.) de hauteur, sur deux pouces (0 m. 6 cent.) de largeur à la plus grande traverse. Rien ne séparait la relique du contact et de la vue du spectateur. La face postérieure était occupée tout entière par l'inscription dont nous donnons le *fac-simile.* Cette pièce, mobile en partie, se levait pour laisser voir un baume très-odoriférant, qui, malgré sa date sept fois séculaire, conservait encore toute la suavité du parfum le plus exquis.

Un étui en argent doré abritait le précieux reliquaire. Il s'ouvrait à deux battants pour laisser voir la vraie croix. Les portes étaient décorées, à leur partie intérieure, des images de saint Pierre et de saint Paul. A la partie antérieure de cette sorte de boîte métallique était gravée la première inscription latine que nous transcrivons; la seconde se lisait à la partie postérieure. *Sur le tout une plaque d'argent non doré s'élevait et s'abaissait à la façon d'un châssis, et, sur icelle, était relevé en bosse un crucifix et, de part et d'autre, Notre-Dame et saint Jean. Le susdit reliquaire avec son étui s'accommodait sur un pied carré, tout entier d'argent doré et par-dessus enrichi de plusieurs perles, topazes, jacinthes et autres pierres estimées par le lapidaire de grand prix et valeur. Toutefois ce pied ne paraissait pas être fait ni destiné pour le susdit tableau, ains pour un autre.* (Inventaire du trésor de Grandmont, 1567.)

Ainsi l'art grec et l'art occidental s'étaient unis autour de ce vénérable dépôt. Le petit reliquaire était seul d'origine grecque; il a eu le privilége d'attirer l'attention de deux savants. Ogier, prédicateur éloquent du xviie siècle, lui a consacré un traité spécial. (*Inscription antique de la vraie croix de l'abbaye de Grandmont*, par M. François Ogier, prestre et prédicateur. Paris, 1658, un vol. in-8°.)

Dans une de ses substantielles dissertations, Ducange résume ce travail en y ajoutant ses observations particulières. (*Glossaire du moyen âge*, vii, 169, édit. F. Didot.)

Nous puisons dans ces deux écrits, en nous aidant encore des pièces originales dont nous devons communication à la générosité de M. Nivet-Fontaubert.

Ogier a donné deux traductions de l'inscription grecque. Son latin suit le grec mot à mot; les voici :

Cum brevem dormisset somnum in triplici arbore,
Universi rex, Deus idem ac homo verbum,
Multam gratiam impertitus est ligno.
Refrigeratur enim omnis morbis inflammatus,
Quicumque confugit ad ramos triplicis arboris.
Ast ego perustus in medio meridie,
Cucurri, veni, ramos subii,
Tu vero umbra tua suscipe me et pulchre tege,
O arbor inumbrans totam terram,
Et modicum rorem Hermon mihi instilla,
Qui ortus sum ex stirpe illustri Ducarum,
Cujus stirpis surculus est imperatrix Irene
Mater Aviæ meæ, decus regum,
Conjux Alexii Romanorum imperatoris.
Certe veneror te unicum servatorem meum,
Ego famulus tuus Alexius, origine Ducas.

Le Sauveur, homme-Dieu, sur ce mystique bois,
De trois arbres divers, qui composent sa croix,
Dormit d'un court sommeil, mais sommeil délectable;
Depuis, à tous mortels ce bois est secourable,
Et quiconque est atteint de cet ardent poison,
Dont l'aspic infernal corrompt notre raison,
Qui se sent travaillé de ces cruelles flammes
Qui consument nos cœurs, et qui brûlent nos âmes,
Qu'il recoure à son ombre, il sentira soudain
Rafraîchir les ardeurs qui lui rongent le sein.
Dans le cuisant midi de mes péchés sans nombre,
J'accours à son abri; j'ai recours à ton ombre,
O bel arbre arrosé de ce sang précieux,
Que, pour notre salut, versa le roi des cieux :
Vois dessous tes rameaux ma pauvre âme exposée,
Pour recevoir d'Hermon la céleste rosée.
Alexis, prince grec, dont les prédécesseurs
Du sceptre byzantin se virent possesseurs;
De qui le grand aïeul est l'empereur Comnène;
De qui la grande aïeule est son épouse Irène

Reine, dont la vertu fut sans comparaison,
Et l'honneur des Ducas son illustre maison ;
Alexis, quoique issu de cette race illustre,
De ces Ducas fameux n'emprunte point son lustre :
Il est plus glorieux d'adorer cette croix
Que d'être descendu d'empereur et de rois.

La traduction française n'est qu'une paraphrase très-languissante sur la fin. Ces deux versions nous permettent de réduire le commentaire aux plus simples éléments. Les curieux pourront au besoin recourir aux ouvrages que nous avons indiqués.

Voici d'abord l'histoire de ce reliquaire. Il fut remis aux moines de Grandmont par Bernard, évêque de Lydda en Palestine, et ancien moine de Déols, près Châteauroux, le dernier jour du mois de mai 1174. C'était un don que leur transmettait Amaury, roi de Jérusalem. Ce prince étant mort l'année précédente, on peut conjecturer que l'évêque Bernard exécutait en ce point une de ses dernières volontés. Un texte du martyrologe de Grandmont rapporte les faits précédents; son témoignage est confirmé par celui de Geoffroi du Vigeois dans sa chronique (c. 69).

L'inscription grecque contient deux allusions fort claires. La première rappelle la tradition orientale selon laquelle la croix du Sauveur était formée de trois bois différents, de pin, de cyprès et de cèdre : *Cum brevem dormisset somnum in triplici arbore.* Cette rosée d'Hermon, qui rafraîchit les âmes, était une image du sang du Sauveur. Enfin la seconde allusion a trait au serpent d'airain que Moïse éleva, pour le salut des Juifs, dans le désert. C'était encore une figure de la croix du Sauveur.

Reste le nom du possesseur, Alexis de la race des

Ducas. Ogier se livre, pour déterminer l'identité et le temps de ce personnage, à plusieurs conjectures laborieuses. Nous préférons le sentiment de Ducange. Cet érudit pense que notre Alexis, à qui ce saint reliquaire a appartenu, était fils de Jean Ducas, cousin germain de l'empereur Manuel, et qui, après s'être distingué à la guerre, vivait encore vers 1166. Amaury étant allé à Constantinople, en 1170, pour réclamer le secours de l'empereur Manuel, en reçut le meilleur accueil. Les grands, à l'exemple du prince, le comblèrent de présents. C'est alors sans doute qu'Alexis, suivant le mouvement général, lui aura fait ce don précieux; et comme ce reliquaire était de ceux qu'on portait au cou (phylactère), en s'en dépouillant Alexis aura voulu donner au roi de Jérusalem une marque d'affection particulière.

Quant aux inscriptions latines, elles sont l'œuvre des moines de Grandmont. Ils voulurent ainsi exprimer leur affection pour ce vénérable dépôt, et leur reconnaissance pour Amaury leur bienfaiteur.

Cette sainte relique est conservée à la cathédrale de Limoges.

(89)

1187.

HIC JACET DOMPNUS GUILLERMUS, REVERENDISSIMUS VI PRIOR, VERUS ISRAELITA IN QUO DOLUS NON ERAT : VIXIT IN PRIORATU XVIII ANNIS ET III MENSIBUS.

CERNE : PRIOR SEXTUS WILELMUS, PRO GREGE
[FACTUS
EXUL, CUM CHRISTO TUMULO REQUIESCIT IN ISTO.

Autrefois à Grandmont.

Ces deux inscriptions se lisaient, la première sur la tombe, la seconde sur une lame de plomb déposée dans le cercueil de Guillaume de Treignac, sixième abbé de Grandmont, mort en revenant de Rome en 1187. C'est pendant son gouvernement que cet ordre célèbre fut en proie à des divisions que les souverains pontifes eurent beaucoup de peine à calmer. Une notice sur ce pieux personnage, extraite des manuscrits Legros, a été publiée par Labiche de Reignefort (*Vies des saints du Limousin*). On remarquera sur ces deux inscriptions l'orthographe si différente du mot latin Guillaume : *Guillermus* et *Willelmus*. Elles s'expliquent par deux inhumations différentes faites à quelques années d'intervalle, à l'occasion d'une translation de sépulture.

(90)

1187.

ME DEDIT ANTISTES SEBRANDUS, ET HOC MIHI NOMEN.

Bonav. de Saint-Amable, 417.

Ces mots se lisaient sur une cloche donnée à la cathédrale de Limoges par l'évêque Sebrand-Chabot, qui mourut vers la fin du XIIe siècle, en 1198.

(91) SI FILI$^9$ DEI ES
DIC UT LAPI-
DES ISTI PA
NES FIANT

(92) SI FILI$^9$ DEI ES
MITE TE
DEORSUM.

(*V*. pl. XI, fig. 6.)   Inédites.   Église de Beaulieu.

Le portail méridional de la grande et belle église romane de Beaulieu était précédé d'un porche aujourd'hui démoli en partie. Le pilier qui divise la porte en deux baies représente les grands prophètes portant les évangélistes. Sur le tympan se déroule une grande page sculptée qui se divise en trois zones horizontales, d'inégales dimensions. A la partie inférieure, des monstres bizarres étalent leurs formes capricieuses et fantastiques. Une truie est armée de sept têtes placées, quatre à la partie antérieure du corps, trois à la queue. Une figure humaine est avalée par un monstre; la tête et la queue du monstre terminée en tête se partagent le patient. La création la plus originale est une sorte de dragon terminé à chaque bout par des têtes hideuses qui se livrent un combat acharné. Sa croupe, recourbée en replis tortueux, est, à divers intervalles, percée de trous d'où s'échappent des singes qui, à demi éclos, se font déjà la guerre : ils ont pour armes des serpents. Ce travail réunit la verve et l'originalité.

Mais ne faut-il y voir qu'une bizarrerie de plus à ajouter à toutes les bizarreries d'une époque si féconde en œuvres de ce genre? L'examen des autres sculptures du porche va nous aider à résoudre cette question. La bande supérieure représente les morts sortant du tombeau; au-dessus, Notre-Seigneur, entre deux anges qui portent les instruments de la passion, montre ses plaies ouvertes. On entrevoit déjà la signification de la zone inférieure.

L'examen des faces latérales du porche n'aide pas à interpréter le reste. Des figures hideuses y grimacent à travers les créneaux d'une forteresse. A plusieurs reprises, un grand et majestueux personnage paraît discuter avec un monstre à corps humain surmonté d'une tête de lion. En deux angles au-dessus de ce sujet se lisent les inscriptions qui font l'objet de cet article. Tout s'explique alors : ces figures représentent la tentation de Jésus-Christ dans le désert. Ces paroles sont celles que le démon lui adressa. La bizarrerie et le caprice n'ont rien à revendiquer ici ; tout est symbole et histoire. Jésus-Christ, modèle, rémunérateur et juge de l'humanité, voilà le sujet traduit par un ciseau éloquent en ce porche magnifique. Le tympan n'a plus d'obscurités : les morts ressuscitent, l'enfer s'empare de sa proie, les bienheureux partagent la joie du triomphe de leur chef et de leur sauveur.

La composition de ce jugement est de toutes manières fort originale. Les bons ne sont pas séparés des méchants dans le sens de la largeur, mais dans la hauteur. La droite et la gauche du souverain juge sont occupées par les saints nimbés et assis qui conversent ensemble dans la joie de leur triomphe. — Ces deux petites inscriptions, en apparence insignifiantes, ont donc une haute valeur, puisqu'elles aident à résoudre la question si controversée du symbolisme des sculptures romanes.

(93)     S . . RGIVS          *Sergius.*
         PETRVS
         ARBERTO.

(*V*. pl. XI, fig. 5.)     Inédite.          Église de Tarnac.

L'église romane de Tarnac est percée sur son flanc septentrional d'un portail gothique du xiii<sup>e</sup> siècle. Son ogive est accompagnée de deux bas-reliefs en granit, qui datent, comme le reste de l'édifice, du xii<sup>e</sup> siècle. Celui de droite représente un guerrier à cheval. Il est armé du casque à nasal, d'un bouclier en pointe et d'une lance à pennon. Dans la partie supérieure vole un ange qui semble lui montrer la route. L'autre bas-relief représente un évêque coiffé d'une mitre très-basse et revêtu de la chasuble ronde et du pallium. Il bénit un personnage de proportions beaucoup plus petites, qui s'incline sous sa main. Un cartouche carré porte l'inscription transcrite plus haut.

Dans le sanctuaire de la même église, le fût d'un pilier roman est gravé d'inscriptions qui semblent être des dates du xii° siècle. Cinq ou six couches de badigeon de chaux les recouvrent et les rendent illisibles.

(94)     + DEXTERA DEI VIVI.
QUOD FUIT EST ET ERIT PER ME CONSTARE DOCEITUR.

(*V*. pl. V, fig. 2.)     Inédite.     Église de Bessines.

Une pierre calcaire placée à l'extérieur du mur nord de l'église de Bessines représente une main levée et bénissant, adossée à une croix. Elle est surmontée de l'alpha et de l'oméga symboliques. L'inscription inscrite au-dessous et à l'entour ne laisse pas de doute sur le sens de cette représentation. A la même époque, le contrescel de l'église de Limoges est décoré d'une représentation semblable; on lit à l'entour : *Manus Domini*. Quant au vers, il est emprunté à Hildebert du Mans, auteur du xi° siècle.

(95)     LEX MOSI.

(*V*. pl. V, fig. 3.)     Inédite.     Église de Solignac.

La chapelle méridionale de l'abside de l'église de Solignac, bâtie au xii° siècle, est décorée d'une arcature supportée par des colonnes. Le chapiteau en calcaire d'un de ces supports représente deux personnages inclinés dans le sens de la corbeille et séparés par un ange. Sur le livre tenu par l'un d'eux est gravée cette inscription assez difficile à lire à cause de la forme insolite de quelques lettres, et notamment de l'O et de l'S du mot **Mosi**. On avait voulu y trouver une date ; notre interprétation est seule admissible. Elle donne la clef d'une de ces représentations inexpliquées qui décorent en si grand nombre nos églises romanes. D'interprétation en interprétation, il faudra bien arriver à reconnaître que la plupart de ces images, malgré leur bizarrerie, cachent un sens que notre ignorance seule voudrait nier.

(96)  + HIC. REQUIESCIT. PETR[9]. DECEN.
CAPICERIUS. SC̄I. MARTIALIS.
QUI. DECESIT. IX·I·I·I·H.JUNII :
ANIMA. EI[9]. REQVIESCAT.
IN PACE. AMEN :
PETRUM. PETRA. PRE
MIT. SUB : PETRA. PETRE.
PUTRESCIS : PETRE. TAMEN. SUR
SUM : CUM. MARCIALE. QUIESCIS :

(*V*. pl. XV.)　　　　Inédite.　　Rue du Mûrier, à Limoges.

Cette inscription, placée autrefois au chapitre de Saint-Martial, a été employée comme matériaux de construction d'une maison de la petite rue du Mûrier. Elle se lit au-dessus d'une fenêtre du rez-de-chaussée. Le chefcier dont elle recommande la mémoire n'a pas laissé d'autres traces de son passage. A Saint-Martial, la charge de chefcier correspondait à celle de sacristain. L'U et le V y sont employés concurremment. Les M ont des formes variées et bizarres ; tout y indique la transition du roman au gothique.

(97)  　　　　PAX
　　A　　REX　　　LEX　　Ω
　　　　　　LUX
DOMVM ISTAM TV PROTEGE DÑE　　　　Domine.
ET ANGELI TVI CVSTODIANT MUROS. ⎫
　　　　　　　　　　　　　　　　⎬ EIVS
　　　ET OMS ABITANTES　　　　　⎭　　　Omnes.

(*V*. pl. VIII.)　　　Inédite.　　　Près l'ancien sénéchal, au Dorat.

Cette inscription est gravée sur une pierre triangulaire qui formait autrefois le linteau de la porte principale de l'église paroissiale de St-Michel, au Dorat. Cette église, connue dès l'an 1030, fut convertie en 1572 en prétoire pour les officiers de la sénéchaussée. Elle est maintenant détruite, et le tympan est engagé dans le mur de clôture d'un jardin. Cette prière, empruntée aux livres saints, annonçait heureusement une église consacrée aux saints anges et au chef de la milice céleste. L'auteur s'est inspiré évidemment de l'inscription de la collégiale, donnée plus haut sous le n° 68. Mais la correction du texte et de l'écriture a été altérée par lui.

(98)　　　PETRVS EAS FECIT.

(*V*. pl. VIII.)　　　Inédite.　　　Église de Tersannes.

A la porte de l'église de Tersannes, un arc en plein cintre encadre un linteau triangulaire sur lequel se lit cette inscription bizarre. Est-ce le nom de l'architecte qui fit cette porte (*eas valvas*), ou cet édifice (*eas œdes*), du religieux qui prescrivit la construction de l'église, ou simplement le nom du patron? L'encadrement, l'écriture, la forme de la croix, la manière dont cette croix pénètre dans la moulure de la base rappellent les linteaux semblables des églises du Dorat. Tersannes est en effet dans le voisinage de cette ville. C'était une cure à la nomination du chapitre du Dorat, lequel, comme nous l'avons dit, avait saint Pierre pour patron.

(99)

+ V. KL AVG | CAT : IN
VSTI. OBIIT | P̄ACE ·
AB | ĀM :
BAS
ANI   CVI

Inédite.                    Église Saint-Pierre d'Userche.

L'ancienne église abbatiale d'Userche est, pour la plus grande partie, antérieure au xiie siècle; sur le contre-fort de droite de l'extrémité du transsept méridional, et à la base, est gravée cette inscription. Elle occupe deux des faces de la pierre. Sa disposition prouve qu'elle a été gravée sur place, la pierre étant déjà engagée dans les constructions. Les caractères appartiennent à la seconde moitié du xiie siècle, et confirment cette conjecture. Le nom de l'abbé, enseveli ainsi humblement au pied du saint édifice et au seuil de la porte principale, est rongé par le temps. Un œil plus perçant saura peut-être le restituer. Il n'est pas antérieur à 1100, ni postérieur à 1300.

(100)  V : I : X : KAL. SEPTEMBRIS,
OBIIT : AIMERIC[9] : DE BRU
CIA : MONAC[9] : SCI : MARCIA
LIS : SUBPRIOR : QUI : MUL
TA : BONA : CONTULIT : UIC        *Huic.*
ECCLESIE : + O : OMO : QUID :
ME : ASPICIS : QUOD : SUM : E
RIS : QUOD : ES : FUI : ORA :
P[1] : ME : DIC : PATER : NOSTER :   [1]*Pro.*

Inédite.                                Ms. Legros.

Cette épitaphe était, avant la révolution, incrustée dans le mur d'un passage qui conduisait du cloître à la basse église de Saint-Martial. La pierre avait environ 1 pied carré. La forme des caractères de transition annonce la fin du XII° siècle.

(101)

HI DUO VIRI DEDERUNT HAS DUAS VIRGINES EC-
CLESIE GRANDIMONTIS : GIRARDUS ABBAS SIBER-
GIE : PHILIPPUS ARCHIEPISCOPUS COLONIENSIS. S.
ALBINA VIRGO ET MARTYR. SCA ESSENTIA. FRA-
TER. REGINALDUS ME FECIT.

En 1181, des frères de Grandmont furent deputés à Cologne avec mission de recueillir des reliques des compagnes de sainte Ursule. Cette négociation menée à bonne fin leur procura les corps entiers de sept vierges martyres. Ils les placèrent avec honneur dans de magnifiques châsses dorées et émaillées. Une de ces châsses fut donnée en 1790 à la paroisse de Saint-Priest-Palus; elle représentait, en six tableaux, la légende de sainte Ursule. Sur la face antérieure, quatre statuettes figuraient les saintes Albine et Essence, dont ce reliquaire gardait les corps, et les deux donateurs de ces reliques, Girard, abbé de Siegbur, et Philippe, archevêque de Cologne. Cette châsse avait été faite à Grandmont, car les précieuses reliques avaient été livrées sans reliquaires. On trouvera à l'appendice le curieux et touchant récit inédit du voyage des frères de Grandmont. Nous cédons aux instances qui depuis longtemps nous pressent de le mettre au jour. C'est d'ailleurs une explication nécessaire de la multiplicité de ces saintes reliques dans le diocèse de Limoges.

(102)    ORA PRO ME S. D.

A Chamberet.

Une châsse émaillée de la fin du xiiᵉ siècle, conservée dans l'église de Chamberet, renferme les reliques de saint Doucet (*Dulcissimus*), patron du lieu. Sur la toiture, une ciselure dorée et émaillée représente l'ensevelissement du saint. On lit ces mots sur un livre tenu par un des clercs qui assistent l'évêque. Nous ne les notons qu'à cause de la forme extraordinaire des lettres. C'est une sorte de cursive aiguë entièrement inusitée. C'est peut-être une addition postérieure à la châsse, qui est du xiiᵉ siècle.

(103)

HIC E VERA REMISSIO    *Hic est vera remissio.*

Inédite.    Au portail méridional de l'ancienne collégiale de Saint-Yrieix.

Le style gothique et le style roman se fondent d'une manière heureuse dans la belle église de Saint-Yrieix. La porte méridionale en ogive est surmontée de fenêtres en plein cintre. Moulures et ornements des deux époques s'y mêlent de la même manière; tout y annonce la transition. Au-dessus de cette porte, une statue drapée d'un manteau à plis symétriques est assise et bénit. A Saint-Yrieix, on croit y reconnaître une statue de Charlemagne; mais le nimbe croisé, les pieds nus, le costume et l'attitude prouvent que c'est une figure du Christ. Ces mots gravés sur le marchepied du siége le prouvent aussi. Dieu seul peut faire entendre ce consolant appel. Les lettres appartiennent à l'alphabet romain, à l'exception du C, qui est carré.

(xii⁰ siècle.)

(104)      .... ATV⁹ SATRAPES
           .... MORIBVS F ...

(*V.* pl. VII, fig. 2.)   Inédite.   Au musée de Limoges.

Ce reste d'inscription est gravé sur un fragment de tombe en serpentine verte, provenant de l'abbaye d'Userche. Il a été donné au musée de Limoges. Le nom de Satrapes qui s'y lit n'est pas commun. Le second A du même mot a une forme bizarre qui le rapproche de la minuscule. Ce fragment pourrait bien appartenir à une époque plus reculée, au xi⁰ siècle au plus tôt.

xii⁰ siècle (?).

(105)

MORIBUS ET VITA VERUS FUIT ISRAELITA
    GAUZBERTUS, CUJUS CERNITUR HIC TUMULUS
VOS, O CHRISTICOLÆ! SALVATOREM ROGITATE,
    UT DET EI REQUIEM, PERPETUUMQUE DIEM.
DICITE SIC CHRISTO : GAUZBERTUM, CHRISTE, ME-
                                        [ MENTO
    SANCTORUM NITIDIS CONSOCIARE CHORIS
TECUM LÆTETUR, TE, TE SINE FINE FRUATUR,
    PERSPECTA SPECIE, MONADIS IN TRIADE. *Dieu seul*
                                *en trois personnes.*

    VIII KL JUL. OBIIT
    GAUZBERTUS SACERDOS
    ET PRECENTOR S. STEPHANI.

Inédite.    Nadaud.    Autrefois à Saint-Augustin-lez Limoges.

Selon un usage adopté dans la plupart des monastères qui n'avaient qu'un cloître, cette construction, destinée à servir de promenoir, abritait en même temps les sépultures. Les morts n'avaient pas trouvé de meilleur asile pour se recommander au souvenir des vivants. Des inscriptions nombreuses placées sur des tombes tapissaient le cloître de l'abbaye de Saint-Augustin-lez-Limoges. L'épitaphe que nous rapportons indiquait la sépulture de Gauzbert, grammairien et chantre de l'église de Limoges.

Nous arrêtons ici la liste de nos inscriptions romanes. La précédente, qui termine cette série, pourrait bien avoir appartenu au xiii$^e$ siècle. Nous en négligeons quelques-unes relatées par l'abbé Nadaud, mais que leur transcription imparfaite rend illisibles. Ainsi, sur la porte orientale de l'église de Saint-Cessateur-lez-Limoges, un relief grossier figurait la crucifixion. A l'entour se déroulaient des vers que le *fac-simile* de notre érudit rend d'une manière illisible. — Au bas on lisait :

       FECI      LEVI
       WL       DOME

Est-ce la signature du sculpteur auquel on doit cette œuvre ?

TROISIÈME PARTIE. — ÉPOQUE DU GOTHIQUE ARRONDI.

De l'an 1200 à l'an 1360.

Des changements insensibles ont introduit l'usage d'une nouvelle majuscule. La forme circulaire y domine. Son emploi dans les inscriptions devient universel à dater du commencement du XIII<sup>e</sup> siècle. La minuscule anguleuse et carrée la remplacera à dater du milieu du XIV<sup>e</sup>, vers 1360. Le premier exemple de l'emploi de cette dernière écriture épigraphique se trouve en Limousin à la date de 1335; jusqu'à 1360 il est unique.

Les inscriptions de cet âge se reconnaîtront aussi à la forme léonine de leurs vers; la rime tend à se substituer à la quantité.

(106)

LAUS CENOMANENSIS ET GLORIA LEMOVICENCIS
QUO DOCTORE PRIUS ET JUSTO JUDICE FULSIT
INCLYTA PARISIUS ; ET QUO PASTORE REFULSIT
LUGDUNUM PATRIÆ DECUS . . . ET ARCA SOPHIÆ
LARGUS, FAMOSUS, SUBTILIS ET INGENIOSUS
HIC AYMERICUS JACET, ORDINIS HUJUS AMICUS.
ET QUONIAM VOLUIT IN GRANDIMONTE LOCARI
FAC DEUS ILLIUS ANIMAM SUPER ASTRA LEVARI.

Au chœur de Grandmont, un magnifique tombeau de cuivre doré et émaillé représentant le défunt couvert des vêtements archiépiscopaux recouvrait la sépulture d'Aimeric Guerrut, célèbre canoniste et ancien archevêque de Lyon. Ce tombeau fut mutilé au XVI<sup>e</sup> siècle par les comtes de Saint-Germain-Beaupré, chefs d'une bande de pillards calvinistes. Une description de ce tombeau et cette inscription nous ont été conservées par le F. Pardoux de la Garde, sacristain de l'abbaye en 1590. Son manuscrit autographe, orné de dessins de sa main, est conservé à la bibliothèque du séminaire de Limoges.

(107)

1209.

GERARDUS JACET HIC PRÆSUL VENERABILIS ILLE,
QUO CATURCENSIS SEDES FULSIT INCLYTA VILLÆ :
QUI VIVENS DOMINO PLACUIT SIBI SEMPER INHÆ-
[RENS,
SEMPER QUÆ CHRISTI FUERANT NON QUÆ SUA
[QUÆRENS.
VIR SIMPLEX, RECTUS, DOMINUM METUENS SINE
[FRAUDE;
PROMPTUS AD OMNE BONUM, DIGNUSQUE PER OMNIA
[LAUDE.
FORMA GREGIS, TUTOR PATRIÆ, PROTECTIO CLERI,
QUI CUM DESPICERET MUNDUM, CUM PAUPERE
[CHRISTO
PAUPER ABIRE LOCO TANDEM DECREVIT IN ISTO

---

QUISQUIS ADHUC CURAS PERITURUS RES PERITURAS,
ATQUE COR INDURAS AD RES SINE FINE FUTURAS,
NOSCE QUID ES, QUID ERIS, QUI FORSAN CRAS MORIE-
[RIS !
QUI VIVENS MORERIS, TRANSIS CUM STARE VIDERIS.
SI CENTUM DECADES ANNIS QUAS VIXERIS ADDES
NON TAMEN EVADES QUIN TE TRAHAT ULTIMA CLA-
[DES,
QUÆM AGNUM MODICO, QUÆ JUSTUM COÆQUAT INI-
[QUO,

NEC DEFERT MEDICO, NEC CUIQUAM PARCIT AMICO.
ERGO VIGIL CURA TIBI SIT MEMINISSE FUTURA
QUOVE RECESSURA CARO SIT, POST NON REDITURA

---

RESPICE QUI TRANSIS QUI CRAS INCERTUS ES AN SIS
ET QUAM SIT TIBI PRÆSTO MORS EX ME MEMOR
[ESTO

Inédite en partie.        Ms. du Fr. P. de la Garde.

Un tombeau de cuivre doré et émaillé recouvrait aussi la sépulture de Gérard, évêque de Cahors pendant plus d'un demi-siècle, qui était venu chercher à Grandmont un abri pour ses vieux jours et une mort dans le Seigneur. Les deux premières inscriptions se lisaient, l'une à droite, l'autre à gauche du tombeau. La troisième était inscrite sur un livre placé entre les mains de l'effigie du défunt. La destruction de ce tombeau magnifique doit encore être imputée aux protestants.

(108)

1220.

DISCE HOSPES CONTEMNERE OPES, ET TE QUOQUE
[DIGNUM
JUNGE DEO, QUISQUIS NOSTRA SEPULCHRA VIDES!
MARCHIA ME FACILI COMITEM MODERAMINE SENSIT
HUGONEM, ANTIQUA NOBILITATE VIRUM.
CONTEMPSI TANDEM FASTUS ET INANIA MUNDI
GAUDIA, CONVERTENS MEMBRA ANIMUMQUE DEO.
HIC INTER RELIQUOS SPATIOSO TEMPORE VIXI,
MORIBUS AC VICTU, VESTE ANIMOQUE PARI.
HUIC EGO SPONTE LOCO COMITATUS DONA FEREBAM :
SED PRIOR ET FRATRES HOC RENUERE PII.
NOS VITREAM DEDIMUS QUÆ CONSTAT IN ÆDE FE-
[NESTRAM,

AMPLAQUE CUM FRUCTU PRÆDIA MULTIPLICI.
NOS INTER SCOPULOS ET LÆTA FLUENTA VIGENNÆ
CHRISTIFERÆ MATRI STRUXIMUS ECCLESIAM.
JAMDUDUM CINIS, OSSA SUMUS : QUICUMQUE LE-
[GETIS,
DICITE : SINT ANIMÆ REGNA BEATA MEÆ.

Labiche.

Hugues Brun ou le Brun, neuvième du nom, seigneur de Lusignan et comte de la Marche, se fit un nom parmi nos troubadours. La valeur et la piété s'unissaient dans cette généreuse nature. Il se distingua par ses exploits dans la Terre-Sainte, au milieu de la troupe d'élite qui marchait à la défense des saints lieux. Son épitaphe, rapportée plus haut, nous apprend qu'il fonda une maison de l'ordre de Grandmont sur les bords de la Vienne. C'était le monastère de l'Ecluse, où il vint finir sa vie après avoir pris l'habit religieux. Le don qu'il avait voulu faire de son comté à l'ordre de Grandmont, le refus des religieux, les vitres en couleur dont il embellit leur église, tous ces faits rendent fort curieuse cette épitaphe. Au chœur de Grandmont on voyait en effet son effigie sur les vitraux; elle était accompagnée de cette légende :

*Hugo comes Marchie fenestram vitream dedit ecclesie.*

(109)

Avant 1226.

IN HAC PHILECTERIA SUNT HE RELIQ⁹E₁
QUIDAM PILUS DÑI² : DE TUNICA INC
ONSUTILI : DE CRUCE DÑI : DE S
EPULCRO DÑI : DE TABULA :

¹ *Reliquie.*   ² *Domini.*

IN QUA POSITUM FUIT COR
PUS DÑI :

DE SEPULCRO BEATE MARIE : DE VESTIMEN
TO IPSIUS : BĪ JOHS BBE³ : DE SCO ANDREA :
DE S : PHILIPPO : DE S : BARTHOLOMEO : DE S
BARNABA : DE S. THOMA : DE S. JACOBO
APLO : DE INNOCENTIB⁴ ; DE S. MAR
CHO : DE S. LUCHA EVANGL :

DE SCO STEPHO PTHO MARTIRE⁵ : DE S. LAUREN-
TIO : DE
S. VINCENCIO : DE S. IGNATIO : DE S. EUSTACHIO :
DE S. THEODORO : DE S. ELEUTERIO MARTIRIB⁶ :
DE S. MARTINO : DE S. NICOLAO :
DE S. ILARIO : DE S. JACOBO PSIE⁷ :

DE S. GREGORIO : DE S. JERONIMO :
DE S. ZEBEDEO : DE S. SIMEONE :
DE S. MARIA MAGDALENA : DE S. EUFEM
IA : DE S. CATHERINA :
DE SPINIS CORONE DÑI :

³ *Beati Johannis Baptistæ.*
⁴ *Innocentibus.* ⁵ *De S. Stephano protho martire.* ⁶ *Martiribus.*
⁷ *Pisidie ?*

Inédite.     Sur un reliquaire à Château-Ponsat.

Cette inscription se lit sous le pied d'un reliquaire en vermeil, couvert d'émaux, de filigranes et de pierres fines, conservé dans l'église de Château-Ponsat. Il fut donné à cette paroisse en 1790, lors de la distribution du trésor de l'abbaye de Grandmont. Les anciens inventaires de cette abbaye nous font connaître son origine et sa date approximative.

En 1226, les abbayes de Grandmont et de Saint-Sernin de Toulouse s'admirent mutuellement à la fraternité de leurs ordres. Ce langage, inintelligible aujourd'hui, signifiait que les deux communautés entraient en participation de toutes les bonnes œuvres qui s'accomplissaient dans chaque monastère. A cette occasion, ces deux abbayes célèbres échangèrent des dons affectueux. Saint-Sernin possède une châsse émaillée de cette date, qui pourrait bien avoir cette origine. Mais le fait douteux pour Saint-Sernin est positif à Grandmont. Les anciens inventaires et Bonaventure de Saint-Amable désignent ce joyaux comme donné à Grandmont par Saint-Sernin en 1226. Il a d'ailleurs tous les caractères de cette époque. On y trouve les dragons aux yeux d'émail, enlacés par le col et la queue, si communs sur les crosses de cette époque. Le travail de filigrane, les petites galeries plein-cintrées, les fleurs de lis enveloppées dans une ellipse, la forme des caractères indiquent le commencement du XIII° siècle. C'est une œuvre exquise d'élégance, où le travail surpasse la plus riche matière. Il sera publié plus tard par la gravure. Nous sommes ainsi dispensé d'essayer une description trop peu intelligible en l'absence d'un dessin. Un inventaire du XVI° siècle le mentionne en ces termes : *Une pièce d'argent dorée, en carré, où il y a quatre petits clochers d'argent, et des christallins et perles qui pendent tout autour d'icelle, garnye de pierreries où il y a du christallin et une pine d'argent dorée, par le dessus bien ouvrée* (inventaire de 1567). En 1790, l'abbé Legros le décrit ainsi dans son inventaire : « Un reliquaire de vermeil orné de filigranes de même matière, enrichi de plusieurs pierreries, dont le soubassement porte une plaque qui le couvre en entier comme une table, aux quatre coins de laquelle il y avait autrefois quatre petites tourelles dont il ne reste plus qu'une entière; une seconde a perdu sa flèche par le laps du temps (l'ouvrage étant fort ancien et d'un goût gothique); les deux autres manquent. Il paraît que chacune avait aussi des reliques. Au milieu de cette plaque s'élève un christal carré et ciselé, qui paraît être de christal de roche; il est surmonté d'un ouvrage en forme de bouquet de feuilles de chêne, et aussi de vermeil dont est toute la matière de ce reliquaire, sous le pied duquel, qui est carré, et sur les quatre faces d'icelui, est gravée l'inscription en caractères gothiques. »

(110)

1244.

HIC DORMIT CAN$^9$ SENSU, CERVICE, DECANUS;
VERAX NON VAN$^9$ SERMONE SUO PLAN$^9$
PRÆCO TUUS X$\overline{PE}$, DEVOTE VIVERAT ISTE,
CUI NITCHIL EST TRISTE LETUM SIBI SI TRIBUIS TE
PONDUS DAS ÆQU$\overline{U}$, SI SUSCIPIS HUNC MODO TEC$\overline{U}$
Q$\overline{I}$ SENSIT SEC$\overline{U}$, TIBI, SICUT SENTIO MEC$\overline{U}$.
LEGIS DIVINÆ DISPENSANS PABULA GRATIS;
ZELATOR FIDEI CONT$\overline{E}$PTOR DUPPLICITATIS
REDDAT EI DOMIN$^9$, Q$\overline{I}$ REDDIT BONA BEATIS.
ANNO MILLENO B$^9$ CENTENO QUADRAGENO
QUARTO, JAM FRAGIT$^9$ B$^9$ SEX KALO CESSIT APRL'
SIC OBDORMIVIT IN XPO, CUI MODO VIVIT.

Inédite.

En recommandant son souvenir aux âmes pieuses, le personnage dont cette épitaphe indiquait la sépulture dans le cloître de Saint-Augustin-lez-Limoges nous a laissé ignorer son nom. Toute existence terrestre a cessé pour lui. Ce n'est plus qu'une âme qui réclame une prière.

(111)

1246.

INTER OPES VARIAS VIXIT QUASI PAUPER HELIAS,
  CHRISTE, TUAS PROPRIA SPONTE SEQUENDO VIAS.
ABBAS MITRATUS, PRUDENS, HUMILIS, ANULATUS,
  EST HIC VIR GRATUS VERMIBUS ESCA DATUS.
HIC APUD USERCAM MITRAM TULIT ARDUITATIS,
  A CLUSA PER QUAM CREVIT HONORE SATIS.
HUNC DEUS AD SUPEROS ABBATEM PERFER HELIAM,
  QUI POST TE MISERANS PRÆCIPIT IRE VIAM.

Cette épitaphe, gravée sur cuivre, se lisait à côté de la porte latérale de l'église d'Obasine, qui donnait dans le cloître; elle rappelait la mémoire d'Hélie, vingtième abbé d'Userche, enseveli dans ce lieu. La nature métallique de ce nécrologe a provoqué sa ruine. N'écrivons rien sur l'airain; il est moins solide que la pierre parce qu'il a plus de valeur. On en verra une triste preuve au chapitre des inscriptions du xvii$^e$ siècle.

(112)

1247.

NOSTRI PATRONI SUNT
HIC QUORUM DEUS OSSA
SIC VOLUIT PONI SUB
EADEM CŌDITA[1] FOSSA      [1] *Condita.*
NOSTER AB HOC EMIT$^9$ LOC$^9$      *Emitur locus.*
ALTERIUS FABRICATUR
NUMMIS ECCLESIA REDDAT
SIBI VIRGO MARIA
QUĀVIS[1] EXIGUO TUMULO      [1] *Quamvis.*

FRATRES DUODENI SUNT
CONTI(nu)O FAMA VIRTUTEQ ¹ PLENI    ¹ *Virtuteque.*

(an)NO DNI ¹ M̊ C̊C XL PRIMO           ¹ *Domini.*
(pri)DIE NONAS SEPTBMBRIS
OBIIT DNS AIMIRIC⁹ ¹ PALMUZ          ¹ *Aimiricus.*
CANONICUS DAVRATEN̄                   *Dauratensis.*
ET HUJUS LOCI EMPTOR
ANNO DNI M CC XLVII PRIDIE
YDUS APRIL OBIIT DNS GUILLEL
M⁹ DE MALMON QONDĀ ¹ ARCHIDIA        ¹ *Quondam.*
CON⁹ LEMOVICENSIS QUOR AIE           *Quorum animæ.*
REQUIESCANT Ī ¹ PACE AMEN            ¹ *In.*

(*V.* pl. XIX.)     Inédite.     Aux Jacobins de Limoges.

Un tailloir de pilastre roman est orné d'une frise élégante de l'époque de transition. A l'angle, une tête mord les bouts d'une double guirlande qu'un bras retient à l'extrémité. Des fleurs de lis romanes, toutes de différentes formes, s'y opposent dans les enroulements gracieux d'une tige commune. Qu'un archéologue ait à dater ce fragment, il assignera sans hésiter le xiiᵉ siècle. Et cependant une inscription tracée sur le plat de la pierre est datée de 1247. La contradiction n'est qu'apparente, ou plutôt elle est réelle : c'est un débris du monument roman utilisé pour une tombe gothique. Nous en avons vu un autre exemple non moins curieux. Le jardin de M. Juge a longtemps conservé un zodiaque du xiiᵉ siècle, portant au revers des débris de sculptures de l'époque romaine. Dans l'exemple présent, le sculpteur n'a pas été tenté seulement par la facilité de la taille d'un calcaire rare à Limoges ; un soin plus pieux a inspiré son œuvre. Une église romane fut transportée à plusieurs centaines de toises dans un déplacement de monastère; un de ses débris servit de tombe aux fondateurs généreux qui payèrent la construction nouvelle et le terrain qu'elle occupa. L'histoire de cette pierre a donc deux phases ; en voici le troisième chapitre.

Elle servait de tablette au mur d'un jardin de la rue du pont Saint-Martial ; une partie de la pierre était même engagée dans la clôture des lieux d'aisances. Le propriétaire, M. Partonneaux, a bien voulu la céder à nos sollicitations et à la demande zélée de M. Maurice Ardant. Elle va reprendre une place d'honneur à l'entrée de l'église des Jacobins, aujourd'hui église paroissiale de Sainte-Marie. Ces signes consacrent en effet le souvenir des deux fondateurs de ce monument.

En 1219, les frères prêcheurs s'étaient établis à Limoges au delà du pont Saint-Martial, dans une maison édifiée sous la direction de Jean Bot, bourgeois de Limoges. Mais ce site éloigné n'allait guère aux travaux de leur ministère. Ils songèrent à se rapprocher de la population agglomérée, « et lors les religieux de Saint-Dominique achetèrent un lieu, en la paroisse de Saint-Michel-de-Pistorie, d'Hélie de Baxagiers et de ses neveux, au prix de six mille sols, dont les lettres sont datées de l'an 1239. Et la place est nommée à la croix de Manigne, et Gérald de Frachet était lors prieur du monastère. Et comme il était en peine de payer cette somme, Aimery Palmut, chanoine du Dorat, la paya disant ces paroles aux Frères : *« Notre-Seigneur et la sacrée Vierge Marie soient vos patrons : pour moi, je me tiens bien heureux d'être leur serviteur. »*

« En 1241, et le second d'avril, Durand, évêque de Limoges, fonda la nouvelle église des frères prêcheurs. Ayant démoli l'ancienne chapelle dans laquelle voulaient demeurer les matrones du château, ce que les bourgeois de la ville et de la cité empêchèrent, on porta les matériaux au bâtiment de la nouvelle église, et on y transféra les corps ensevelis en ladite chapelle. »

Cette translation de matériaux explique l'ornementation semi-romane de la tombe qui nous occupe, et la présence dans une église du milieu du xiiie siècle de chapiteaux de style roman; mais reprenons le récit de l'annaliste.

« L'an 1241, Aimery de Palmut, patron, étant tombé malade, prit l'habit de l'ordre pour en être le frère, et fut assisté de quelques pères dominicains, entre les mains desquels il expira au Dorat. On porta son corps à Limoges, et les Pères du chapitre provincial lui vinrent au-devant avec les frères mineurs. Et il fut mis en dépôt dans l'ancienne maison, où ils demeuraient encore. Il donna vif ou mort la somme de deux cents marcs d'argent.

» Guillaume de Maumont, chanoine et archidiacre de Limoges, oncle de Gérard de Frachet, second prieur, donna par son testament une somme suffisante pour bâtir deux voûtes au chef de l'église, et il fut enseveli devant le chapitre, l'an 1247, le douzième d'avril.

» L'an 1253, on changea le corps d'Aimery Palmut auprès de la porte de l'église, du côté du cloître, et au même lieu le corps de Guillaume de Maumont. » (*Bonav. de S.-Amable*, iii, 544-45.)

Selon le récit d'un contemporain, ce fut une apparition de la sainte Vierge qui détermina Aimery Palmutz, chanoine du Dorat, à venir si généreusement en aide aux frères de Saint-Dominique, au moment de leur plus grande détresse.

Nadaud et Legros voient dans la première et la seconde partie de cette inscription le souvenir de deux sépultures différentes. La première serait consacrée au souvenir des douze religieux (*fratres duodeni*) qui fondèrent le couvent des frères prêcheurs de Limoges, et dont les ossements furent transférés avec l'église rapprochée du centre de la ville. Voici les noms de ces religieux et la date de leur mort : Pierre Philippe, 1225; Pierre Galli, diacre; Garcie Navarre, 1230; Paul, 1235; Aimeric d'Astix, 1225; Robert, 1235; Bernarde Lejuge, prêtre et prédicateur, le 2 mai; Gérard Lavergne l'ancien, clerc ci-devant au service du roi, le 24 juillet; Gérard de Vermeil, 4 août 1230; Jean Nicolas; Gérard Lavergne le jeune, 1230; Etienne Dieudonné, 1240.

(113)

1247.

II. I. D : WILLELMUS DE MALMON ARCHID. LEM.
REQUIESCAT IN PACE.
MITIS, SENSATUS, VITA, FAMAQUE PROBATUS
PAUPERIBUS DATUS CHRISTI JACET HIC TUMULATUS.

Inédite.

Guillaume de Maumont, archidiacre de Limoges, mourut en 1247. Sa sépulture était dans le cloître des Jacobins de cette ville. Ce Guillaume de Maumont était probablement le personnage dont il est question.

(114)

1251.

DE PEYRATO CORPUS TUMULO JACET IN ISTO
SPIRITUS IN CŒLO SIT, PROPITIO SIBI CHRISTO.
DUDUM CANONICUS FUIT ECCLESIÆ CATHEDRALIS,

NOBIS MUNIFICUS ET AMICUS ERAT SPECIALIS,
SANCTUM DOMINICUM SIBI SENTIAT AUXILIARI
ET MEREATUR EO DUCE SANCTIS ASSOCIARI.
ANNO DOMINI M. CCLI.

Inédite.            Nadaud.

Du Peyrat, dont les dominicains de Limoges vantent ici la munificence, était en effet leur bienfaiteur. Il leur avait donné, entre autres choses, deux Evangiles en un volume, un Psautier avec une petite glose, et de grandes sommes d'argent. Sa tombe en cuivre doré, placée à l'entrée du chapitre des Jacobins, avait disparu longtemps avant la révolution.

(115)

1255.

SUM JACOBUS DICTUS, FUGO FULGURA, GRANDINIS
[ICTUS
$\mathring{\text{A}}$. $\mathring{\text{M}}$ $\mathring{\text{CC}}$ $\mathring{\text{L}}$ $\mathring{\text{V}}$

Inédite.            Legros.

Ce vers et cette date se lisaient sur la seconde cloche de l'abbaye de la Règle. Cette cloche a été brisée en 1790. Ce texte si court prêterait place et matière à un long commentaire. Qu'on l'accepte ou qu'on s'en moque, l'église donne à la cloche bénite une grâce particulière pour dissiper les orages. Que la commotion de l'air, en déplaçant ou en disséminant les masses électriques, éloigne ou détourne la foudre, c'est un fait physique, étranger pourtant au monde de la grâce, qu'il est facile de nier sans preuves, mais qui garde sa valeur scientifique pour le simple bon sens. En fait d'électricité, la science n'a pas dit son dernier mot. Il est encore permis de croire que les ondes sonores de l'air ébranlé par une vibration métallique changent les conditions de développement du fluide électrique; même en ce sens le vers rapporté plus haut serait vrai.

(116)

1255.

FR : P : DE M$\bar{\text{O}}$VAL : ME FECIT : FIERI :
RELIQVIE : B$\bar{\text{O}}$R : J$\bar{\text{V}}$N : ET : AM$\bar{\text{A}}$DI : ET CORIGIE :
D$\bar{\text{N}}$I
BEATV$^9$ AMANDUS. BEATVS JUNIANVS.

(*V.* la gravure.)  Église de Saint-Sylvestre.

Lors du partage du trésor de l'abbaye de Grandmont en 1790, l'église de Saint-Sylvestre, sur le territoire de laquelle était située la célèbre abbaye, reçut pour sa part trois reliquaires assez considérables. Le moins important est en argent doré. Sa base élégante a la forme d'un pied de calice; elle porte un cylindre en cristal de roche retenu par des bandes et des cercles de filigranes. Sur le pied, un trait figure saint Amand, *beatus Amandus*, foulant aux pieds un dragon. La statuette du sommet représentait saint Junien, *beatus Junianus*.

Autour de la base se lit l'inscription que nous avons rapportée. Les abréviations Bor pour *Beatorum*, Jun et Amadi pour *Juniani* et *Amandi*, sont faciles à lire. Le nom du donateur présente seul quelques difficultés. La syllabe *mo* est surmontée d'un trait horizontal, et la haste de L finale est coupée d'un trait renflé aux deux bouts. L'abbé Legros lit fautivement *Montval*. Nos recherches sur l'orfévrerie nous fournissent heureusement le nom entier du donateur et la date précise de cette œuvre charmante.

En 1255, Pierre de Montvailler (*de Monte Valerio*), archiprêtre de Nontron et chanoine de Saint-Amand, fit exécuter une coupe d'argent pour abriter le chef de saint Amand. L'inscription suivante, gravée sur cette œuvre d'orfévrerie, conservait la mémoire du pieux donateur : *Magister Petrus de Monte Valerio, canonicus sancti Juniani et archipresbiter de Nontronio, fecit fieri hanc cuppam ad honorem B. Amandi confessoris*, anno Domini MCCLV. Il lui fut permis, en retour de ce don, de distraire quelques parties des reliques du pieux cénobite. Il en fit don à l'abbaye de Grandmont, qui, pour le récompenser, l'admit à la fraternité de l'ordre. C'est l'explication du titre de frère qui précède son nom. Ce reliquaire date donc de 1255, et le nom abrégé *Moval* se complète ainsi : *Monte Valerio*, Montvailler. Une transcription incomplète de l'abbé Legros nous avait fait croire que P. de Montval était l'auteur de ce reliquaire. C'est un nom à effacer de la liste de nos émailleurs limousins.

(117)

1262.

PETRA TEGIT PETRUM, CHRISTUS PETRA DET MIHI
[TETRUM
INFERNUM FUGERE, CŒLISQUE LOCUM MIHI DET
[HABERE.
VOS QUI TRANSITIS, ME CERNERE QUÆSO VELITIS.
QUOD VOS SENTITIS, NOS SENSIMUS. IVIMUS, ITIS.
PRO ME QUÆSO PIAM NUNC EXORATE MARIAM,
NE MIHI CLAUDATUR QUÆ CŒLI PORTA VOCATUR.

Gallia christiana.

Les auteurs de la *Gallia christiana* pensent que cette

épitaphe, placée dans le cloître de Solignac, indiquait la sépulture de Pierre I<sup>er</sup>, abbé de ce monastère, qui mourut vers 1262.

(118)

1265.

AISSI JAI FRAIR GUIS DE MOPREGET ET TRAPASSET IIIJ JORNS APRES LA BREFANIA, ET LOS MILESMES ERA DO M E CC E LX E III. LARMA DE QUI REPAUSE EN PAZ. AMEN. E QUI LEIRA AQUESTAS LEIRAS, PER L'AMOR
DE DIAU, DIGA LI LA ORAZO; QUE DIEUS LI PARDO ET
A TOTI LOS AUTRES. AMEN.

Inédite.                                              Legros.

Cette inscription, gravée sur une plaque de cuivre, se voyait, avant la révolution, dans le cloître des Jacobins de Limoges. La Brefania qui précéda de si peu la mort du défunt, est la fête de l'Epiphanie. Dans les statuts d'une confrérie érigée à Limoges, en l'honneur de sainte Félicité, en 1350, on met au nombre des fêtes annuelles la Brefania. Ce vieux langage se comprendra, du reste, sans autre explication. Le placement irrégulier des points montre que cette inscription fut gravée par une main peu intelligente. A plusieurs reprises, ils coupent les mots dont ils devraient indiquer la fin.

(119)

1264.

XIIIII KL MAII OBIIT DOM⁹ GERALD⁹ ABBAS AÑO DÑI
MCCLXIIII

Inédite.  Au musée de Limoges.

Lors de la fondation du musée de Limoges, un de nos collègues nous signala, dans une métairie voisine de cette ville, une auge à porc décorée d'ornements et gravée d'anciens caractères. L'auge, examinée sur son indication, nous montra une élégante ornementation en relief à la partie supérieure, et sur sa tranche nous lûmes, en beaux caractères gothiques arrondis, l'inscription qui ouvre cet article. La partie supérieure, malgré ses élégants arabesques, a été excavée par un ciseau brutal; on sait au profit de quoi et de qui. C'était pourtant la tombe d'un des plus remarquables abbés de Saint-Augustin-lez-Limoges.

« Le vingt-deuxième abbé (de ce monastère), Gérald, troisième de Fabry, décora l'église de toutes sortes de beaux ornements, *fit écrire* quantité de livres pour le chœur et la bibliothèque, augmenta le revenu de trente sestiers de froment, achepta un pressoir nommé *la plancha*, fit bâtir le dortoir, la cuisine et le grand réfectoire. Son sépulcre se voit dans un costé du cloistre, au devant duquel sont gravés ces mots : 14 *calend. maij obiit domnus Geraldus abbas, anno Domini* 1264. » (Bon. de S.-Amable, III, 354.)

Ce n'est pas sans intention que nous avons cité ce texte plein d'inexactitude. Au XVIIᵉ siècle, par suite d'une réaction due à la renaissance, bien des personnes en étaient venues à considérer la pratique de l'art comme indigne de la profession monastique. Ces moines innombrables, auxquels nous devons les monuments qui sont la parure de notre pays, n'avaient à leurs yeux que le mérite d'avoir commandé ces travaux. Sous cette préoccupation, le verbe *fecit* se traduit toujours par *fit faire*. Mais, cette fois, la chronique de l'abbaye de St-Augustin ne se prête pas à cette interprétation. L'abbé Gérald continue glorieusement la chaîne des artistes nombreux de ce monastère. Comme son prédécesseur l'abbé Etienne, il excellait dans tous les arts : *il n'était presque pas d'ornement qu'il ne construisît lui-même*. Il était architecte, orfèvre; ses travaux calligraphiques sont énumérés avec soin. *Multa etiam ornamenta hujus monasterii ipse fecit. Inter omnes libros hujus monasterii, fecit ipse quoddam psalterium glossatum, et epistolas Pauli glossatas, et Jeremiam glossatum, Johannem et Marcum et Matthæum glossatos. Ipse fecit breviarium et bibliam manualem, summam de casibus et summam Gaufredi, librum officiorum et responsoriorum, pro conventu in duobus voluminibus.* (In append. Ann. Benedict., VI, 694.) La même chronique nous oblige à rectifier de la même manière ce que le P. de Saint-Amable dit des travaux de construction.

La profanation d'une tombe aussi illustre devait avoir un terme. Le propriétaire, M. Thomas, en a fait don au musée de Limoges, où on la voit présentement. Une autre tombe portant la statue d'un abbé, et provenant aussi de Saint-Augustin-lez-Limoges, est superposée à celle-ci. On n'y lit aucune inscription.

(120)

1265.

+ ORA VOCE PIA, PRO NOSTRO FRATRE, MARIA
QUI VETUS ET JUVENIS BONA DISPENSAVIT EGENIS.
HAC JACET EXCISA FOSSA, DICTUS MALAGUISA.
CHRISTI COGNOMEN, ADEMARUS ERAT SIBI NOMEN.
OBIIT VIII KI$^s$ DECEMB. ANNO DNI. M. CC. LXV.

A Saint-Martin de Brives.

Ce pieux chanoine du chapitre de Saint-Martin est enseveli sous l'emplacement qu'occupait la tribune de l'orgue.

(121)

1255.

NAIMARS DEL POTS BOVRES DE BRIVA
CHANORGUE ET FRAIRE DE LA MAIJO DE
SAINS, JAI AICI SOTS AQUESTA TŌBA
E QUER P AMOR DE DIEU A TOTZ A-
QUEUS QUE P AICI PASARAN QUE LI
ACHEPTO MERCE. AM. NR̄E SENHOR
E QUEN DIJO LA ORAZO EL PB̄ NR̄
QUE DIEUS III PSOLVA EL PERDO. AM
OB. 17 KL. JUNII ANNO DN̄I 1265.

*Aimar du Puy, bourgeois de Brive,*
*chanoine et frère de la maison de*
*céans, gît ici sous cette tombe,*
*requiert pour l'amour de Dieu à tous*
*ceux qui par ici passeront qu'ils lui*
*achètent merci. Amen. Notre Seigneur*
*et qu'on dise l'oraison le pater noster*

*que Dieu lui donne pardon. Amen.*
*Il mourut le 17 des kal. de juin 1265.*

Inédite. Nadaud.

Ce curieux exemple de langue romane était inscrit sur une tombe dans le cloître du chapitre de Brives.

(122)

1265.

+ OFFERT SŪME FAMUL
Ū T BARTOLOMEUS CANONI
CUS STEPHANI ET PREPOSITV⁹ J
UNIANI CUM PATRE DÑICO[1] PETR     [1] *Dominico.*
E MARTYR, OPĒ FER AMICO. TU
SIBI PATRONUS SIS, LEOBO
NE, BONUS. OBIIT MAGR̄[1] PETR     [1] *Magister.*
US DE BENEVENTO PRÆPOSI
TUS ECCLESIÆ SC̄I JUNIANI
VI KL JANUARII ANNO DŌ
MINI M. CC. LXV. ORA PRO EO.

Cette épitaphe, placée dans la sacristie des Jacobins de Limoges, se fait remarquer par plusieurs incorrections. Au lieu de *canonicus et præpositus*, il faudrait lire *canonicum et præpositum*. Notre ami l'abbé Arbellot a consacré une notice à ce prévôt du chapitre de Saint-Junien. (*Recherches historiques sur la ville de Saint-Junien*, p. 165.) Il donne de cette inscription la traduction suivante, que nous croyons exacte : « O Dieu suprême, saint Barthélemi vous présente votre serviteur qui fut chanoine de Saint-Etienne et prévôt de Saint-Junien. Saint-Pierre, martyr, avec notre patron saint Dominique, secourez votre ami. — Saint Léobon, soyez pour lui un bon patron.

» Maître Pierre de Bénévent, prévôt de l'église de St-Junien, mourut le six des calendes de janvier, l'an du Seigneur 1265. — Priez pour lui. »

Pour bien comprendre cette épitaphe, il faut savoir que saint Barthélemi est patron de la ville de Bénévent, patrie du prévôt Pierre. Les autres saints invoqués ici appartiennent à l'ordre des Dominicains, à l'exception de saint Léobon, qui appartient par son origine au voisinage de Bénévent.

(123)

1266.

ANNO DÑI M̊ C̊C̊ LX̊ V̊ IDUS
JUNII OBIIT JOHANNES CHAMBAI
FORT CANONICUS LEMOVIC
ET EODEM ANNO XIIII K̊L̊
SEPTEMBRIS OBIIT PETRUS
CHAMBAIFORT CANONICUS
LEMOVIC-FRATER DICTI
JOHANNIS. QUORUM CORPORA
JACENT HIC HUMATA ANIMÆ E-
ORUM REQUIESCANT IN PACE. AMEN
AMORE DEI DICATUR PATER.

Inédite.                                Ms. Legros.

Une plaque en cuivre doré, placée sur une des portes du cloître des Jacobins de Limoges, représentait deux personnages agenouillés devant la sainte Vierge tenant l'enfant Jésus. Au-dessous se lisait cette inscription. Le tout était gravé au trait. Ce cloître fut détruit en 1776;

mais la plaque resta en place jusqu'à la révolution ; de cette époque date sa disparition. C'est encore à l'abbé Legros qu'on doit la conservation de ce pieux souvenir.

(124)

1266.

A. ICI : JAI : EN : P : BRUS : DE :
LA : PORTA : PEICHONIERA
E : TRASPASSET : EN. MIEJ :
ABRIL : ANNO : DN̄I : M̊ : C̊C : L̊X :
VI : E : LAICHET : A. CHASCUNA
MONIA DE LEMOZI : I : PA : LOCALS :
PAS : DEV : ESSER : FAIHS : XX :
DUN : SESTIER : E. DEU ESSER. RE
DVTZ : LO JORN : DE : RAMPAM
DVRABLAMENT : LARMA : DE :
LVI : REPAUZE : EN : PATZ : E : DJ
IAS : PAT : NR : E : LAICHET MAJ :
: LH*I* : REDENZ : AV : COVEN :
: S : M̄ : P : SON : ANEVERSARI :
: E. LAN. DE : M : E : CC : LX. VIII. ANS : VI :
JORNS : DINS : ABRIL. TRAPASET : NA :
VALERIA : JAVONA : MOLHER : DEV : DIH
: P : BRU : E : Q : LEIRA : AQVESTAS : LE
TRAS : DIGSLO . . . . . . . . . .

( *V*. pl. XVI. )   Inédite.                Legros.

Cette inscription se lisait autrefois, dans l'église de Saint-Martial, sur le pied-droit d'une porte murée. Selon une coutume assez fréquente à cette époque dans notre province, on y trouve un mélange curieux de roman et de latin. A ce titre, nous croyons devoir en donner une traduction fidèle : « *Ci gist* en paix Brux de la porte Poissonnière; il trépassa à la mi-avril, l'an du Seigneur 1266, et légua à chaque moine du Limousin un pain, lequel pain doit être de vingt au septier, et doit être livré le jour des Rameaux, à perpétuité. Son âme repose en paix! Dites pour lui *Pater noster*. Il légua de plus 52 sols de rente au couvent de Saint-Martial pour son anniversaire, et l'an 1268, le sixième jour d'avril, trépassa dame Valérie Javona, veuve dudit Pierre Brux; que celui qui lira cette inscription dise le..... »

La porte Poissonnière dont il s'agit ici était à l'entrée de la rue Fourie, près de l'église St-Pierre de Limoges, à côté du marché aux poissons. Le septier de cette époque pesait 90 livres, ce qui élève le poids de chaque pain légué par le défunt à quatre livres et demie, soit 2250 grammes. Notre vieille langue romane se retrouve ici avec ses formules naïves. Il existait déjà en Limousin une classe intermédiaire qui tenait à la fois au clergé par son éducation, au peuple par son origine. Ainsi s'explique le mélange de la langue savante et de la langue populaire. Dans les registres consulaires conservés à l'hôtel de ville de Limoges, ce mélange se retrouve à chaque page. Il serait curieux de comparer ce vieux fragment de langue romane avec le patois qui l'a remplacée. On n'y trouverait pas de différences notables. Sans entrer dans une étude philologique qui sortirait de notre cadre, nous donnons une seconde traduction en patois, dialecte de Limoges. Il est bon d'en avertir, car le Limousin compte au moins sept dialectes très-dissemblables. Nous soulignons les différences. Tous les *e* se prononcent comme l'*e* latin.

Aici (*repauzo*) en pa Brus de lo porto Peichioneiro et

trepasset en miei abrio... et laisset à cha*qué* mou*éné* do Limou*z*i 1 p*o loucas p*o deu esse fa xx d'un setier e deu esse rendu l*ou* jour de Rampan durabloment. Larmo de s*e* repauzo en pa e dija *Pater noster*. E laisset mai 52 s*o*s de re*n*do au coven S. Marsau per s*ou*n ani*v*ersari. E l'an de 1268 aus e xi jou*r*s din abri*ô* trepasset Valeria Javona, veu*v*o *do* di P. Brus et que leg*i*ro Que*tt*as letras dij*o* lo.....

On le voit, les différences sont peu importantes, et pourraient facilement s'expliquer presque toutes par la difficulté de figurer la prononciation de certains mots. Cette inscription est donc populaire; à ce titre, elle retarde un peu. Quoique gravée en plein xiii° siècle, elle n'emploie qu'avec timidité et gaucherie l'élégant alphabet gothique qui caractérise la troisième période épigraphique, et encore certaines lettres, les *o*, les *n* et les *m*, y conservent presque toujours la physionomie du siècle précédent. Pour l'écriture donc, comme pour l'architecture, le Midi retarde sur le Nord, si on peut appeler retard la persistance vivace des titres de la nationalité.

(125)

1267.

HIC : JACET : JORDANVS :
PRÆPOSIT[9] : CANBONENCIS :
CUJ[9] : AIA : REQVIESCAT : IN :
PACE : AM : X : IIJ : KL : SEPTEMBRIS :
ANNO : DNI : MCCLXVII : VIII : ID[9] : OCTOB. :
OBIJT : HVGO : DE CARRERIIS : HELEMO :
SINARJ[9] : SCI : MARCIALIS : LEMOVIC(ensis) :
HIC : CVM : PREPOSITO : CABONENSI :
TUMVLATUR : OMIPOTENS : FACITO :

QVOD : EJS : REQVIES : TRIBUATVR :
AMORE : DEJ DJCATIS : PATER ˙: NR :

(*V.* pl. XVII.)　　Inédite.　　　　　　　Legros.

Cette inscription se lisait autrefois sur le mur du passage qui conduisait du cloître de Saint-Martial à l'église basse du même monastère. La prévôté de Chambon, qui y est mentionnée, est aujourd'hui une église paroissiale peu importante, sous le nom de Chambon-Sainte-Croix. D'autres renseignements historiques nous apprennent qu'à cette date elle était possédée par Jordain de Malemort. Les fonctions d'aumônier, que nous trouvons remplies à cette époque par Hugues de Charrière, avaient à Saint-Martial beaucoup d'importance.

(126)

1269.

| | |
|---|---|
| HIC JACET FR. ROTGERIUS | |
| DE AGED'[1] SACERDOS | [1] *de Agenduno.* |
| ET PRÆDICATOR QI OBIIT | |
| ANNO DNI[1] M. CC LXV | [1] *Domini.* |
| ET AD CAPUT EJUS JACET | |
| FR. BARTHOLOMEUS DE | |
| AGED'[1] SACERDOS ET | [1] *Agenduno.* |
| PDICATOR[1] QI OBIIT | [1] *Prædicator.* |
| ANNO DNI. M. CC. LX. | |
| NONO, IN OCTAB.[1] SCI | [1] *In octaba* pour *in octava.* |
| AUGUSTINI. ORATE | |
| PRO EIS. PAT. NR. | |

Inédite.　　　　　　　　　　　　　Nadaud.

Ce souvenir, conservé dans le cloître des Jacobins de Limoges, gardait la mémoire de deux illustres enfants de l'ordre de Saint-Dominique. Ces quelques lignes sont tout ce qui reste d'eux aujourd'hui.

(127)

1270.

ISTI⁹ : ECCL̄IE : PM̄E : PARTIS : RE
PARATOR : CULTOR : ĪTICIE : VIR : RE
LIGIONIS : AMATOR : FECIT :
OP⁹ : CLAR̄M : MAGNO : SŪPTU :
TABULAR̄ : . . . . . . . .
. . . . . . . . . . . .
. . . . . . . . . . . .
· . . . PETR⁹ : DANTENA : SA
CRISTA : DITENS : PROBITA
TE : HUIC : DS̄ : OBVĀT : R̄EQ :
EI : DONET : AM̄ : A : BIS SE
X : CĒTEN⁹ : NEC : NON : ET
SEPTUAGEN⁹ : ANN⁹ : ADEST :
XPI : QUO : MIGRAT : FUNERE :
TRISTI : LUCE : DIONISII : PARIS :
FUIT : ULTIMUS : ISTI :

*Istius ecclesiæ primæ partis reparator, cultor justiciæ, vir religionis amator, fecit opus clarum, magno sumptu tabularum,*

. . . . . . . . . . . . . . . . . . . . . . . . .

*Petrus Dantena sacrista ditens probitate huic Deus obveniat, requiem ei donet. Amen A. bis sex centenus necnon et septuagenus annus adest Christi quo migrat funere tristi luce Dionisii parisiensis fuit ultimus isti.*

Inédite. Nadaud.

En 1770, la pierre tumulaire qui portait cette inscription curieuse était conservée dans la sacristie de l'abbaye de Saint-Augustin-lez-Limoges, aujourd'hui maison centrale de détention. Nous apprenons par ce texte le nom de l'architecte du chevet de cette grande église, le sacristain Pierre Dantena. Le mot *tabula* signifie-t-il planche? L'abside n'aurait donc été couverte que d'un lambris. Malgré les appropriations modernes entées sur des démolitions, les débris de cette grande église prouvent qu'elle était voûtée en pierres. Il est vrai que les beaux piliers conservés dans les réfectoires et les dortoirs actuels ont le caractère du xiv° siècle.

(128).

1271.

FRATER GERALDE DE FRACHETO, PIE VALDE
TERTIUS HIC A TE CAPITUR LOCUS IMMEDIATE
ORDO, GENUS, DISCRECIO, LINGUA POTITA
FAMA, PUDOR, PIETAS, TE LAUDANT, PAX, AMOR,
[ÆTAS
TE PRECE MULTIPLICI, COMMENDO GENITRICI,
CIVES ANGELICI SOCII SINT TIBI ET AMICI.
OBIIT IIII NŌ OCTOB. ANNO DŇI M. CC LXXI

Inédite.                                Nadaud.

Sous une arcade, à l'entrée du cloître des Jacobins de Limoges, était une tombe où se lisaient les vers que nous venons de transcrire. Ils marquaient la sépulture de Gérard de Frachet, un des plus illustres membres de la famille dominicaine. C'est à lui que sont dus le couvent de Limoges et l'église paroissiale actuelle de Sainte-Marie. Historien, prédicateur, prieur d'un monastère, le P. de Frachet se distingua à tous ces titres. On lui doit les renseignements historiques les plus précieux sur les commencements de l'ordre de Saint-Dominique. De nombreux auteurs ont écrit sa vie. On trouvera des renseignements assez étendus dans celle qu'a éditée Labiche de Reignefort. (*Vie des saints du Limousin*, II, 268.)

(129)

1272.

: + : U : ID⁹ : NOUEMBRIS : AN
NO : DÑI : M : CC : LX : SC̄D᷃ : OBIIT :
PETRUS : GRILLI : CAPLS̄S̄ ¹ : SC̄I :   ¹ *Capellanus.*
HILARII : BONE : VALLIS : CUI⁹ :
CORPUS : HIC : JACET : HUMA
TUM : AĪA : EIUS : REQUIESCAT :
IN : PACE : AMEN : PRO : AMORE :
DEI : DICATIS : PATER : NR̄ :
PRO : AĪA : EIUS : AUE : MARIA :

Inédite.                    Église de Saint-Hilaire-Bonneval.

L'église de Saint-Hilaire-Bonneval conserve ce souvenir nécrologique sur un calcaire placé près de la porte d'entrée. C'est un édifice du milieu du XIIIᵉ siècle. On peut donc penser sans invraisemblance qu'il eut pour auteur le curé (*capellanus*) Pierre Grilli, dont la sépulture y occupe une place d'honneur. On remarquera que les V sont entièrement absents de cette inscription; l'U en occupe partout la place. Les caractères sont tous empruntés au gothique arrondi.

(130)

1275.

HIC JACET FR. PETRUS
AUZEL DE CASTRO DE
MALAMORT, CONVERSUS
QUI OBIIT PDĒ¹ ID⁹ SEPTEM    ¹ *Pridie.*
BRIS AN. DŇI M CC
LXXV. ORATE PRO EO

Inédite.                           Nadaud.

Cette épitaphe se lisait dans le cloître des Jacobins, près de la chapelle de la Congrégation. Nous donnons toutes ces indications quoique nous ayons vu détruire ce cloître vers 1820; un grand nombre de pierres n'ont été qu'utilisées dans les constructions récentes, et pourront se retrouver plus tard.

(131)

1277.

HIC. JACET. MAGR¹ : Ḡ : CAPLLS² : DE SALAN.³ CAN.⁴ LEM.⁵ QI. EDIFICAVIT. ECCLĀM. ISTĀ. QI. OBIIT : XIII K̄L DĒCĒB. ĀN DĪ M CC LXXVII CUJ⁹ AIA REQĪESCAT. Ī. PACE. DICATIS. PAT. NOST.

¹ *Magister.*   ² *Capellanus.*   ³ *Salaniaco.*   ⁴ *Canonicus.*
⁵ *Lemovicensis.*

Inédite.                        Église de Salagnac.

Dans l'église du grand bourg de Salagnac, une tombe en calcaire représente, dans l'attitude du sommeil, un prêtre revêtu de la chasuble. Ses mains gantées tiennent une croix à double traverse; ses pieds sont posés sur un dragon. Cette statue, grande comme nature, est d'une bonne exécution. Sur la tranche se lit l'inscription que nous avons transcrite. Selon M. Labiche de Reignefort, maître G. ne bâtit pas l'église paroissiale actuelle, mais une chapelle dont on voyait encore les murs dans le siècle dernier, et qui était collatérale à l'église de la paroisse. Nous ne savons ce qu'il y a de fondé dans cette assertion. L'église paroissiale est bien dans le style limousin du milieu du xiii° siècle. Les fenêtres longues, étroites et plein-cintrées que contournent deux moulures intérieurement et extérieurement, les nervures rondes s'appuyant sur des colonnettes groupées par trois, les feuillages des chapiteaux, une corniche intérieure qui fait le tour de l'édifice au-dessous des fenêtres, en cerclant au passage les colonnes engagées, tous les détails ne laissent pas de doute sur la date de l'édifice, et nous croirions volontiers que le chanoine qui y a sa sépulture en fut l'auteur. Les lettres de l'inscription ont toute l'élégance du gothique arrondi dont elles présentent un bon type. Quant au nom du défunt, il est absorbé par ses titres de chapelain et de chanoine; une initiale seule nous le fait entrevoir.

(132)

1278.

DÑA YSABELLIS DE VENTADORO, FILIA VICECOMITIS VENTADORENSIS QUÆ HABUIT DUOS VIROS, SCILICET DNŪM DE MONGISCO, PRO SECUNDO DNŪM ROBERTUM DE MONTERULFI, JACET HIC. OBIIT ANNO DÑI. M. CC. LXXVIII, NONIS OCTOBRIS. REQUIESCAT IN PACE.

CLAUSA JACET TUMULO GENEROSA SUB HOC YSA-
[BELLIS
VIRTUTUM TITULO RUTILANS, VITIISQUE REBELLIS,
LABE CARENS NITUIT, DUPLICI DUM VIXIT HONORE
NAM DECORATA FUIT GENERIS MENTISQUE DECORE.
HÆC FRATRUM MANIBUS HIC NOSTRORUM TUMU-
[LATA
ILLORUM PRECIBUS PONATUR IN ARCE BEATA.

Inédite.                                Nadaud.

Un cuivre gravé, placé au cloître des Jacobins de Limoges, représentait Isabelle de Ventadour, accompagnée d'un évêque et entourée des frères prêcheurs vêtus de leur scapulaire et coiffés d'un grand capuchon. La première de ces deux inscriptions était gravée autour de la plaque; la seconde était ciselée au-dessous de la représentation des personnages.

(133)

1289.

HIC : JACET : G : DE : BELLOLOCO :
VICARI⁹ : S : ST : LEM : ORGANISTA : VOCAT⁹
QIA : FUIT : PCELLENS : JN : CANTU : ORGANOR
ET : OBIIT : XIJ : KL : APL : AN : DNJ : MCCLXXXJX
AIA : EI⁹ : REQUIESCAT : JN : PACE : AMEN :
DICAT : LEGENS : PRO : EI⁹ : AIA : PR : NR :

(*V*. pl. XVII.)     Inédite.     Cathédrale de Limoges.

La plupart de nos anciennes cathédrales possédaient, au moyen âge, des bénéfices réservés de fondation aux artistes dont l'œuvre devait concourir à la beauté du culte divin. Des architectes, des sculpteurs, des verriers, presque tous prêtres ou religieux, prenaient ainsi part à la manse commune. Cette inscription sauve la mémoire d'un de ces artistes modestes et du renom que lui valut son talent. Malgré les recherches de l'érudition moderne, il n'est pas facile d'apprécier à quelles conditions on était bon musicien vers le milieu du xiii° siècle. Les instruments, et l'orgue notamment, étaient d'une simplicité de disposition qui laissait tout à suppléer à l'habileté de l'exécutant. La grandeur simple et naïve des chants de cette époque, l'exécution par masse et à l'unisson, le concours populaire et la succession des chœurs permettent cependant d'entrevoir des effets aussi remarquables que ceux des autres arts du même temps. Tous les arts sont solidaires, et leur développement est parallèle sinon simultané. La beauté de l'architecture, de la sculpture et des vitraux du xiii° siècle prouveraient *à priori* la beauté des œuvres musicales.

(134)    S. PETRUS

A Alleyrat.

(135)

DE S. ESSENTIA, DE GETHSEMANI, DE PRÆSEPIO DNI, DE CAMISIA BEATE MARIE, DE VERA CRUCE, DE CORPORE B. ANDREE, DE MAXILLA S. LAURENTII, DE S. EGIDIO, DE S. G... DE BEATA MARIA MAGDALENE. DE S. CATARINA, DE VIRGINIBUS, DE CAPILLIS B. GEORGII, DE S. STEPHANO, CONF. MURETENSI, DE S. MARTINO, DE S. FRONT. DE SCA ALBINA.

A Isle.

(136)    TAOI

A Saint-Viance.

(137)  SCA CATARINA — S. SESATORIS

A Saint-Aurélien de Limoges.

Les églises d'Alleyrat, d'Isle, d'Obasine, de Saint-Sylvestre, Saint-Viance, Saint-Aurélien de Limoges et vingt autres, conservent des reliquaires du xiii° siècle, gravés d'inscriptions émaillées ou sans émail. Il deviendrait trop dispendieux d'en donner des *fac-simile*. Ce sont d'ailleurs de simples indications destinées à faire connaître les saints dont ces monstrances gardent les ossements vénérés. En l'absence de dessins fidèles, l'épigraphie n'a donc rien à y apprendre; et cependant ces pieuses litanies, même en dehors de l'intérêt spécial qu'elles offrent pour le culte des saints, ne sont pas dépourvues de toute valeur historique. La forme des caractères nous a aidé à dater des reliquaires d'âge douteux, notamment celui d'Alleyrat. Les fleurons émaillés sur lesquels se relève en bosse l'image de saint Pierre sont bien du temps de saint Louis. A ce caractère près, on en douterait si l'inscription *S. Petrus* n'était pas aussi nettement accusée, tant la façon romane persévère dans l'exécution des autres détails. C'est une observation que nous avons déjà eu occasion de faire dans le cours même de ce travail : l'orfévrerie limousine au xiii° siècle est en retard sur les arts du nord de la France. Nous voulons dire que le gothique s'y montre plus tardivement. Les inscriptions nous ont permis de vérifier ce fait. Pour être juste, disons qu'il n'y a pas retard, mais persistance de la nationalité méridionale.

La longue inscription transcrite sous le n° 135 décore un reliquaire de Grandmont donné en 1790 à l'église d'Isle.

Le mot inexpliqué *taoi* se lit sur un phylactère tenu par une figure de l'apôtre saint Paul qui décore la belle châsse émaillée de saint Viance. On lit l'autre inscription sur un reliquaire émaillé de la chapelle des bouchers à Limoges. Nous n'avons pas jugé utile de transcrire un plus grand nombre de ces inscriptions.

(138)  REQUIESCANT IN PACE

Inédite.  Au tombeau de saint Étienne d'Obasine.

Sur la toiture du magnifique tombeau de saint Etienne à Obasine, un ciseau sans rival a figuré les deux familles bénédictines de Cîteaux et de Cluny au jour du jugement dernier. Les moines en sortant de la tombe forment une procession distribuée selon les rangs de la hiérarchie, et vont dans cet ordre présenter leurs hommages à l'Enfant Jésus et à sa divine mère. Il serait inopportun de donner ici une description plus détaillée de ce tombeau ; nous nous en référons à celle que publient les *Annales archéologiques*, et qu'accompagneront des planches très-fidèles. Mais cette courte inscription présente quelques difficultés. Elle est gravée sur le couvercle d'un cercueil qui tient un moine à demi sorti du tombeau : les caractères ont la forme de l'écriture minuscule du xiv° siècle, écriture qui, vers 1360, devient l'écriture exclusive des inscriptions. Or, le tombeau, par l'ornementation, par les lignes de son architecture, par le style de ses sculptures, paraît appartenir à la belle école du xiii° siècle. Tout peut se concilier, si l'on juge comme nous qu'elle a été tracée après coup et à long intervalle de l'exécution du tombeau. Les autres cercueils figurés par le sculpteur sont sans inscription. Et ces mots sont gravés avec une mollesse et une incorrection qui contrastent étrangement avec la fermeté du reste de la sculpture. Encore quelques années, et cette écriture qui fait ici une apparition prématurée va, en se régularisant, s'emparer de presque tous les monuments épigraphiques jusqu'au xvı° siècle.

(139)

ISTE BREUIS LOCUL⁹ PATRŪ CAPIT OSSA DUOR
QUOS MOR TITUL⁹ AD CULMINA UEXIT HONOR
HOS DOM⁹ ARTIGIE PMOS HABUIT POSITORES
HII CAPUT ECCLĪE PMI Q FUERE PRIORES
HOS CAPUT YTALIE : UENECIA SE GENUISSE
IACTAT Z HUIC PATE FLET PIGNORA TANTA DE-
　　　　　　　　　　　　　　　　　　　[DISSE
ISTOR UOTIS PATRUI PRI⁹ JNDE NEPOTIS
CESSIT MONS HEREM⁹ HEC LOCA SOLA NEM⁹
HIC U LUSTᵃ FERIS FUERAT ET PASCUA BOB⁹
FACTA FUIT PATRIB⁹ NO GRANDIS CELLA DUOB⁹
HAC MARC⁹ CUI⁹ MARCESCERE GLIA NESCIT
SEBASTIAN⁹ A LEVA PARTE QUIESCIT

*Iste brevis loculus patrum capit ossa duorum*
*Quos morum titulus ad culmina vexit honorum.*
*Hos domus Artigiæ primos habuit positores;*
*Hi caput ecclesiæ primique fuere priores.*
*Hos caput Italiæ : Venecia se genuisse*
*Jactat et huic patriæ flet pignora tanta dedisse.*
*Istorum votis, patrui prius, inde nepotis*
*Cessit mons heremus; hæc loca sola nemus.*

*Hic ubi lustra feris fuerant et pascua bobus
Facta fuit patribus non grandis cella duobus
Hanc Marcus cujus marcessere gloria nescit.
Sebastianus à lœvâ parte quiescit.*

(*V.* pl. XVIII.)   Inédite.         A l'abbaye de l'Artige.

Au confluent de la Maude et de la Vienne, dans un site des plus remarquables, s'élèvent encore les bâtiments à demi ruinés de l'abbaye de l'Artige. Ce monastère fut construit en ce lieu sous Hélie de l'Hort (*de Horto*) sixième prieur, qui siégeait encore en 1196. Les religieux s'y transférèrent à la suite d'un meurtre commis dans l'enceinte de leur première abbaye, l'Artige-Vieille. C'est à peu près la date de la translation des reliques des deux fondateurs de cet ordre, les BB. Marc et Sébastien. Nous avons donné une notice sur cette famille monastique et sur son berceau dans le *Bulletin monumental*, VI, 15. A la gauche de l'autel, une arcade ogivale, supportée par des colonnettes à chapiteaux en crochets, est percée dans le mur. Elle enveloppe un sarcophage supporté par trois groupes de petites colonnes trapues. Il est couvert d'ornements en relief dont la forme accuse en effet le commencement du XIIIe siècle. Au-dessus est encastrée une pierre en calcaire sur laquelle se lisent les vers transcrits plus haut. Chaque ligne est coloriée alternativement en bleu et en rouge. Rien n'est plus poétique que la vie de ces deux nobles vénitiens, qui, guidés par leur goût pour les pèlerinages, vinrent fonder près du tombeau de saint Léonard l'ordre austère qui leur donna cette honorable sépulture.

Nous sommes décidément entrés dans le règne du gothique arrondi. Cette inscription dont nous donnons un *fac-simile* très-fidèle est un excellent type des caractères élégants de la troisième période.

(140)    F : GUILLEL⁹ : DE : LA . . .

(141)    F : GUILL : GUARRETE :

(142)    F : P : BRUNI

(143)    FR : HUGUO : HUGONIS

(144)    FR : P : DE : C . . . A

(145)    F : J DE SA . . . .

(146)    FR : R : PASDET.

(147)    F : P : DE SCO

(148)    FR : P : BRIDII : S :

(149)    REQUIEM : DES : DÑE : B : GERALDI

Inédites.                        A l'abbaye de l'Artige.

Ces dix inscriptions si courtes, en beaux caractères du XIIIᵉ siècle, sont gravées sur autant de pierres tumulaires de grandes dimensions, dans l'ancienne abbaye de l'Artige. Ce chef-lieu d'ordre, dont dépendirent jusqu'à quarante maisons, eut une courte existence. Bernard de Savène, en renonçant à l'évêché de Limoges pour embrasser la vie religieuse, lui communiqua une ferveur qui ne dépassa guère le XIIIᵉ siècle. Tous les religieux dont nous venons de relever les noms vivaient à cette époque.

(150)  DIEVS : GART :
LA : VILA : E : S :
MARSALS : LA :
GEN : EV : MVRS :
E : LAS : PORTALS :
E : MA DOMNA : S
TA : MARIA : GAR
THOS : AQEV : DE
MAINAIA̅. AM̅ :

Inédite.     Ms. Legros.

On lisait ces mots, gravés en grands caractères du xiii<sup>e</sup> siècle, au-dessus de la porte fortifiée de Manigne, sous une image de la sainte Vierge. Cette partie des fortifications de Limoges fut détruite en 1775; M. de Lépine recueillit alors cette inscription. On ignore ce qu'elle est devenue.

(151)

HIC JACET R DE ROPAE CANŌICUS. AIA ET G REQ.
I PACE.

Inédite.     Église d'Aymoutiers.

Une tombe longue de sept pieds est entourée de cette inscription. Au milieu, deux reliefs grossiers figurent un calice à large coupe et une main tenant un livre à fermoirs. Cette tombe a été trouvée en 1845, au nord de l'église d'Aymoutiers. Les caractères indiquent le xiii<sup>e</sup> siècle.

(152)

HIC : JACET : HELIAS : DAUM 1 Q :
MILES : TUMULATUS

Inédite.     Église de l'Esterps.

Cette inscription, en grands caractères du xiiie siècle, se lit sur une grande tombe en serpentine verte, sous le porche de l'abbaye de l'Esterps.

(153)

+ NOSTER SACRISTA, PETRUS PLANCS, DORMIT IN
[ISTA
FOSSA : PARCAT EI GRATIA SANCTA DEI.
HILARII FESTO VITAM FINIVIT HONESTO
FINE; PIUS, LÆTUS, GRATUS FUIT, ATQUE FACE-
[TUS.

Au prieuré de Saint-Martin, à Brives.

Cette inscription appartenait au xiiie siècle. Le pieux et joyeux sacristain qu'elle recommande n'a pas laissé d'autre trace de son souvenir.

(154)

HIC SITUS EST FR. G. DE. STŌ VALERICO
SUBVENIAT MATER CHRISTI PIETATIS AMICO
GRATIS, AMANS, HUMILIS, CHRISTI FLORES. JUVE-
[NILIS
OBTULIT ÆTATIS, SUSCEPTUS IN ORDINE GRATIS
IN MATUTINO MEDIO, PLACUIT QUOQUE TRINO,
AC UNI DOMINO, TEMPORE SEROTINO.
SIC UBI COMPLEVIT ANNOS TER IN ORDINE QUINOS
ET DECIES TRINOS, MORIENS IN PACE QUIEVIT

Inédite.                                 Nadaud.

Cette épitaphe prétentieuse se lisait aux Jacobins sur la tombe d'un prieur de cette maison.

(155)

+ CUR MALÈ VIVIS HOMO? SI SCIRES EXPERIMENTO
QUÆ MERCES JUSTO, QUÆ PÆNA PARATUR INIQUO,
CORRIGERES ACTUS, LACRYMIS DELENDO REATUS.
DET DEUS HELIÆ CÆLESTIA PASCUA VITÆ

Prieuré de Saint-Martin à Brives.

Les caractères de cette inscription accusaient le XIII<sup>e</sup> siècle. On ne sait rien du personnage si judicieusement recommandé aux prières des fidèles.

(156)

H JAÇET DNS GUILLS ' BAUDOINI '*Dominus Guillelmus.*

Inédite.                                  Cathédrale de Limoges.

Au niveau du pavé de l'église romane que devait remplacer la cathédrale gothique, était placée une tombe longue de six pieds. Elle a été trouvée dans des fouilles récentes. Un trait y figure un calice à large coupe, une patène et un livre. Au-dessous de ces emblèmes réservés aux chanoines qui servaient Dieu par l'offrande du saint sacrifice et par la récitation de l'office public, on voit une épée, un bourdon et une pannetière. Le pieux chanoine enseveli dans ce lieu avait donc fait le pèlerinage des saints lieux. Peut-être avait-il servi Dieu dans un ordre militaire consacré à leur défense. Nous avons assisté à l'ouverture de sa tombe. Sous la dalle étaient des terres mêlées d'ossements humains. Le tout recouvrait une sorte de caveau de même grandeur, formé de pierres plates. Le défunt y reposait les pieds à l'orient. Dans son crâne des infiltrations calcaires avaient formé

(XIVᵉ SIÈCLE.)  INSCRIPTIONS DU LIMOUSIN.  207

des stalactites longues d'un pouce. Aucun débris de vêtements ne s'est trouvé parmi ses cendres.

(157)

1301.

+ HIC : JACET : DOMINUS :
BARTHOLOMEVS : DE
PLATHEA : PRESBITER
QVI : OBIIT : DIE : FES
T(ivitatis) V(irginis) M(ariæ) ANNO DNI
M̊ CCC̊ ———
PORTALI DE CANALICIS
S. CIRIC⁹ ET S. JULITA MATER EI⁹ S. MC̄IAL S. BTHOL-
OMEVS S. AMANDVS.

(*V.* le frontispice.)   Inédite.   Église de Chénerailles.

Ces inscriptions se lisent sur un tombeau de l'église de Chénerailles. On nous permettra de transcrire la description que nous en avons donnée dans les *Annales archéologiques*. On y trouvera une preuve de l'utilité des inscriptions en apparence les plus insignifiantes.

Ce tombeau a trois pieds de hauteur sur une largeur d'un pied et demi.

L'église de Chénerailles (Creuse) forme un carré long partagé en quatre travées sans piliers. La porte, ouverte latéralement au nord, est décorée, suivant l'usage de l'architecture limousine, de voussures concentriques en retraite, supportées par de minces colonnettes coiffées de chapiteaux à crochets. Les nervures fines et légères de la voûte s'appuient sur des consoles à fûts grêles et tronqués. Chaque travée est percée d'une longue et étroite fenêtre plein-cintrée. Tous ces caractères bien positifs accusent en Limousin la seconde moitié du xiii siècle. Notons aussi que l'église est sous l'invocation de saint Barthélemi ; on va apprécier l'importance de ces renseignements.

Le tombeau est engagé dans la troisième travée du mur méridional, à 2 mètres environ du pavé. Il est taillé dans un seul bloc de calcaire. Un cadre d'architecture embrasse les personnages, hauts en moyenne de quinze à vingt centimètres. Entièrement détachés du fond, ils se distribuent, au nombre de vingt-sept, en trois scènes superposées. Nous suivons l'ordre logique en commençant par le haut relief inférieur.

Un prêtre, revêtu de ses ornements sacerdotaux, est couché sur un lit funéraire que décorent des arcades trilobées. Les mains sont jointes sur la poitrine. Sa tête sereine, mais endormie par la mort, repose sur un riche coussin. L'absoute, qui clôt la cérémonie des funérailles, vient de finir. Un clerc vient d'adresser comme un dernier adieu dans le chant du *Requiescat in pace*. L'assistance entière, prêtres et parents, défile pour jeter sur ce corps gardé par la religion l'eau qui purifie. Selon l'ordre du *Rituel*, l'officiant, vêtu de l'amict, de l'aube et de l'étole, marche en tête du funèbre cortége. Précédé par le sous-diacre portant la croix et le bénitier, il va tremper dans ce bénitier un aspersoir formé d'une petite gerbe d'épis. L'attitude du célébrant est grave ; sa douleur est contenue, comme il convient à l'homme qui a mission de prier sur les tombeaux et de consoler les survivants. Plus jeune, mais mûri par l'expérience de la douleur, le diacre qui le suit laisse lire sur ses traits une affliction plus vive. La tête s'incline comme si elle succombait sous le poids de son émotion. Deux jeunes clercs, faisant fonction d'acolytes et portant des chandeliers, les suivent. Ils se détournent pour regarder le mort; mais leur physionomie trahit moins l'attendrissement qu'une naïve curiosité. Enfants encore, ils sont plus étonnés qu'émus à la vue de ce spectacle lugubre. Entre eux, marchent deux femmes, probablement les sœurs du défunt. Vêtues avec la simplicité du deuil, le visage enveloppé par une sorte de guimpe, elles joignent douloureusement les mains et se retournent avec angoisse pour donner un dernier regard à celui que la tombe va désormais leur cacher. Enfin, aux pieds du défunt et comme appuyés l'un sur l'autre, un homme et une femme semblent étrangers à tout ce qui se passe à l'entour; ils paraissent ne lire que dans leur cœur. L'homme, vêtu d'une robe que recouvre un manteau à capuchon, laisse tomber sa tête sur sa main droite. Sa main gauche, cachée sous son manteau, semble presser son cœur comme pour en contenir les battements. Les mots nous manquent pour louer convenablement la grâce exquise, la variété d'expressions, la finesse de sentiments qui respirent sur toutes ces petites figures. Les hommes impartiaux reconnaîtront l'art ingénieux avec lequel est composée cette scène si difficile à rendre. Les draperies sont jetées avec une simplicité pleine de vérité, d'élégance et de goût. On notera la forme du bénitier, du goupillon, des vêtements sacerdotaux. Le défunt est couvert d'une longue et souple chasuble ronde, relevée sur les côtés pour livrer passage aux mains. L'étole et le manipule, longs et étroits, et le collet de la chasuble, sont semés de quatrefeuilles ou trèfles lancéolés. Tous ces détails si imperceptibles sont finement exécutés.

Au-dessus de cette scène, un gracieux petit ange déroule une large banderole sur laquelle on lit, en caractères du xiii° siècle et sculpté en relief :

+ HIC : JACET : DOMINUS :
BARTHOLOMEVS : DE
PLATHEA : PRESBITER :

L'inscription se termine, dans la partie inférieure, par ces mots (disposés sur trois lignes, comme la précédente, mais avec des blancs) qui nous font connaître la date du décès du défunt et l'âge du monument :

QVI : OBIIT : DIE :    : FES
T. (i) V$_0$ M $\stackrel{.}{_0}$ (Virginis Mariæ) ANNO : DNI :
· M° CCC :

Un fait curieux ressort de cette inscription si simple. L'église de Saint-Barthélemi de Chénerailles est un peu antérieure au décès de Barthélemi de la Place, arrivé en 1300; elle a le même patron. Ne sommes-nous pas fondés à conclure qu'il en fut le fondateur? Nous allons trouver la preuve de ce fait curieux dans le haut relief suivant. Onze figures y sont distribuées dans une composition pyramidale. La sainte Vierge en occupe le sommet. Vêtue d'une ample draperie, couronnée comme une reine, elle tient sur son bras gauche l'enfant Jésus qui la caresse et lui sourit. Un dais ouvragé abrite sa tête. Elle est debout sur un petit édifice percé d'une porte gothique. Nous y retrouvons, en miniature, les moulures, les colonnettes, toute l'ornementation de la porte de l'église de Chénerailles. Une inscription ne permet pas d'en douter; on y lit, en caractères remplis d'une pâte bleue et rouge : *Portali de Canalicis.* Dix marches conduisent à ce trône original. Saint Martial (S: MARCIAL:), vêtu d'un pluvial ou chape à capuchon, coiffé d'une mitre ornée, les gravit en agitant un encensoir. De l'autre côté, un petit ange tient un flambeau. Le martyre de saint Cyr et de sainte Julite, sa mère (S : CIRIC : ET : S : IVLITA : MATER : EI :), occupe la droite de la sainte Vierge. Remarquons, en passant, que le fait figuré ici diffère notablement du récit de la légende. Les mains gantées, vêtu d'une armure de mailles que recouvre en partie un surcot, et coiffé d'un casque simple, un bourreau vient de frapper saint Cyr. La tête est détachée du tronc. Sur ce jeune et gracieux visage, le froid de la mort lutte avec le calme de la céleste béatitude. Le corps s'affaisse sur lui-même ; déjà les mains, naguère élevées, viennent de retomber vers la terre. Sainte Julite, sa mère, attend le coup fatal dont va la frapper la longue épée d'un bourreau. Agenouillée, les mains jointes pour une dernière prière, pleine de calme, elle recule instinctivement sous le fer par un mouvement insensible. Dieu accueille ce double sacrifice, et sa main montre le ciel aux martyrs. Ce n'est pas en vain que coule ce sang précieux. Il est destiné à purifier le prêtre dont l'âme, rajeunie par l'immortalité, est présentée à Jésus porté par Marie. Agenouillé dans ce séjour de gloire, le défunt Barthélemi de la Place lève vers son juge un regard plein de confiance. Il s'abrite sous les vêtements de son sacerdoce, son meilleur titre à l'indulgence et au pardon. A sa droite, saint Barthélemi (S : BTOLOMEVS :), son patron, auquel il a consacré une église, le présente à Jésus et pose sur sa tête une main bienveillante et protectrice. Saint Aignan ( S : ANIANVS :), évêque, placé derrière, lui assure, par un geste éloquent, un appui semblable. Comment pourrait-il trembler? Le piédestal qui sert d'escabeau à Marie est formé de l'église même que Barthélemi de la Place éleva à son saint patron. Saint Martial, apôtre du diocèse de Limoges, en a gravi les marches. Une enfance divine tend à Barthélemi de la Place une main fraternelle et lui sourit entre les bras d'une mère couronnée. Dieu lui-même ratifie sa prière. La main divine sort d'un cadre de feuillages et le bénit. Habitué à symboliser la grandeur morale par la grandeur physique, le sculpteur du xiii<sup>e</sup> siècle a donné à la Vierge une hauteur de beaucoup supérieure à celle des autres personnages. Tous, bourreaux et saints, nous offrent, dans leur élégance exquise, les costumes civils, militaires et religieux du xiii<sup>e</sup> siècle. Les souples cottes de mailles, les mitres basses et légères, les chasubles et chapes de tous ces petits personnages sont à étudier par notre époque qui a perdu le sentiment de l'élégance alliée à la simplicité.

Deux consoles ornées de feuillage supportent un troisième relief. Jésus-Christ est attaché à la croix entre la sainte Vierge et saint Jean. La douleur de ces deux compagnons de la Passion contraste avec la douceur ineffable du demi-sourire de l'Homme-Dieu. Il accueille par ce tendre regard un soldat coiffé d'un casque et dont une main mutilée semblait porter un bouclier. De l'autre côté, un personnage à ample vêtement implore à genoux le Sauveur. Ils représentent le centurion Longin, qui perça le côté de Jésus-Christ avec sa lance, et l'un des juifs qui ouvrit son intelligence, comme l'aveugle Longin ses yeux, pour reconnaître le Sauveur et proclamer sa divinité. En faisant d'autres conjectures, on pourrait croire que Barthélemi de la Place, avant de se consacrer à

Dieu, a combattu du glaive et de la lance dans un ordre militaire. Le soldat, ce serait lui; il se recommanderait au Dieu dont le sang a lavé les péchés des hommes, de même que, prêtre, il se mettait naguère sous la protection du Dieu incarné. Peut-être faudrait-il prendre notre description au rebours et interpréter ce sujet en commençant par le haut : Barthélemi de la Place consacrant ses armes à Dieu, puis embrassant le sacerdoce, puis mourant. Tel serait l'ordre suivi par le sculpteur. Nous ne savons ce que figuraient les deux appendices mutilés placés sous les bras de la croix. Y faut-il voir deux ornements sans signification? Le soleil et la lune qui accompagnent la crucifixion se figurent toujours au-dessus des bras de la croix.

Quoi qu'il en soit, la variété d'expressions rendue avec tant de bonheur en ce petit monument le recommande à ceux qui ignorent ou dédaignent la sculpture gothique. Il faut avoir la main heureuse pour exprimer avec ce sentiment la douleur dans toutes ses nuances, les saintes joies du martyre, la confiance de la prière, l'amour maternel et filial. Je lis sur tous ces petits visages; leur émotion me gagne, et je me laisse attendrir avec eux. En revenant au paganisme, la renaissance coucha des cadavres savamment étudiés sur les cercueils. Les tombeaux ne furent plus que les succursales des salles d'anatomie; la correction avait tué l'expression.

(158)

1306.

HIC JACET DILECTUS
DEO ET HOĪN[9] [1] FRATER     [1] *Hominibus.*
PETRUS DE VILLA

SACERDOS DEVOTUS
ET PREDICATOR EGRE-
GI⁹. Q̄. OBIIT IN
FESTO B LUCE EVANḠ.
AN. DN̄I M̄. CCC VI

Inédite.          Nadaud.

Les jacobins avaient vraiment le culte des souvenirs. . Cette épitaphe se lisait aussi dans le cloître de leur monastère de Limoges, sur le mur du chapitre.

(159)

1311.

HIC JACET FRAT
GUIDO BASTRERII
SACERDOS ET PREDI
CATOR QUI OBIIT
AN. DN̄I. M. CCC XI
VIII KL. NOVEMBRIS.
IT. JACET HIC FRAT.
AY. DE AMBAZACO

Inédite.          Nadaud.

Dans le cloître des Jacobins, entre le chapitre et la chapelle de la Congrégation, se lisait l'épitaphe précédente.

(160)

1312.

FAMA, GENUS, MORES, QUID OPES PROSINT ET HO-
                                                          [NORES
ASPICE QUI MEMOR ES, FUGE LABENTES SUBITO RES :

ECCE SUB HAC CELLA SITUS EST PETRUS, PLANGE,
[CAPELLA.
OCCUBUIT STELLA TUA, MORTIS FLANTE PROCELLA;
PETRUM PETRA TEGIT : HEU! SUB PETRA MODO
[DEGIT,
QUI LEGES LEGIT, QUI TOT BONA SCRIPTA PEREGIT,
FOMES JUSTITIÆ, CASTUS, PIUS, ARCA SOPHIÆ,
ISTIUS ECCLESIÆ FUNDATOR HONORE MARIÆ,
CONSTANS ET LENIS, PARCUS SIBI, LARGUS EGENIS
HIC FUIT, INDIGENIS SUA PRÆBENS ET ALIENIS,
CONSILIUM REGIS, LEGUM PROFESSOR ET ÆQUI,
MULTIPLICISQUE GREGIS PASTOR FUIT ANCHORA
[LEGIS,
PRÆSES AGENNENSIS, LUX SEDIS PARISIENSIS,
CARCASSONNENSIS POSTHÆC ANTISTES ET ENSIS,
LAUDIBUS ANNOSA QUASI SOLE NOVO RADIOSA,
FIT MAGE FAMOSA TANTO PASTORE TOLOSA,
CUI FELIX OMEN DEDIT, AC A CARDINE NOMEN
URBS PRÆNESTINA, CECIDIT NECIS INDE RUINA;
ANNO MILLENO TERCENTO DUODENO
TRADITUS AD FUNUS, COLITUR CUM TRINUS ET
[UNUS,
PNEUMATIS OCTAVIS, OBITUS. . . . SITUABIS
PARCE SIBI, CHRISTE; MICHAEL, TU SANCTE, RE-
[SISTE
DOEMONIO; TRISTE BARATHRUM NE SENTIAT ISTE,
REX PIE, REX FORTIS, PIETAS TUA DULCIS A MOR-
[TIS
LIBERET A PORTIS HUNC PERPETUÆ PETO MORTIS.

Msc. Beaumesnil.

On lisait cette inscription, gravée sur une bande de cuivre en lettres remplies d'un émail rouge et bleu, autour du tombeau du cardinal de la Chapelle-Taillefer.

Beaumesnil a laissé un dessin de ce tombeau précieux ; il est conservé à la bibliothèque mazarine de Paris. La note suivante, très-peu connue, y est réunie :

« Ce tombeau, qui est un morceau de gothicité superbe tant par la richesse de la matière que par l'excellence du travail, est démonté pièce par pièce, et entassé dans l'alcôve d'un des chanoines. Il a resté longtemps dans un grenier, d'où on l'a tiré pour faire place à du blé qu'on a emmagasiné ; les morceaux frottent les uns contre les autres, et l'effigie du fondateur périclite, pendant que les chanoines mangent les revenus qu'il leur a fondés.

» Ce mausolée a sept pieds huit pouces de long sur trois pieds un pouce de large et deux pieds neuf pouces de haut ; sur lequel est couchée l'effigie du cardinal, en habits pontificaux, la tête sur un coussin, et les pieds appuyés sur un chien couché tout de son long sur le ventre. Aux quatre extrémités des coins, sont quatre trous écrouis, se mettent des pommettes à queues vissées, qui y restent continuellement, excepté les jours d'anniversaires, que l'on les ôtait pour mettre à leur place, du côté de la tête, un chapiteau ou catafalque fait en forme de dossier en relief, haut de trois pieds huit pouces, large d'autant, y comprenant les deux anges qui le portent.

» Le tout est de cuivre jaune assez épais, et tout de pièces de rapport. Le chapiteau ou dossier est tout d'une pièce ; du moins, tout tient ensemble par assemblages ou par rivures.

» La statue est tout d'une pièce jusqu'aux genouils, qui sont séparés des jambes et des pieds, qui ensemble font trois pièces ; les mains, avant-bras et le manipule, une autre; le chien, une autre, ainsi que le coussi, et la table une autre; la gorge renversée paraissant faire l'épaisseur de la tablette est de quatre pièces; c'est-à-dire que chaque face est d'une pièce; les quatre pommettes, quatre autres pièces; les quatre faces du corps de l'urne sont aussi d'une pièce chacune, et bien adaptées par des visses de cuivre, et arrêtées par des écrous de fer à une solide menuiserie de cœur de chêne, qui est en dedans, servant de châssis massifs, à chaque face, pour empêcher que rien ne se bosselle. La tablette est adaptée de même sur une semblable menuiserie. Quant au dernier socle, il est aussi de quatre pièces, savoir : une pièce pour chaque face, et adaptée de même, mais à un madrier. Tout cela ne laisse rien voir qu'une masse de cuivre, les joints étant parfaitement bien réunis.

» Cette urne était posée sur un socle de pierre, élevée de deux pieds et demi, et entourée d'une grille de fer à rinceaux gothiques, terminée par des pointes et tassettes de chandeliers pour y mettre des cierges en temps et lieu.

» Les pommettes sont de cuivre jaune tournées, et, dans leurs couleurs, elles représentent des espèces de cassolettes, ou plutôt de lampes à visse.

» Le coussin est aussi dans sa couleur de cuivre naturelle, mais ciselée en manière de broderie, avec des glands frangés aux quatre coins.

» De la figure, le corps de la mitre, le visage, les mains, les manches, le manteau ou chappe, l'aube, la robe, les bouts de jambe et les champs de pantoufles, tout cela est aussi de la couleur naturelle du cuivre. Mais les bordures de la mitre, ses lambrequins, le chaperon et sa bordure, la bordure du manteau, les bordures des passages des bras, le manipule, la ceinture et l'étole, ainsi que la bordure des pantoufles, sont émaillés et dorés d'or bruni, et chargés de chatons qui autrefois renfermaient des pierreries fines, telles que émeraudes, topazes, chalcédoines, crisolythes, bérils, sardoines, grenats, saphirs, rubis, turquoises, etc.; mais, disent les chanoines, aucuns diamants blancs. Cet émail est de fleurons en bleu et en rouge sur champ d'or poli. Ces fleurons sont en petits rinceaux courants et fort délicatements faits.

» Le bas des joues, les dessous du nez et le menton sont pointillés au ciselet pour imiter la barbe fraîchement rasée; ce n'est pas ce qu'il y a de mieux dans l'ouvrage, quoique le plus admiré par le plus grand nombre, mais qui n'est pas la saine partie des juges qu'on doit écouter.

» Quant au chaperon, il est totalement gravé et émaillé en échiquier de ses armes, qui sont d'or, burelées de gueules de huit pièces, couronnées d'une couronne de comte, et séparées par un autre blason d'or, à la fleur de lys d'azur. Ce blason a pour cimier son chapeau de cardinal.

» Sur le dos de ses mains, qui sont gantées, étaient deux grosses pierreries, une sur chaque main.

» Le bas de l'aube, bien ciselé en façon de dentelle.

» Le chien était et est aussi de la couleur naturelle de cuivre.

» La table de la tablette, aussi de sa couleur, mais bien polie.

» La gorge renversée de la tablette, et qui paraît former la couverture émaillée d'or, de bleu et de rouge, c'est-à-dire couverte de deux lignes de lettres gothiques sur fond d'or bruni ; les premières et principales lettres en bleu, et celles des restes des mots en rouge.

» Les quatre faces de l'urne sont en tout de la couleur naturelle de cuivre, sans aucuns émaux ni dorures. Les figures sont presque de relief, d'un pouce à un pouce et demi de saillie sur sept pouces de hauteur. Elles sont toutes dans des niches qui ont toutes un pouce huit lignes d'enfoncement, ornées à la gothique.

» Le chapiteau ou dossier est de même matière que tout le reste, et représente deux anges, tiers de nature, tenant chacun, d'une main, un manteau frangé au milieu duquel est le lit et l'effigie dudit cardinal, portés sur un poêle par un prélat, un magistrat ou un noble, un chanoine et un diacre, lesquels tiennent chacun un coin du drap mortuaire. Les deux anges ont chacun un pied appuyé sur des nuages qui terminent le bas, et le bras à demi tendu, disposé pour porter un chandelier à trois branches. Sous les nuages sont deux queues du même métal pour ficher dans les trous à la place des cassolettes : ces queues ne sont point vissées. Le tout est surmonté par deux écussons accotés : le premier d'or à la fleur de lys d'azur ; le second, burellé d'or et de gueules, une couronne de comte portant sur les deux écussons, et surchargé du chapeau de cardinal avec les cordons. Ce côté est celui qui est pour être du côté de l'effigie.

» Le chapeau, les nœuds, les anges, les plis pendants du manteau, la frange, la petite effigie, le poêle et les quatre porteurs dudit, les nuages et les deux queues ; tout cela est couleur du naturel du cuivre.

» La couronne garnie de pierreries est d'or bruni et d'émail.

» Les blasons, d'or et d'émail, et le petit champ, herminé d'émail blanc herminé de sable.

» L'envers de ce chapiteau est le dos des anges; et la chappe du manteau gravée en échiquier des mêmes armes, comme au chaperon, et laisse voir par le haut une large partie de l'hermine émaillée, et les armes à contre-pied de l'autre, c'est-à-dire que le burelé qui est au premier, et la fleur de lys au second, émaillée comme les autres; pour celles d'au-dessous en échiquier, elles sont simplement gravées, et non émaillées.

» Les chandeliers sont de leur nature de cuivre, et les deux du pied ont des queues vissées comme les cassolettes.

» Les chanoines disent que, dans les guerres de la religion, les protestants pillèrent l'église de la Chapelle-Taillefer, et enlevèrent les pierreries qui décoraient cette image. »

On ignore le sort qu'a eu ce tombeau remarquable.

(161)

1322.

HIC JACET MAGISTER
STEPHUS MALEU. PRE
BITER ET CANONICUS
HUI⁹U ECCLIE QI. ¹ VIVAT        ¹ *Hujus ecclesie qui.*
IN XPO. ET : EI⁹ ¹ ANIMA        ¹ *Christo et ejus.*
REQUIESCAT IN PACE. AM         *Amen.*
QI OBIIT : V : YD⁹. ¹ JULII :        ¹ *V. idus.*
ANO : DNI : M : CCC : XXIJ :

(*V.* pl. XX.)     Inédite.     Cabinet de M. Muret de Pagnac.

Etienne Maleu, prêtre et chanoine de l'église de Saint-

(XIVᵉ SIÈCLE.) INSCRIPTIONS DU LIMOUSIN. 221

Junien, mort à l'âge de quarante ans, a laissé une chronique de son église, riche de faits intéressants pour l'histoire locale. Il y eut toujours des antiquaires, même au xivᵉ siècle, et Maleu ne fut pas un des moins recommandables. Dans un prologue qui n'est pas sans élégance, il nous fait connaître les sources auxquelles il a puisé. Par leur transcription, il a voulu déposer dans le livre d'un perpétuel souvenir les faits qu'oublie trop souvent la fragile humanité. Il a recueilli le témoignage des hommes dignes de foi, les lettres authentiques et les chroniques anciennes; il a mis à contribution les livres de l'église de Saint-Junien, ceux de la cathédrale de Limoges et de l'évêque Raynaud; il a exploré les archives des monastères de Saint-Martial, de Saint-Martin et de Saint-Augustin de Limoges; enfin, les inscriptions tracées sur la pierre, dans les lieux remarquables, ont été transcrites par lui, afin que celui qui voudra les lire ou en prendre connaissance, malgré leur ancienneté, les trouve modernes pour l'agréable récréation de son esprit (*in prolog.*, p. 8). Cette chronique, restée inédite jusqu'à nos jours, vient d'être publiée avec autant de conscience que de succès par notre ami l'abbé Arbellot.

(162)

1325.

QUI LEGIS ISTA, SCIAS, GALLERI, JUST⁹ HELIAS
MORIB⁹ ORNAT⁹ HIC PROH DOLOR EST TUMULAT⁹
PRUDENS, FACUND⁹, CUI DEEST PIETATE SECUNDUS.
IMPIA MORS, CUJUS MORSU CLAUDITUR HUI⁹
VITA PLACENS, HUMILIS HIC PASTOR EGENTIS OVILIS
FLENS TRISTI MORTE, DEUS HUIC PI⁹ ESTO PRECOR
[TE.

SIS SIBI P̄PITIA[1], VITÆ VIA, VIRGO MARIA. AMEN.
POST AÑOS MILLE TER CEÑT SEX QT̄ER [2], ILLE
TRADITUR AD FUNUS. ANŪS SED DEMITUR UNUS
TERCIA LUX ORITUR POSTQUĀ SACRA CRUX REPĪT⁹ [3]

[1] *Propitia.*     [2] *Quater.*     [3] *Reperitur.*

Inédite.        Nadaud.

Ce souvenir d'un curé de la paroisse de Saint-Pierre du Queyroix de Limoges était gravé sur une pierre calcaire incrustée dans le mur collatéral, près de la chapelle Saint-Jacques. On y voyait aussi les armes du défunt formées d'un *champ plein de vairs*. Nous n'avons pas besoin de rappeler que les signes en forme de 9 qui terminent la plupart des mots remplacent le plus souvent une terminaison en *us* et quelquefois une terminaison en *is*. Au dernier mot ce signe tient lieu de la syllabe *ur*.

(163)

1323.

HIC JACET DN̄US HELIAS DE CAMPANIS CA-
[NONIC⁹ LEMOV̄. AC
CAPELLAN⁹ DE ANNEXONIO QUI
OBIIT NONAS OCTOBRIS AN
NO DN̄I M. CCC XXIII AĪA
EI⁹ REQUIESCAT IN PACE. AMEN.

Inédite.

Ce chapelain ou curé de Nexon est enseveli dans la chapelle de la cathédrale de Limoges consacrée autrefois sous l'invocation de saint Jean-Baptiste. Cette épitaphe était incrustée dans le mur vis-à-vis l'autel.

(164)

1524.

HIC : JACET : MAGISTER :
ALEXANDER : QUONDAM
VICARI⁹ : HUI⁹ : ECCLIE : QI :   *Ecclesiæ qui.*
OBIIT : II : NONAS : DECEM
BRIS : ANNO : DNI : M : CCC : XX.
QUARTO.

Inédite.                           Cathédrale de Limoges.

Des fouilles opérées, au mois de mars 1850, dans la nef inachevée de la cathédrale de Limoges, avaient pour but de faire connaître l'état des fondations. Elles ont mis au jour des sépultures nombreuses : celle de maître Alexandre, vicaire, rapportée ici ; la tombe de Guillaume Baudoin, inscrite plus haut sous le n° 156, avaient seules des inscriptions. Les caractères de la première sont assez semblables à ceux de l'épitaphe de Maleu, décédé deux ans auparavant. Seulement les T ont perdu le trait délié qui rattachait leur courbure inférieure à la barre ondulée du sommet.

(165)

1524.

HIC JACET B. DE NOVA VILLA QUONDAM VICARIUS IN ECCLESIĀ LEMOVICENSI, QUI OBIIT XVI KALENDAS AUGUSTI ANNO DOMINI M CCC QUARTO.

Inédite.                           Legros.

La place de l'Evêcau ou du cloître de la cathédrale de Limoges fut fouillée en 1774, à l'occasion des travaux du palais épiscopal. Les fouilles firent découvrir cette tombe d'un vicaire de la cathédrale. Elle a été employée dans le pavé de l'église. Les pas des fidèles rendent aujourd'hui l'inscription à peu près illisible.

(166)

1330.

VIR DEVOT[9] ANIMO SUP ETHA TOTUS.
LAIACES DICT[9]. MORTIS CERTAMIĒ VICT[9].
HIC VOLUIT PONI. PATRUO COĪUCT[9] HUGŌI.
MORIB[9] ⁊ VITA SUCCENTOR HIC ATQ; LEVITA.
FULSIT. ⁊ EXĒPLIS. PPLO DANS DOCMATA TĒPLI.
POST ANNOS MILLE. TER. C. TER. ⁊ X. OBIIT ILLE.
ET FUIT AUGUSTI POSIT[9] SUB TEGMĪE BUSTI.
LUCE BIS. X. J. Q;. SIBI QCQUID FECIT INIQ;.
PARCE JHŪ. MORE QUĒ CORDE GEREBAT ⁊ ORE
CŪ SUPIS ET EI CŌCEDE LOCŪ REQUIEI AMĒ.

*Vir devotus animo super ethera totus,*
*Laiaces dictus, mortis certamine victus,*
*Hic voluit poni, patruo conjonctus Hugoni;*
*Moribus et vita succentor hic atque levita,*
*Fulsit et exemplis populo dans dogmata templi.*
*Post annos mille ter centum ter et decem obit ille*
*Et fuit augusti positus sub tegmine busti,*
*Luce bis undecima (que ou quarta) sibi quidquit fecit iniquum*
*Parce Jesu, more quem corde gerebat et ore*
*Cum superis et ei concede locum requiei. Amen.*

(*V*. pl. XXII.)     Inédite.     Cathédrale de Limoges.

Le sous-chantre dont cette pierre garde la mémoire n'est pas autrement connu. Son épitaphe, gravée sur une pierre calcaire, a treize pouces de largeur sur dix pouces de hauteur. Les lignes sont alternativement peintes en bleu et en rouge. Cette inscription nous fournit le plus ancien exemple de l'écriture de la quatrième époque ou gothique carré. Le système s'y trouve formulé tout entier. Pour cette raison on voudra bien donner une grande attention à notre planche. On y trouvera l'alphabet de cet âge avec ses majuscules conventionnelles, ses S de deux formes, à panse droite et à panse brisée. Les abréviations sont indiquées par un trait horizontal ou par un crochet pénétrant dans les hastes des lettres débordant la ligne générale. Nous avons placé à dessein sur la même planche une inscription moins ancienne. On remarquera que tout en employant la minuscule, qui est le type du gothique carré, cette dernière a retenu les majuscules de l'âge précédent. Ici, au contraire, les majuscules conventionnelles nées du gothique carré sont présentes. On pourrait donc croire sans invraisemblance que cette inscription est postérieure à la date qu'elle exprime. Avant 1360, nous ne trouvons qu'une autre inscription où cette écriture soit employée : c'est celle du cardinal de Mortemar, inscrite ci-dessous sous le n° 163.

Quelques personnes ont trouvé difficile l'interprétation du mot *bustum*, et du vers qu'il termine : *Et fuit augusti positus sub tegmine busti*. Nous croyons qu'on a voulu dire que Lajaces fut enseveli dans le tombeau de son oncle Hugon. Un peu plus haut, l'épitaphe dit expressément qu'il voulut lui être réuni : *Hic voluit poni patruo conjunctus Hugoni*. Le sens du mot *bustum* n'est pas douteux. Nous citerions vingt textes où il sert à désigner un tombeau :

*Continet hoc bustum Gobertum fronte Venustum,*
*Corpore robustum, morum moderamine justum.*

Voyage littér. de deux Bénédict., II, 42.

*Sub claro titulo creditus est tumulo*
*Ordine post justo translatus ab hospite busto,*
*Hæc tumba propriæ clauditur ecclesia.*

Id., ib., 300.

Un auteur du Limousin donne à ce mot la même signification. *Apud Chambaret cernitur bustum Dulcissimi quem præsulem Agenni sanctæ Fidis acta fuisse declarant.* (Gaufr. Vos. ap. Labbe, II, 286.)

(167)

1331.

SUB HOC HUMILI LOCO JACET FRATER BERNARDUS GUIDONIS, ORDINIS FRATRUM-PRÆDICATORUM, POST NONNULLAS PER ITALIAM, GALLIAM ET FLANDRIAM LEGATIONES APOSTOLICAS, PRIMUM TUDENDIS IN GALLÆCIA, DEINDÈ LODOVENCIS EPISCOPUS IN GALLIA NARBONNENSI : QUI ANIMAM CÆLO REDDIDIT ANNO SALUTIS M. CCC. XXXI DIE DECEMBRIS. REQUIESCAT IN PACE. AMEN.

Bernard de la Guionie, dont cette épitaphe modeste consacre le souvenir, fut inhumé aux Jacobins de Limoges. Sa science et sa piété l'appelèrent aux plus hautes charges de l'Eglise. Il a laissé des écrits intéressants sur l'histoire du diocèse de Limoges. Labbe les a publiés dans sa *Nova Bibliotheca manuscript. librorum.* Ils consistent dans : 1° une *Vie des saints du Limousin*, I, 629; 2° *Noms et gestes des évêques de Limoges*, II, 265 ; 3° **Histoire** *des ordres de Grandmont et de l'Artige et du monastère de Saint-Augustin de Limoges*, ii, 275; *Épîtres diverses*, ii, 513. On trouvera une *Vie de Bernard de la Guionie* dans le même recueil, ii, 820. Elle contient une énumération assez complète de ses ouvrages.

(168)

1335.

HIC JACET RE̅ᵐ⁹ IN XPO PR̅ ET DN̅S . . . . . ETR⁹
P̅FULGID⁹ SIEN MORIB⁹ SCTITE DEC . . AT⁹ QUI
FUIT EP̅S AUTICODOREC̅S ET VIVARIENS
AC SACRO SCE ROM̅E ECC̅IE P̅SBIT CARDIA̅L
ORDIA̅T⁹ QUI DE MORTUOMARI SUAM ORIGIE̅
TX̅IT ET IN PNTI LO . . . . . . UT NAT⁹ EST
SEPUL . . . . . . . . . . . . S FU̅DAVIT S
. . . . . . . . . . . . . . . . CES ET CAR
. . . . . . . . . . . . . . . . TALE AD RE
. . . . . . . . . . . . . . . . RUM; PUER-
. . . . . . . . . . . . . . . . IN DIE VNIS
. . . . . . . . . . . . . . . . ORA NONA
. . . . . . . . . . . . . . . . XX° V°

Inédite.  A Mortemar.

Une transcription opérée en temps utile nous permet de restituer cette inscription tout entière.

HIC JACET REVERENDISSIMUS IN CHRISTO PATER ET DOMINUS DOMINUS PETRUS, PRÆFULGIDUS SCIENTIA, MORIBUS ET SANCTITATE DECORATUS, QUI FUIT EPISCOPUS AUTISSIODORENSIS ET VIVARIENSIS, AC SACROSANCTÆ ROMANÆ ECCLESIÆ PRESBITER CARDINALIS ORDINATUS; QUI DE MORTUOMARI SUAM ORIGINEM TRAXIT, ET IN PRÆSENTI LOCO

UBI FUIT NATUS, EST SEPULTUS. IN QUO LOCO TRES ORDINES FUNDAVIT SCILICET CARTUSIENSES, AUGUSTINENSES ET CARMELITAS, ET UNUM HOSPITALE AD RECIPIENDOS PAUPERES, ET CERTUM NUMERUM PUERORUM INSTRUI ORDINAVIT; ET OBIIT IN DIE VENERIS SANCTA XVIIJ MENSIS APRILIS, HORA NONA, ANNO DOMINI MCCC° XXXV°.

Les auteurs ne sont pas d'accord sur le nom de famille du célèbre personnage dont cette épitaphe garde le souvenir. Selon le P. Bonaventure de St-Amable, il était de l'illustre famille de Rochechouart-Mortemar. S'il faut s'en rapporter à l'abbé Lebeuf, qui puise ses renseignements dans un auteur presque contemporain, il était d'une famille médiocre; son véritable nom était Pierre Gouin, qu'il latinisa en celui de *Galuani* ou *Govani*. Son père était un simple habitant du village de Mortemar, et ce fut par le nom du lieu de sa naissance qu'il se fit connaître plus communément. Lebeuf ajoute que sa mère était de la même province, mais d'une origine plus illustre que le père, puisqu'elle était issue de la noble famille de Baignac, entre Bellac et Saint-Bonnet. Ce dernier fait semble ne pas confirmer ce que dit cet auteur de l'obscurité de sa condition. (Cs. Bonav., III, 585 et 622; et Lebeuf, *Hist. des évêq. d'Auxerre*, I, 501, édit. Quantin.)

Si le nom du cardinal Pierre est douteux, ses bienfaits sont incontestables; la fondation de trois grands monastères, l'établissement d'un hôpital et d'un collége où douze écoliers pauvres devaient être gratuitement élevés et nourris, sont autant de titres durables à la reconnaissance de la postérité. Le bourg de Mortemar malheureusement n'a pas eu assez d'importance pour faire preuve de reconnaissance. L'ancienne église paroissiale, dédiée à saint Hilaire, et qu'on conjecture avoir appartenu à la chartreuse, est en ruines; la porte principale est seule encore debout. Le grand couvent des Carmes abrite une brigade de gendarmerie; faute d'entretien et d'emploi, il tombe en ruines; l'église des Augustins est devenue l'église paroissiale; une petite partie du couvent est transformée en presbytère. Quant à la tombe élégante et *relevée de terre* du bienfaiteur de ces lieux, elle a péri avec l'église qui l'abritait. La disposition de cet édifice était fort curieuse. Cette église, nommée le Moûtier, reliait les deux églises des Augustins et des Carmes, bâties parallèlement l'une à côté de l'autre. Le Moûtier, où était enseveli le cardinal, allait d'un sanctuaire à l'autre. Vivant, Pierre de Mortemar pouvait ainsi assister en même temps aux prières des deux communautés qu'il avait fondées. Après sa mort, les voix des religieux des deux ordres se réunissaient sur sa tombe.

L'épitaphe que nous rapportons, inscrite sur une pierre calcaire, était brisée et servait de dalle dans le grenier d'une maison du bourg. Tous les fragments n'ont pu être retrouvés. Nous devons ce qui a été sauvé à M. de Béon. Il a bien voulu l'accorder à notre demande. En 1820, tombeau et épitaphe, tout était en place; une transcription faite alors s'est trouvée d'une entière exactitude et nous permet de restituer les lacunes en toute assurance. Cette épitaphe prouve, contre le doute émis par Lebeuf, que le cardinal était bien fondateur des maisons religieuses qu'on lui attribue. D'autres témoignages non moins positifs et très-nombreux rendent cette assertion incontestable. Nous regrettons que, pour se donner gain de cause, Lebeuf ait mutilé cette inscription. Nous recommandons cette rectification historique à ses savants éditeurs, MM. Challe et Quantin.

Mortemar, situé au pied des montagnes, occupe une plaine marécageuse qui doit son nom à cette circonstance (*Mortuum mare*); Mortemer, dans une foule de titres.

Les caractères, beaux et réguliers, appartiennent exceptionnellement au gothique carré.

(169)

HIC JACET AYMERICUS DE MOTHA CUONDAM PRIOR
ARTIGIE, CUJUS ANIMA REQUIESCAT IN PACE. AMEN.
OBIIT III ID. DECEMB. ANNO DNI MCCC XLVII.

Inédite.                     A l'Artige.

Ces simples mots, gravés sur une tombe dans la chapelle de la Vierge, aujourd'hui de Saint-Laurent, au monastère de l'Artige, indiquent la sépulture du quatorzième prieur. Il tint un chapitre général et prolongea la durée de cet ordre rigoureux que la commende devait faire périr.

(170)

1341.

HUJUS CANONICI SEDIS, PIETATIS AMICI
TE DIRE ÆDRONAY MISERERE PRECOR NICHOLAY
DE PODIS DICTI FULCONIS, JAM NECE VICTI.
PRUDENS, DISCRETUS, HUMILIS, FUIT IPSE QUIETUS,
ILLUSTRI NATUS DE SANGUINE, VIR MODERATUS,
PLURIBUS ORNATUS TITULIS, BENE MORIGERATUS.
HIC DE CHANSACO, TUMULO NUNC CLAUSUS OPERCO,

ECCLESIÆ RECTOR FUERAT, JUVET HUNC PRECE
[LECTOR.
MULTIS PROVIDIT, FAMULARI QUOS SIBI VIDIT,
QUI SIBI SIC VIVIT. SINE MUNERE NEMO REDIVIT
O NICHOLAE! BONÆ MORTIS PROSTRARIS AGONE,
QUI DUM VIVEBAS MENDICOS SEPELIEBAS
EX PRECIBUS QUORUM TENEAS REGNUM SUPERORUM.
O CHRIST; SANCTIS SOCIETUR UT USTE
VISO MARIS STELLA, SILA CORAM MEMBRA CA-
[NILLA (sic)
IN MODICA SILLA FAC NON SENTIRE FLAGELLA,
ALTIS ET SUPER ASTRIS QUIESCAT ET ISTE.
ANNO MILLENO TER CENTUM, TER QUATUOR DENO
TRADITUR AD FUNUS, ANNUS SED TOLLITUR UNUS.
MAGDALENÆ QUE DIE SITUS JAM ABFUIT ISTE
. . . . . . . . . . . . . . . . .
CURIAS EORUM MEMOR ESTO SUIQUE SUORUM.

    Inédite.                      Nadaud.

Nicolas de Puy-Faucon, chanoine de Limoges et curé de Chansac, était enseveli dans la chapelle de Saint-Jean-Baptiste de la cathédrale de Limoges. Cette inscription se lisait sur un pilier à la gauche de l'entrée.

(171)

1350.

HIC : JAGET : BONE : MEMORIE : DÑUS : RAIMON-
DUS : DE : STO : CRISPINO : DECAN$^{9\ 1}$ : EC(clesie Sti
Sthephani qui) OBIIT : XII : KL : OCTOBRIS : ANNO :
DNI : M : CCC : QINQAGESIMO : AIA EI$^9$ : REQIES-
CAT : IN : PACE : AMEN :

    [1] *Decanus.*

    Inédite.                   Cathédrale de Limoges.

Cette inscription, en caractères du xiii<sup>e</sup> siècle, ou plutôt de la troisième époque, fait le tour d'une grande dalle de granit, haute de six à sept pieds, placée dans une chapelle inachevée de la nef de la cathédrale de Limoges. Un trait énergique et spirituel entaillé sur la pierre représente, dans des proportions plus grandes que nature, un prêtre revêtu des ornements sacerdotaux et couvert de l'aumusse. Par une inconséquence assez commune, ses pieds se montrent debout sur un pavé en perspective, et cependant sa tête repose sur un coussin; ses yeux sont fermés par la mort. A cette inconséquence près, on louera la sagesse d'un dessin si énergique dans sa simplicité.

Le doyen Raimond de Saint-Crépin, dont cette dalle déplacée recouvrait la sépulture, paraît en cette qualité dans un acte de 1342. Sans l'autorisation du chapitre de Saint-Etienne, dont dépendait l'église de Rosiers, les consuls de Masléon, village de cette paroisse, ayant bâti une église et l'ayant dotée d'un chapelain, furent condamnés à une amende considérable. Une dernière transaction, signée de Raimond de Saint-Crépin, autorisa l'exercice du culte dans leur église, en maintenant les droits du curé de Rosiers.

(172)

1350.

. HELIAS CORALLI REQUIES, PERPETUUMQUE DIES
. . . . . . CANTOR LEMOVIC. FUIT HIC.
. . . . . MUNIFICUS, VAS MORUM, PACIS AMICUS
. . . . . . OBIIT VII IDUS FEBRUARII M CCC L

Un Hélie Coralli, chanoine de la cathédrale de Limoges,

termina, en 1271, un différend survenu entre cette église et le monastère de Saint-Martial. Le défunt, dont nous enregistrons l'épitaphe, conservée autrefois aux Jacobins, serait-il le même que cet Hélie Coralli, à quatre-vingts ans d'intervalle? Ce serait un exemple de longévité bien remarquable.

(173)

ME ECCLĒ LEM.[1] RECTORES EDIFICII DICTE ECCLESIE
 FECERUNT FIERI
EO QUINTO GALTERUS LO PINTIER ME FEC.

[1] *Ecclesiæ lemovicensis.*

Inédite.             Legros.

Un aigle en bronze servait, avant 1790, de pupitre de chœur dans l'église cathédrale de Limoges. C'est dans le bec de cet aigle que l'aquilaire ou chanoine hebdomadier déposait le billet contenant les nominations aux postes qui venaient à vaquer pendant sa semaine, et auxquels il pouvait pourvoir en vertu de sa charge. On répète à Limoges une curieuse anecdote à laquelle cet usage donna lieu en 1790; mais elle n'est pas digne de la gravité de ce recueil. Gautier le pintier, c'est-à-dire le fabricant de vases d'étain et de plomb, était donc un artiste comme tous les ouvriers de son temps. La corporation des pintiers était nombreuse à Limoges; M. Leymarie a publié ses statuts; le texte original est aux archives de la mairie de Limoges.

(174)

CAPSA PRESENTI NICII SUNT OSSA BEATI
CONFESSORIS DISCIPULI QUOQUE MARQUETIALIS,

QUAM FABREFECIT FRATER MARCUS DE BRIDERIO
ANNO MILLENO, BIS CENTUM, BIS OCTUAGENO.

Ces vers se lisaient sur une châsse d'argent de l'abbaye de Saint-Martial. Le frère Marc de Bridier était, au xiv<sup>e</sup> siècle, sacristain de cette abbaye.

## QUATRIÈME ÉPOQUE. — GOTHIQUE CARRÉ.

De 1360 à 1540.

Pendant la troisième époque, on voudra bien se le rappeler, les capitales gothiques des manuscrits ont été employées exclusivement dans les inscriptions. Nous n'avons trouvé que deux exceptions à cette loi, les tombes de Lajaces (1330), du cardinal de Mortemar (1335). A dater de 1360, la majuscule est remplacée par la minuscule des manuscrits et réduite à son rang de capitale; on voit la majuscule ainsi employée dans un grand nombre d'inscriptions, et notamment dans la fondation de Cramaud à Biennac (pl. XXIV). Souvent même elle disparaît entièrement. Une majuscule carrée et aiguë sort de la minuscule et l'accompagne : la tombe du chanoine Lajaces nous en offre un exemple (pl. XXII).

Le gothique carré des inscriptions n'est donc autre chose que la minuscule des manuscrits. Il est bon de remarquer toutefois qu'il prend dans les inscriptions une fermeté, une précision arrêtée et aiguë, commandées par son usage monumental. Cette écriture n'est pas sans de graves inconvénients. Si elle permettait aux écrivains d'allonger les textes, grâce à ses lignes perpendiculaires constamment dépourvues de boucles et de contours, en revanche les I, les N, les M, les A et les U ne se distinguent pas assez les uns des autres, et rendent souvent difficile la lecture des textes.

Après la première moitié du xv° siècle, le gothique carré des inscriptions prend un caractère qui peut servir utilement à assigner son âge : les extrémités des lettres s'épanouissent en fer de lance.

(175)

1362.

HIC JACET MARTIALIS JULIANI DE TAULIS
QUI OBIIT DIE XIII AUGUSTI ANNO DOMINI M CCC
LXII° ET LEGAVIT ISTI CONVENTUI
VIGINTI SEXTARIOS FRUMENTI . . . . . . HAS DE
CALVARI PRO CELEBRANDO QUOLIBET
DIE PERPETUO UNAM MISSAM, ET QUINQUAGINTA
SOLIDOS ANNUATIM, PRO FACIENDO
ANNIVERSARIO DUORUM QUONDAM PATRIS, MATRIS
ET FRATRUM SUORUM ET SUUM
PRÆTEREA ANNUATIM IN D$\overline{\text{C}}$O CONVENTU. ANIMA
EJUS REQUIESCAT IN PACE. AMEN.

Inédite.        Legros.

Ce souvenir de fondations pieuses faites par un homme généreux se lisait près de la porte intérieure de l'église des Cordeliers de Limoges.

(176)

Vers 1362.

. . US DE POMPADOUR : PREPOSITUS : SECULARIS :
ECCLESIE : AHENTENSIS : MONASTERII : ET CANONI-
CUS . . . . . . M CCC . . . . AIA EI$^9$ . . .

Inédite.        Cathédrale de Limoges.

Dans une chapelle du chevet de la cathédrale de Limoges, une dalle gravée avec une rare élégance figure un chanoine revêtu de l'aumusse. L'inscription, en partie effacée par les pas des fidèles, laisse lire le fragment que nous rapportons. Il n'est pas difficile de le compléter.

Dans la liste des prévôts d'Aymoutiers figure un Ramnulphe de Pompadour, qui testa le 26 juin 1362. Les armes de Pompadour, d'azur à trois tours d'argent, se voient aux vitres de la chapelle qui garde cette sépulture. Le chanoine Ramnulphe fut donc le fondateur de cette partie de l'édifice. Ses bienfaits lui donnèrent une place en ce lieu. Il y a donc une haute injustice à troubler l'ordre des anciennes sépultures. Presque toujours c'est la violation d'un contrat où un passé généreux engageait l'avenir par des sacrifices considérables.

1363.

(177)
I. DA
VIRA
V. CH
ARPE
NTIE
R ME
FEIS
FA
LAN
MIAL
CCC
LXIII

Inédite. Legros.

Sur la place des Jacobins de Limoges, une croix élégante élevait, au milieu de tombes de tous les âges, ses rameaux épanouis. Une tige de fer supportait une ornementation et des figures en plomb, riches par le travail et rehaussées de dorure : c'était le don du charpentier Davirau, comme le constate l'inscription que nous publions. Ces quelques mots, pleins de simplicité, s'y lisaient entre une coquille et une hache. La coquille était l'attribut de la confrérie de Saint-Jacques, à laquelle était affilié le donateur ; la hache indiquait sa profession. Temps heureux où un simple ouvrier savait faire au public des dons si heureux et si profitables ! Nous n'avons pas besoin d'avertir que cette inscription est en langue romane.

(178)

1364.

+ HIC JACET BONÆ MEMORIÆ, REVERENDISSIMUS IN CHRISTO PATER ET DOMINUS, DOMINUS GUILLELMUS DE AGRIFOLIO, SENIOR ORIUNDUS DE LOCO DE FONTE, DIŒCESIS LEMOVICENSIS, QUI IN SUA PRIMÆVA JUVENTUTE, IN MONASTERIO BELLILOCI, EJUSDEM ORDINIS, FECIT ORDINEM MONACHALEM. ALIIS HONORIBUS BENEFICIATUS, VOCATUSQUE PRIMO AD SERVITIUM DOMINI CLEMENTIS PAPÆ SEXTI, TUNC ROMANÆ CURIÆ PRÆSIDENTIS, PER EUM PRIMO FACTUS EXTITIT SEDIS APOSTOLICÆ PROTONOTARIUS ; ET DEMUM AD ECCLESIAM ARCHIEPISCOPALEM CÆSARAUGUSTANAM PROMOTUS, QUI DEMUM IPSUM IN SANCTÆ ROMANÆ ECCLESIÆ PRESBYTERUM CARDINALEM ORDINAVIT, TANDEM VERO PER DOMINUM URBANUM PAPAM QUINTUM PROMOTUS FUIT ET CONSECRATUS IN EPISCOPUM SABINENSEM, IN URBE ROMANA. VITAM QUAM POSTREMO PROUT DOMINO PLACUIT, FINIVIT IN CIVITATE VITERBIENSI UBI TUM TEMPORE DICTI DOMINI URBANI ROMANA CURIA RESIDEBAT. DE QUA TANDEM CORPUS SUUM TRANSLATUM EXTITIT AD MONASTERIUM ISTUD, IN QUO, MOTUS DEVOTIONE SINGULARI QUAM HABEBAT AD BEATUM MARTIALEM APOSTOLUM PATRO-

NUM IPSIUS, PLENUS SANITATE, ET VITA FUNGENS. SUAM PERPETUAM ELEGERAT SEPULTTRAM. OBIIT AUTEM ANNO DOMINI 1364° DIE III° MENSIS OCTOBRIS. ORATE DEUM PRO ANIMA IPSIUS, OMNES HUC CONVENIENTES, SUUM TUMULUM INSPECTURI.

Inédite.                                     Nadaud.

Dans l'église de Saint-Martial, près la chapelle de Saint-Eutrope, un beau tombeau relevé de terre gardait la cendre du cardinal de Sarragosse, Guillaume d'Aigrefeuille ou d'Arfeuille. Cette inscription se lisait sur une plaque de cuivre doré. Elle présentait des abréviations nombreuses qui en rendaient la lecture assez difficile. On pourra s'en faire une idée en étudiant ci-dessous la fondation due au cardinal Cramaud (pl. XXIV). Cette épitaphe, comme celle du cardinal de Mortemar (ci-dessus, à l'année 1335), comme toutes celles des cardinaux limousins, semble rédigée sur un type dont la cour pontificale avait dû fournir le modèle. Plus de prétentions à la poésie; l'histoire simple et une prose correcte suffisent. On peut consulter sur ce cardinal Nadaud et Legros, édités dans une réimpression récente. Nous n'avons pas besoin d'avertir que l'orthographe est rétablie.

(179)

1565.

HEL. AMIELH DE LA PORTA ME FEYS FAR
L'AN M CCC LXV.

Inédite.                                     Legros.

Le buste en argent de saint Aurélien, tristement rajeuni en 1814, portait cette inscription. La mort d'un

Hélie Amielh, laïque, est marquée au premier septembre dans le nécrologe de la frérie de la Courtine. Qu'on le sache bien : tout ce qui s'est fait de beau et de durable dans les temps anciens s'est fait par l'association et par l'association religieuse.

(180)

1380.

PP. GREGORI DONET AQUESTAS COPPAS

L'AN M CCC IIII$^{xx}$ B VIDAL MA F.

*Le pape Grégoire donna ces coupes*
*l'an 1380. B. Vidal m'a fait.*

Le xiv$^e$ siècle vit la chaire de Saint-Pierre occupée par plusieurs papes d'origine limousine. Un des plus remarquables, à tous les titres, fut Grégoire XI. Il garda bon et fidèle souvenir de son pays natal, et l'abbaye de Saint-Martial, berceau de la foi dans le centre de la France, reçut de sa générosité des dons magnifiques destinés à honorer les reliques du saint apôtre de l'Aquitaine. Outre un buste d'argent émaillé pesant sept cents marcs, il donna à cette antique abbaye une coupe d'or destinée à enchâsser le chef vénéré de l'apôtre. L'inscription rapportée plus haut s'y lisait; elle soulève une curieuse question d'origine. Tout prouve que cet orfèvre du Midi, B. Vidal, était originaire de Limoges. Au-dessus de l'inscription se voyaient les armes du souverain pontife : *une bande accompagnée de six roses.*

Cette inscription est rédigée dans la langue populaire du Midi, en langue romane. On remarquera cette manière d'écrire quatre-vingts; pour les quantités inférieures à cent, elle est assez usitée à cette époque.

(181)

1584.

HOC JACET Ī LOCO DN̄S · P · DE SUP̄BOSCO
NOĪE VEL ALIO DICT⁹ DE (Mo)NTILIO
VIR MORIB⁹ PLEN⁹ CANONIC⁹ LEMOVICAN⁹
HIC VOLUIT PONI PRĪARCHE IŪCTUS⁹ HŌRI
CUI BN̄ SERVIVIT FIDELIT ET OBEDIVIT
ISTE PĀGRAVIT ROMĀ JACOBŪ Q; PICTAVIS
HIC KATĪNA COLUIT JOHĒNIQ; MARĪA
ILICO REVS⁹ GRATUS FUIT SIBI LECTUS
UBI EGROTAVIT PLURIB⁹ EB-DOMADIS
A FESTO MAGDLĒNE USQ; FESTŪ KATERINE
FELIX OBIIT ET HORA NONA VERE FINIVIT
NOVĒBRIS MENSE QR̄TA VICESIMA DIE
ANNO MILLENO CĒTENO ET OCTUAGENO(?)
(e)T QUATUOR ADJUNCTĪS REQES ETN̄A DEFUNCTIS (?)
VOS QUI TRĀSITIS QUOCIENS VEĪTIS EI ITIS
CŪ PRECE VOS SITIS UT X⁹ SIT IPSI MITIS.

*Hoc jacet in loco dominus P. de Superbosco.*
*Nomine vel alio dictus de* (Mo)*ntilio,*
*Vir moribus plenus, canonicus lemovicanus.*
*Hic voluit poni patriarchæ junctus honori;*
*Cui bene servivit fideliter et obedivit.*
*Iste peragravit Romam Jacobumque Pictavis*
*Hic Catarinam coluit Johennique Mariam.*
*Ilico reversus gratus fuit sibi lectus*
*Ubi ægrotavit pluribus hebdomadis*
*A festo Magdalene usque festum Catarinæ.*
*Felix obivit, hora nona vere finivit*
*Novembris mense quarta vicesima die.*
*Anno milleno centeno ter octuageno*

MANUEL D'EPIGRAPHIE

## ALPHABETS LAPIDAIRES
### ALPHABETS ROMANS

| DATES | |
|---|---|
| IX*e* Siècle | ABCDEFGHILMNOPQRSTV+ |
| XI*e* | ABCDEFGGHIKLMNOPSQRSTUVXZ |
| XI*e* | ABCDEFGhIKLMNOPQRSTVXYV |
| XII*e* | AbCDEFGhIKLMNOPQRSTVXZ |
| XII*e* | ABCDEFGHILMNOPQRSTUV |
| XII*e* | ABCƏEhIKLMNOPQRSTUVXXZ |

### ALPHABETS GOTHIQUES ARRONDIS

| XIII*e* | ABCDEFGhIJKLMNOPQRSQUXYZ |
| XIV*e* | ABADEFGhIKLMNOPQRSQUVXY |

### ALPHABET GOTHIQUE CARRÉ

| XV*e* XVI*e* | Unser abcdefghijklmnopqrzrzſstubxyz |

### SIGNES D'ABRÉVIATION

| ́ | ‾ | ~~ | 9 9 | ,, | ;;; |
|---|---|---|---|---|---|
| abréviations | contractions | tum et | 9 et con | us | que |

## ALPHABETS ET ÉCRITURES DES MANUSCRITS

### ALPHABET ONCIAL — V*e* IX*e* SIÈCLE

ABCDEFGhILMNOPQRSTUXYZ

### CAPITALES GOTHIQUES

| XIII*e* XV*e* | A·B·C·D·E·F·G·H·I·K·L·M· N·O·P·Q·R·S·T·U·X·Y·Z |

### MINUSCULES GOTHIQUES

| XIII*e* XIV*e* | Incipiens qꝫ similiter a dextro angulo orientali alphabetū latinū scribat usqꝫ in sinistrum angulum occidentalem. |

| XV*e* | Istud pontificale fecit scribi dñs Laurentius Episcopus antisiodorensis ordinis fratrum pdicatorū: Anno dñi M. CCCC. xxxvi. et fuit completū quinta die Junii. |

ALPHABETS — ÉCRITURES — ABRÉVIATIONS

*Et quatuor adjunctis requies æterna defunctis*
*Vos qui transitis quociens venitis et itis*
*Cum prece vos sitis ut Christus sit sibi mitis.*

( *V*. pl. XXI. )     Inédite.     Cathédrale de Limoges.

« L'église et cité de Limoges avaient été misérablement détruites par les Anglais, dans laquelle ruine les reliques et sanctuaires avaient été emportés par eux et vendus. Il n'y avait lors aucun ornement dans l'église cathédrale avec lequel on pût célébrer honorablement une messe. Il n'y avait que quatre chanoines résidant dans la cité et y vivant très-pauvrement, à savoir : Mathieu de Feletin, Hélie Lamy, Pierre du Superbosco et Pierre de Lubersac; le doyen et les autres chanoines étant absents et se tenant au loin ; ceux qui résidaient n'avaient pas de quoi payer pension aux vicaires ou serviteurs. » ( *Bonav.*, III, 664. )

Le même auteur, dans un autre passage, fait observer que ces quatre chanoines se dévouèrent à la garde de l'église cathédrale saccagée, malgré une contagion venue à la suite de la guerre, et qui désolait alors cette partie de la ville de Limoges, où la fureur anglaise avait égorgé dix-huit mille habitants.

Le tombeau de Pierre de Soubrebost, qui donna cette preuve de dévoûment et de courage, est engagé derrière le chœur de la cathédrale de Limoges, dans le mur de clôture, en face de l'ancienne chapelle de Saint-Thomas, où repose la dépouille mortelle du bienheureux Lamy, évêque de Chartres et patriarche de Jérusalem.

Le tombeau du chanoine est une pierre calcaire haute d'un pied et large de neuf pouces. Au sommet, trois reliefs représentent la lapidation de saint Etienne et la sainte Vierge tenant l'enfant Jésus qui bénit le défunt. Ce dernier est agenouillé; il est vêtu d'un ample manteau et coiffé de l'aumusse.

Le patriarche, aux honneurs de la sépulture duquel il voulut être réuni, est évidemment le patriarche Lamy. Les voyages qu'il fit par dévotion ne s'expliquent pas aussi bien. Que signifient le *Jacobumque Pictavis* et le vers suivant? Un renseignement que nous devons à l'obligeance de M. E. Lecointre nous met peut-être sur la voie de la bonne interprétation. A Poitiers, à Buxerolles près de Poitiers, étaient deux chapelles consacrées à saint Jacques, où l'on se rendait en pèlerinage à certaines époques de l'année. Dans cette dernière, la dévotion à ce saint avait pour motif déterminant une sorte de culte qu'on rendait à une empreinte miraculeuse du pied de cet apôtre, empreinte qu'il aurait laissée sur le rocher, dans un de ses nombreux voyages.

Le reste est assez intelligible, malgré les mutilations de la pierre. On sourira à certaines formules naïves : à son retour, le lit lui fut agréable; il y demeura malade plusieurs semaines, depuis la fête de sainte Madeleine jusqu'à la fête de sainte Catherine. L'auteur, qui, au début, paraissait vouloir écrire en vers, renonce à l'usage d'une mesure arbitraire. La rime vient à son aide et lui prête un secours tout aussi malheureux. Quelle que soit la valeur de la forme littéraire, rendons hommage, en passant, à la sépulture d'un homme de bien. — Notre dessin a une inexactitude à la quatorzième ligne. M. l'abbé Arbellot, malgré la mutilation de la pierre, a deviné le mot *requies*. Sa leçon nous semble bonne. Nous sommes heureux de lui restituer ce mot.

(182)

1584.

+ HIC JACET B. MEMORIÆ REVERENDISS. IN CHRISTO PATER ET DOMINUS, DOMINUS GUILLELMUS DE CHANACO EPISCOPUS TUSCULANUS S. R. E. CARDINALIS, ALIAS DOMINUS MIMATENSIS, QUONDAM FILIUS DOMINI GUIDONIS DE CHANACO MILITIS ET DOMINÆ ISABELLÆ DE MONTE BERULPHO LEMOVIC. DIŒCESI, DECRETORUM DOCTOR OPTIMUS, IN PRÆSENTI MONASTERIO MONACHUS EFFECTUS, NUTRITUS ET EDUCATUS A PUERITIA, DEINDE POST PLURES DIGNITATES PER R. DOMINUM GREGORIUM PAPAM XI PROMOTUS EXTITIT AD APICEM CARDINALATUS MULTA BONA CONTULIT PRÆSENTI MONASTERIO, IDEOQUE CONVENTUS DIE QUOLIBET DUAS MISSAS SINE NOTA ET SINGULIS MENSIBUS UNUM ANNIVERSARIUM PRO EO ET SUIS, IN PERPETUUM CELEBRARE TENETUR. OBIIT IN AVENIONE DIE 29 DECEMB. ANNO NATIVIT. DOMINI 1384 QUO ANNO MENSE AUGUSTI EJUS CORPUS PER INTEGRUM TRANSLATUM, ET SEPULTUM EST HIC, SECUNDUM SUAM DEVOTAM ORDINATIONEM. ORETIS DEUM PRO IPSO. ANIMA EJUS REQUIESCAT IN PACE AMEN.

Guillaume de Chanac, cardinal de Mende, était enseveli au côté droit du chœur de Saint-Martial de Limoges, dans un tombeau assez magnifique, disent les auteurs antérieurs à la révolution. La destruction de cette œuvre d'art si remarquable est due à la sécularisation des biens du clergé en 1790. Répétons que l'abbaye de Saint-Martial, ce berceau de la foi en Limousin, cet asile où dormaient tant de grands hommes, ce musée enrichi par la piété des siècles, fut alors mise en vente et démolie. Que cette destruction ne porte pas malheur à ceux, qui l'ont accomplie ! Nadaud, après Bonaventure de Saint-Amable, consacre une notice intéressante au cardinal dont nous venons de transcrire l'épitaphe.

(183)

1388.

HIC JACET BEATÆ MEMORIÆ REVERENDISSIMUS IN CHRISTO PATER DOMINUS PETRUS DE CROSO, ORIENDUS DE CALIMA FORTI LEMOVICENSIS DIŒCESIS DECRETORUM DOCTOR, QUI PRIMO FUIT MONACHUS SANCTI MERTIALIS LEMOVICENSIS ORDINIS SANCTI BENEDICTI, ET INDE PRÆPOSITUS DE ROSSACO DICTI ORDINIS ET DIŒCESIS, POSTMODUM CELLARIUS ECCLESIÆ TUTELLENSIS, POST PRIOR DE VOLTA ORDINIS CLUNIAC-SANCTI FLORI DIŒCESIS, POST EPISCOPUS SANCTI PAPULI, POSTMODUM ARCHIEPISCOPUS BITURICENSIS ET CAMERARIUS DOMINI PAPÆ GREGORII XI. ET DEINDE ARCHIEPISCOPUS ARELATENSIS, ET FUIT ASSUMPTUS IN TITULUM SANCTORUM NEREI ET ACHILLEI PRESBYTER CARDINALIS LEMOVICENSIS, QUI HIC SUAM ELEGIT SEPULTURAM. ORATE DEUM PRO EO.

Nous n'enregistrons que pour mémoire cette épitaphe du cardinal Pierre de Cros. Sa famille donna en ce temps à l'Eglise plusieurs personnages distingués par leurs talents et leurs vertus. A la même époque, un frère de ce cardinal occupait le siége épiscopal de Limoges.

(184)

1400.

HIC JACET BO(næ) MEM(oriæ) DN̄S IOANS DE PEYRACO LOCI DE VINOLIO CANONIC⁹ LEMOVI(censis) OBIIT DIE VIEIO AN̄O DN̄I M CCCC AIA EI⁹ REQESCAT Ī PACE UT D⁹ PARCAT EI DIC LECTOR MISRE MEI.

Inédite.                  Cathédrale de Limoges.

Sur une grande dalle, un trait élégant et ferme figure un prêtre couvert des vêtements sacerdotaux et de l'aumusse. On lit à l'entour cette inscription. Les abréviations *Ioans* pour *Joannes*, *Vieio* pour *Vicesimo*, *D⁹* pour *Deus*, sont d'une intelligence facile. *Dns* et *Dni*, à la place de *Dominus* et *Domini*, ne présentent pas une plus grande difficulté. La pierre a près de 7 pieds de longueur.

(185)

1406.

REVEREND⁹ IN X̄PO PAT' AC DN̄S DN̄S SY DE CRA-
                                            [MAUDO
LOCO HUI⁹ PROCHIE FŪDAVIT IN ECCĀ ISTA IIIIᵒʳ
                                            [CAPELLA
NIAS P IIIJᵒʳ CAPELLANIS QUOR̄ Q'LIB; TENET⁹ CE-
                                           [LEBRARE UNĀ
MISSĀ DIE QLIB; DE DEFFUTTIS P AĪAB⁹ DCĪ RE-
                                        [V̄ENDI PATS ET PEN
TŪ SUOR̄ PPTUO ALTNIS VICIB? VID; Q̇LIB; CAPEL-
                                            [LAN⁹ IN SEPTI
ĀNA· ET REVOLUTIS QUATUOR SEPTIĀNIS DEB; REIN-
                                            [CIPE ˡLLE Q̇

IN PMA SEPTIĀNA MĒSIS CELEBRAVAT ET IN· SCDĀ
[SCD̄⁹ TRIA
TRI⁹. ET IN QUARTA QUART⁹. ET ITA PPETUO ƆTIN-
[NUARE Q̊LIB; MĒSE
NEC P̄T ALIQ̊S P̄DCĀS CAPELLANIAS OBTINĒ· NISI
[PSŌATR̄ RESIDE
AT IN LOCO ISTO DE BIANACO· ET TENĒT ŌIB⁹ DIEB⁹
[DNICIS ET FESTI
VIS DICE CŪ CAPELLANO HUI⁹ ECCLIE MATUTIĀS ET
[CĒTAS HORAS. ET
JUVARE AD CELEBRACIONĒ MISSE MAGNE ET P SUS-
[TĒTAC̄ONE
Q̄OR ACQSIVIT DECIMĀ HUI⁹ BURGI ET MĀSI DE
[ROYERIA ꝫ DE CRA
MAUDO SUP Q̇BUS AÑ HĒBAT. XXXI. SEXT. BLADI.
[ET P RESIDUO
TRADIDIT DÑO VICECOĪTI RUPISCAVARDI· XLI· LIBRA·
[III· DEN·
REÑD⁹. QUAS DÑS DE MAROLLIO HĒBAT SUP HĪTA-
[TES RUPICA
VARDI AB ANTIQUO P Q̇B⁹ SOLVIT EIDE DE MĀROL-
[LIO. CCCC. LIBR·
ACQSIVIT ECIĀ A STEPHŌ QUADRIGARIS· V· SEXT·
[BLADI· SCILZ DUOS
SEXT· FRA⁀ᵘ; ET TRES SEXT· SILIGIS̄ SUP DECIĀ BLA-
[DI MĀSI DE CHASSA
NHIS IN TRITORIO VILLE RUPISCAVARDI INT MĀSŪ
[DU PLA
TIER EX UNA P̄TE ET MĀSŪ DE LA CHOUSSOLIE· ET
[TRIA

PTĒ DECIĒ VINI DCI TRITORIJ· ET ALIQUA ALIA QUE
[IPĪS
PPETUO DEDIT· ET P DEI GRĀM ALIA DABIT· SCRIPTA
SŪT HEC· AÑO DÑI M. CCCC. SEXTO.

(*V*. pl. XXIV.)   Inédite.   A Biennac.

*Reverendus in Christo pater ac Dominus Dominus Simon de Cra-*
[*maudo*
*loco hujus parochiæ fundavit in ecclesia ista quatuor capella-*
*nias pro quatuor capellanis quorum quilibet tenetur celebrare unam*
*missam die quolibet de defunctis pro animabus dicti reverendi pa-*
[*tris et paren-*
*tum suorum perpetuo alternis vicibus, videlicet capellanus in septi-*
*mana, et revolutis quatuor septimanis debet reincipere ille qui*
*in prima septimana mensis celebraverat et in secunda secundus,*
[*tertia*
*tertius, et in quarta quartus et ita perpetuo continuare quolibet*
[*mense,*
*nec potest aliquis prædictas capellanias obtinere nisi personaliter*
[*reside-*
*at in loco isto de Bianaco et tenetur omnibus diebus dominicis et*
[*festi-*
*vis dicere cum capellano hujus ecclesiæ matutinas et ceteras horas, et*
*juvare ad celebrationem missæ magnæ et pro sustentatione*
*quorum acquisivit decimam hujus burgi et mansi de Royeria et de*
[*Cra-*
*maudo, super quibus antea habebat* XXXI *sextarios bladi et pro*
[*residuo*
*tradidit domino vicecomiti Rupiscavardi* XLI *libras,* III *denarios*
*renduales quas dominus de Marollio habebat super habitantes Ru-*
[*pisca-*
*vardi ab antiquo pro quibus solvit eidem de Marollio* CCCC *libras*

*acquisivit etiam a Stephano Quadrigaris v sextarios bladi scilicet
[duos
sextarios frumenti et tres sextarios siliginis super decimam bladi
[mansi de Chassa-
nhis in territorio villæ Rupiscavardi inter mansum du Plan-
tier ex una parte et mansum de la Choussolie, et tertiam
partem decimæ vini dicti territorii et aliqua alia quæ ipsis
perpetuo dedit et per Dei gratiam alia dabit. Scripta
sunt hæc anno domini millesimo quadringentesimo sexto.*

Grâce à la patiente érudition d'un de nos collègues, nous n'avons rien à apprendre à nos lecteurs sur le cardinal de Cramaud, auteur de la fondation que nous venons de rapporter. Les recherches étendues de M. l'abbé Auber sur la vie de cet illustre personnage épuisent le sujet. On les trouvera dans les *Mémoires de la Société des Antiquaires de l'Ouest*, année 1840, p. 249.

Au côté gauche du sanctuaire de l'église de Biennac, près Rochechouart, se lit encore l'inscription que nous rapportons. Les caractères, d'une exécution élégante et ferme, sont entourés par une guirlande de feuillages. Aux quatre angles sont les armes du cardinal, surmontées de la croix épiscopale. Le champ de l'écu porte une bande qu'accompagnent six merlettes. Nous n'y trouvons pas l'orle à onze besants d'or dont parlent certains auteurs. Le tout est fidèlement rendu par notre lithographie, réduction heureuse d'un estampage à la manière noire. L'original a 2 pieds 6 pouces de hauteur sur 1 pied 8 pouces.

Il faut décidément considérer comme une fable empruntée à Beaumesnil ce que dit M. Allou d'un prétendu tombeau du cardinal Cramaud conservé dans le cimetière de la paroisse de Biennac. Cette pierre tumulaire, que nous avons vue, n'a aucun des caractères de la sculpture du xv° siècle. Elle figure d'ailleurs un prêtre et non un cardinal. Personne ne croira que ce prélat, un des hommes les plus distingués qu'ait produits le Limousin, patriarche d'Alexandrie, archevêque de Reims, évêque de Poitiers, ait trouvé sa sépulture sous un relief si grossier. Des témoignages irrécusables et la présence de son tombeau à Poitiers prouvent qu'il fut enseveli dans la cathédrale de cette ville. On a confondu la fondation d'un service perpétuel dans l'église de sa paroisse avec sa sépulture. Ses libéralités pieuses ne furent pas limitées à ces dons généreux ; nous avons à en inscrire un autre.

L'étendue de ce texte rendait nécessaires les abréviations et les contractions que nous avons signalées ; toutes sont de facile interprétation.

(186)

1406.

REVERENDISSIMUS IN CHRISTO PATER, D. DNUS SIMON DE CRAMAUDO, LOCO QUODAM PAROCHIÆ, DE BIANACHO, LEMOVICENSIS DIŒCESIS, PATRIARCHA ALEXANDRINUS, DEDIT HUIC ECCLESIÆ BONA QUÆ GUERRUTI HABEBANT VEL HABUERUNT IN TERRITORIO SANCTI JUNIANI ET ALIQUIBUS LOCIS ALIIS VICINIS, ET QUÆDAM DOMINIA SITA IN VILLA SANCTI JUNIANI DE BRIGONHIAUS, ET ULTRA CENTUM FRANCOS ALMODIA DE COLLIBUS, UXOR QUONDAM D. D. PETRI DE CRAMAUDO, MILITIS, FRATRIS DNI PATRIARCHÆ PREDICTI, UT PERPETUO IN ISTA ECCLESIA, PRIMA DIE CUJUSLIBET MENSIS, CELEBRETUR UNA MISSA CELEBRIS CUM PULSATIONE CAMPANARUM, PRO SALUTE ANIMARUM SUARUM,

ET PARENTUM AC BENEFACTORUM IPSORUM PATRI-
ARCHÆ ET ALMODIÆ, ET AD FACIENDUM PRÆDICTUM
SERVITIUM, ET DISTRIBUENDUM IN QUALIBET MISSA
CANONICIS, CAPELLANIS ET SERVITORIBUS ECCLE-
SIÆ XXX SOLIDOS TURONENSES ET CAPITULUM HUJUS
ECCLESIÆ EST BENE OBLIGATUM. SCRIPTA HÆC
FUERUNT ANNO DNI MCCCCVI, MENSE JUNIO.

Le titre commémoratif de cette fondation faite par Cramaud au profit du chapitre de Saint-Junien se lisait, avant la révolution, dans le chœur de cette église. On en doit la conservation à dom Estiennot (*Fragm. d'histoire d'Aquit.*, II, 28, *Mss. de la Bibliothèque nationale*), et la publication à M. l'abbé Arbellot.

(187)

1408.

HIC DOMINUS LUDOVICUS DE TRALLANGIS SUB LA-
[PIDE :
QUIESCIT VIR MAGNIFICUS, NACIONIS LEMOVICE :
DECANUS AVINIONE, IBIDEM REGENS STUDIA :
MERUIT IS OBTINERE DOCTORATUS INSIGNIA :
IN FRATREM ET CANONICUM ISTA MATER ECCLESIA :
EXTULIT FRETA SUORUM MERITORUM INGENCIA :
ET LICET ABSENS FUERIT A VIVENTE EXORDIO :
MATURUS TAMEN REDIIT FINEM JUNGENS PRINCI-
[PIO :
DEDIT LIBROS ECCLESIE LIBERALI COMMERCIO :
HANC REM DIGNAM MEMORIE PROBAT ACERRI VI-
[SIO :
ACCEPTI TAM MEMORANS INGRATUS HIC NON EXTI-
[TIT :
CUM OCTOGINTA CODICES PROTHOMATRICI CONTU-
[LIT :

QUARTO KALENDAS JUNII OCTAVI POST JUBILEUM :
ANNI QUADRINGENTESIMI MILLENI DEDIT SPIRITUM :
POST VESTRI FRATRIS FUNERA ROGATE FRATRES
[DOMINUM :
UT AD CŒLORUM MUNERA SUUM PERDUCAT FAMU-
[LUM :

Inédite.  Legros.

Cette épitaphe, assez bizarre, se lisait, avant la révolution, dans une chapelle de la cathédrale de Limoges.

(188)

1415.

REVERENDUS IN XPŌ PATER DÑS. DÑS. JUNIANUS CHOUVATY, ECCLĪE SECULARIS ET COLLEGIATE Sᵘ JUNIANI DE VICANO, CANONICUS, P̄DITE VILLE ORIUNDUS, UTRIUSQUE JURIS PROFESSOR, SACRIQ— PALACII CAUSARUM APOSTOLICAR. AUDITOR, PECIT FIERI CHOR. P̄DICTE ECCLĪE Sᵘ JUNIANI ANNO DÑI M° CCCC° SECUNDO, PRECIO DUCENTAR. ET QUINQUAGINTA LIBRAR· CUIDAM MĀGRO FRANCISE NUNCUPATO GERMAIN. ITEM DEDIT P̄DICTE ECCLĪE QUEMDAM CALICEM DUAR. MARCHAR. ARGENTI. ITEM AMPLIUS QUODDĀ PULCHRŪ NOVUM MISSALE. ROMANUM. ITEM DEDIT CENTU SCUTA P̄PTER SUUM ANNIVERSARIUM, FIENDUM IN DIE OBITUS SUI, VIDELICET XVI. MARTII, ANNO DÑI M° CCCC° XV°. PRETEREA, LEGAVIT AMPLI⁹ CENTŪ SCUTA P̄PTER ANNIVERSARUM UTRISQ. PARENTIS, FIENDUM XVIIᴬ DIE SEPTEMBRIS.

ITEM, FECIT FIERI SEPULCHRUM SUŪ P̄PE AQUILĀ CHORI, ET TAMĒ FUIT SEPULTUS BITERRIS.

(XVᵉ SIÈCLE.)  INSCRIPTIONS DU LIMOUSIN.

ITEM PLUS DEDIT XLᵃ SCUTA EDIFICIO HOSPITALIS
HUJ. VILLE STI JUNIANI
   ANIMA EJUS ET PARENTUM SUOR.
    REQUIESCANT IN PACE
     AMEN.

Inédite.            Legros.

Une clôture en bois, richement sculptée et formant deux rangs de stalles, enveloppait le chœur de la collégiale de Saint-Junien. Cette boiserie était haute, en moyenne, de 15 à 18 pieds. Au commencement de la restauration, la fabrique de cette église, ayant acquis un autel en marbre provenant de l'abbaye de Grandmont, voulut produire toutes les beautés de cette œuvre de la fin du XVIIIᵉ siècle. En conséquence, la boiserie du chœur fut enlevée et en grande partie livrée au feu. Des débris conservés par diverses personnes prouvent qu'elle était de la plus grande magnificence. Une colonnette, conservée au musée de Limoges, montre sur son chapiteau un lapin broutant des feuilles de choux. L'exécution hardie et naïve de ce fragment donne les plus vifs regrets sur la perte de l'ensemble dont il faisait partie. L'inscription que nous relatons plus haut fait connaître le nom du donateur et de l'auteur, le prix et la date de cette sculpture sur bois. Le nom de *maître Germain* ira donc grossir la liste des *huchiers* ou sculpteurs sur bois auxquels nous devons tant de chefs-d'œuvre. On remarquera que, par l'époque où il a vécu, il est leur aïeul. Dans notre province, les belles boiseries de Solignac (1469), Aureil (1475), sont postérieures d'un demi-siècle. Au dehors, Rouen, Amiens, Alby, Auch, Rhodez, etc., ne s'enrichissent de travaux de ce genre que longtemps après. Cette boiserie fut payée, en 1402, *au maître nommé en français Germain*, deux cent cinquante livres. Cette somme représente la valeur de trente mille francs de notre monnaie actuelle; il est bien entendu que je parle de la valeur d'échange, et non de la valeur métallique en titre et en poids.

(189)

1420.

GUILLELM⁹ DINE-MATI ME DONA E̅ LAN
M. CCCC. XX.

Inédite. Legros.

On lisait ces mots sur un reliquaire en argent appartenant à l'église Saint-Pierre du Queyroix de Limoges. La famille Disnematin-Dessales existe encore; ses membres se distinguèrent de tout temps par leur zèle paroissial.

(190)

1421.

LAN MCCCC XXI FOC MUDAT AQUES HOSPITAL
DE S JAMME AICI, DE VOLER DE MOSSEU
FOLC DE ROYERA, DE LA DIOCESE DE LIMOTIES
ABAT DE ST SERNI

*L'an 1421 fut transporté cet hôpital de Saint-Jacques ici, par l'ordre de M. Foulques de Royère, du diocèse de Limoges, abbé de Saint-Saturnin.*

Cette inscription, citée par Catel, était sur la porte de la chapelle de l'hôpital Saint-Jacques, à Toulouse. (Cs. Castellane, *Mém. des Antiq. du Midi*, III, 272.)

(XVe SIÈCLE.)   INSCRIPTIONS DU LIMOUSIN.   255

Après 1436.

(191)   S. K.

Inédite.   A Meimac.

Voilà une inscription courte, si jamais il en fût; et cependant elle n'est pas dépourvue d'intérêt. Par ses lettres datées du 20 juillet 1436, Charles VII, roi de France, concède aux habitants et manants de la ville de Meimac l'octroi de leur cité, destiné, selon leur demande, à relever les fortifications de leur ville. De cette époque date la prospérité de cette petite ville. Alors furent établies des halles pour abriter marchands et marchandises. Une double mesure permanente taillée dans le granit, destinée à servir d'étalon pour la vente des grains, fut installée dans cet édifice. Cette mesure publique existe encore; un écusson sculpté à la partie antérieure porte les deux lettres que nous avons transcrites.

L'usage de ces mesures de pierre servant d'étalon pour la vérification des mesures particulières était alors de droit commun. En 1377 il est fait mention d'une mesure de ce genre : « Les seigneurs consuls du château de
» Limoges de l'an de grâce 1377, ayant recherché
» quelles mesures tenaient les hôteliers du château,
» leur ont fixé pour toujours les mesures suivantes :
» de la mesure qui se donnera aux chevaux à dîner les
» 8 doivent faire l'éminal de la mesure de pierre avec
» laquelle on mesure l'avoine au marché. » ..... *feran leminal de la mezura de la peyra aveque hom mesura la sivada en la claustra.* (*Mém. de la Société archéolog. du Limousin*, I, 197.)

(192)

1437.

VIR DÑI BÑDTCS OMNIUM JUSTORUM SPIRITU *Domini*
[*benedictus.*
PLENUS FUIT. IPSE INTERCEDAT PRO CUNCTIS
MONASTICE PROFESSIONIS. AMEN.
ANNO DÑI M CCCC XXXVII.

Inédite. Legros.

Cette inscription se lisait sur la cloche dite du midi, dans l'abbaye de Saint-Martial. Cette cloche a été fondue en 1790.

(193)

1445.

HOC JACET IN TUMULO, OMNIBUS AMABILIS HUGO
PRUDENS, PACIFICUS DE VIDEO COGNOMINE DICTUS
PAUPERUM AMATOR, TEMPLI HUJUS ET MITIS REC-
[TOR,
INSIGNIS GENERE, PREPOLLENS MORIBUS ET VIR-
[TUTE.
CANONUM LICENCIAM ADIIT, LEMOVISQUE PREBEN-
[DAM,
QUEM HIIS AB TENEBRIS BIS SENA LUX TRAXIT OC-
[TOBRIS,
PROFFUIT HOC CHORO, PRO EO ROGATE EXORO.

Inédite. Legros.

A un pilier du sanctuaire de Saint-Pierre du Queyroix de Limoges était appendue une plaque de cuivre jaune, ciselée. Elle représentait un prêtre agenouillé devant l'image de la sainte Vierge. Au-dessous étaient figurées les armes du défunt : d'argent à une fasce d'or chargée de deux yeux (je vois). Une partie de la voûte du chœur étant de cette époque est due sans doute à la générosité de ce curé, *proffuit huic choro.*

(194)

1448.

EPITAPHIUM QUONDAM VENERABILIS VIRI DOMINI
JOANNIS DE FONTE.

MORS, MORSU TAM TRISTI QUID AGGREDI AUSA
[FUISTI
ECCLESIE E MONTE HUJUS DOMPNUM JOHANNEM DE
[FONTE
LUMINES SETAS (?) MUNDUM, HIC NEC RELIQUISTI
[SECUNDUM
THEOLOGIAM IS EX PARTE SED JURA NOVIT UTRAM-
[QUE
PRÆSULIS VICARIUS HAC IN ECCLESIA PREBENDA-
[TUS
HOC DURO SUB MANTELLO STAT ARCHIPRESBITER
[DE GIMELLO
HEU OCCUBUIT FATO, MENSIS JUNII DIE QUARTO
ANNO MILLESIMO QUADRINGENTO QUATER DUODENO
PRO EO ORA PIA, GLORIOSA VIRGO MARIA.

Inédite.          Legros.

Au pilier angulaire de la chapelle de Notre-Dame des Trois-Rois, dans la cathédrale de Limoges, était attachée une plaque de cuivre sur laquelle se lisait l'épitaphe que nous rapportons. La troisième ligne est de transcription douteuse et ne se traduit pas facilement dans ces termes.

(195)

1449.

F. A. D. NOGICH (1449) ou mieux *Nogeri*.

Inédite.          Chapelle Saint-Fiacre à Paulhac.

Sur le flanc méridional, mais à quelques pas d'intervalle de l'église de la commanderie de Paulhac, s'élève une élégante petite chapelle du xv$^e$ siècle. La porte en accolade a les moulures et les ornements multipliés de cette époque. Les nervures de la voûte s'appuient sur des consoles formées par des anges tenant des écussons. Un texte de Nadaud nous apprend que c'était une vicairie fondée par frère Antoine de Nogerie. Nous avions, à première vue, daté tout cela du milieu du xv$^e$ siècle. L'inscription mutilée a perdu sa date. Nous en devons la connaissance à une transcription prise en temps utile par Nadaud vers 1770; elle confirme entièrement notre conjecture. Nous sommes heureux d'avoir contribué au salut de ce petit édifice, en provoquant le rétablissement de sa toiture détruite depuis près d'un demi-siècle, sans que la voûte ait cédé sous les pluies diluviennes de notre ciel limousin. L'église adjacente est un édifice solide et élégant du milieu du xiii$^e$ siècle. Elle faisait partie d'un château presque entièrement démoli. C'était l'apanage d'un chevalier de justice. Depuis peu de temps, grâce aux sollicitations d'une famille honorable, l'église de la commanderie est devenue l'église d'une paroisse nouvellement érigée.

(196)

1451.

ANNO MILLENO NOVIES L I SEMEL
ISTA. REGINE. CELI FACTA· CAPELLA. FUIT
QUAQ;. SEQUENS· TERN⁹ MIRĀTER  *Quamque sequens*
*ternus miranter.*

PERFICIT· ANN⁹. PRINCIPIUM
PREBET MAY⁹. FINE. QUE
NOVEMBER

M̊ CCCC̊ · L̊ · I̊

(*V*. pl. XXII.)  A Notre-Dame du pont Saint-Junien.

Près du pont de Saint-Junien est un pèlerinage célèbre à la sainte Vierge. Une statue antérieure au gothique prouve que depuis longues années cette dévotion était établie en ce lieu. Il est question d'un oratoire à la date de 1394. Pierre de Montbrun, évêque de Limoges, permit en 1451 de le reconstruire. Les travaux de construction furent achevés la troisième année. Le sanctuaire de la chapelle est de cette époque; aux contre-forts, aux fenêtres et aux moulures, il est facile de reconnaître cette date. Louis XI avait une dévotion particulière à Notre-Dame du Pont; après y avoir fait plusieurs pèlerinages, en 1470 il donna douze cents écus pour l'agrandissement de cet oratoire. Grâce à cette libéralité, on a pu construire l'élégant édifice dont la ville de Saint-Junien est fière à si bon titre. Quatre piliers couverts de moulures soutiennent une voûte élancée qu'ils partagent ainsi en neuf travées. Les auteurs de cette construction ont soudé fort habilement leur bâtisse au sanctuaire de 1451. L'inscription qui donne la date de cette partie de l'édifice est à l'entrée du sanctuaire à gauche. La boiserie d'un autel la masque en partie. On remarquera sur notre lithographie l'emploi des majuscules qui formaient l'écriture de la troisième époque (gothique arrondi). L'A du commencement, le Q de la troisième ligne, le premier P de *principium* et la date sont empruntés à cet alphabet. Tout le reste est gothique carré (minuscule des manuscrits). Le gothique arrondi est donc ici réduit au rôle de capitale ou majuscule comme dans l'écriture des manuscrits.

(197)

1455.

LAÇARUS DE FRANCESCHI INCENSIT : FRANCISCHUS PILOXUS PINSIT

Inédite.                                                     Legros.

Ces signatures incorrectes, en lettres liées et entrelacées, se lisaient au-dessous d'une statue de la sainte Vierge, peinte et dorée, dans la chapelle de Sainte-Agathe de l'église de Saint-Martial.

(198)

1460.

E ⸱ LAN M CCCC LX.                           ⸱ *En*.

Inédite.                                              Église de Treignac.

L'ancienne chapelle du château de Treignac, aujourd'hui église paroissiale, est formée de trois nefs parallèles fort basses. Les nervures prismatiques pénètrent dans des colonnes monocylindriques sans chapiteaux. L'inscription se lit au-dessus de la porte. Voici donc une architecture à date bien précise.

(199)

1460.

ANNO DNĪ M̊ CCCC LX̊ DIE VERO IIIJ MĒSIS AUGUSTI
REᵈˢ IN XPO PR̄ ET DN̄S DN̄S MICHAEL EP̄S (Nicodie)?
          pour *Nicomédie* ?
CONSECRAVIT HOC ALTARE ET RECONDIDIT PN̄TES
            [RELIQUIAS
IN HONORE STI EUTROPII PONTIFIC̄S ET MARTIRIS.

Inédite.           A Berneuil.

Au mois d'août 1846, en démolissant l'autel de la chapelle Saint-Eutrope, située près de Berneuil (Haute-Vienne); on a trouvé cette inscription placée près des reliques. Il est à regretter que le nom du siége épiscopal soit à peu près illisible.

(200)

1469.

MECIRE LOYS DAUBUCON EVECQUE DE TULLE
LAN M CCCC LXIX

Inédite.

Un petit ciboire de vermeil est orné de quatre petits reliefs figurant des prophètes. Sous le pied se lit l'inscription. Les caractères droits et inégaux sont mal gravés. Ce ciboire que nous avons découvert appartient aujourd'hui à Mgr Berteaud, évêque de Tulle.

(201)

1470.

ICI GYST DESSOUBS CETTE GRANDE LAME
DENISOT PRETRE, DIEU A GRAPPÉ SON AME,

SUBTIL ORFÈVRE, SAGE VOS PAS AUTRE
DE MEAUX EN LIÈGE VRAYMENT FUT NATIF
LEQUEL FONDA PAR TESTAMENT VOTIF
LES MECREDI UNE MESSE EN VOTI
EN CETTE EGLISE DE L'ANGE SAINT MICHEL
ET QUE SOIT DITE PAR CEUX DU COMMUNEL
ET TRÉPASSA EZ FÊTES MAGDELAINE.
SON AME SOIT LASSUS AU CIEL AMÈNE
MIL QUATRE CENT ET LX ET VERS DIX.
 DIEU, QU'IL SOIT EN PARADIS
  AMEN.

 Inédite.         Nadaud.

A Saint-Michel-des-Lions, près de la porte septentrionale, était une plaque de cuivre portant cette inscription. Le *communel* dont il est ici question était une communauté de prêtres établie dans cette église, comme dans un grand nombre de paroisses du diocèse, pour l'administration spirituelle.

Mathilde Melhaude était veuve d'un Denis Prêtre, orfévre à Limoges en 1480.

(202)

1476.

REVERENDUS D. F. PETRUS DAUBUSSONNIUS RHODI MAGNUS MAGISTER HANC PORTAM ET TURRES EREXIT, MAGISTERII ANNO PRIMO.

A Rhodes, du côté de la mer et à l'est, s'ouvre la porte Sainte-Catherine. Elle est en plein cintre et flanquée de deux belles tours rondes qui sont engagées dans les courtines et couronnées de mâchicoulis. Au-dessus de l'entrée on voit une grande table de marbre, sculptée en forme de niche, dans le style ogival flamboyant, et trois statues représentant, au centre sainte Catherine, à droite saint Jean et à gauche saint Pierre. Sur ce bas-relief sont figurées les armoiries de Pierre d'Aubusson.

C'est en 1846 que M. Batissier a retrouvé sur place ce souvenir d'un illustre compatriote. Nous empruntons cette note à un de ses rapports.

(203)

1479.

LE XVIII. JOUR DE JANVIER MIL IIII$^e$ XIX LX
FUCT COMMENCÉ CE PREMIER PILLIER DES BIENS
[DE CÉANS
PAR BON ENTENTE.

Inédite.  Legros.

L'église de l'abbaye de Saint-Martial n'appartenait pas tout entière à l'époque romane. Une partie de l'abside et de la croisée étaient du xv$^e$ siècle. Cette inscription, qui se lisait sur un pilier de la croisée, du côté de la chapelle de l'Enfant Jésus, donnait la date du commencement de ces travaux.

(204)

1479.

HOC ORATORIŪ SAXI       *Oratorium.*
RUINA COLLESŪ DN̄S DIONI
SIUS DE BAR QUĒ BITURIS
PEPIT ĀTISTES ET DN̄S TU   *Peperit antistes et dominus*
                              *tutellensis.*
TELL. M CCCC LXXIX EREXIT
FŪDITUS AC AMPLIAVIT.

Inédite.  A Rocamadour.

Rocamadour, pèlerinage depuis longtemps célèbre, intéresserait encore par les beautés d'un site sans rival et par les travaux de l'art des anciens âges. En restaurant la chapelle miraculeuse, abritée sous une saillie du rocher, on a trouvé, il y a quelques années, cette inscription. Rocamadour était, avant la révolution, du diocèse de Tulle ; or le diocèse de Tulle fut distrait du diocèse de Limoges par le pape Jean XXII en 1318. A ces titres divers, c'est donc une inscription limousine, et nous avons été heureux d'en enrichir notre recueil.

(205)

1485.

A L'HONNEUR SOUVERAIN ET LA VIFVE MÉMOIRE
DU GRAND DIEU TOUT-PUISSANT, EN SON REGNE
[ ÉTERNEL,
DE SA MÈRE SACRÉE ET DU BON SAINT MICHEL
ET DES BIENHEUREUX SAINTS DU PARADIS EN
[ GLOIRE
L'AN QUE LON COMPTOIT MIL CCC LXIIII
LE XXV<sup>e</sup> MAY DU PREMIER FONDEMENT
LE PIED DE CETTE EGLISE A PRINS COMMENCEMENT :
QUE L'INJURE DES TEMPS JAMAIS NE PUISSE ABAT-
[ TRE.
XIX ANS APRÈS, POUR EMBELLIR CE TEMPLE,
EN L'AN MIL CCC ET IIII$^{xx}$ ET TROIS,
PAR LES DONS DU COMMUN ET LIBÉRAUX OCTROIS,
FUST BATI CE CLOCHER, QUE CHEF D'ŒUVRE ON
]CONTEMPLE.
LOUEZ DONC CE BON DIEU QUI A TOUTE PUISSANCE;
LE PREMIER S'EMPLOYANT A CEST ŒUVRE SI BEAU,
QU'IL LE CONSERVE A SOY : ET SON DIVIN FLAM-
[BEAU

SUR TOUS LES BIENFACTEURS LUISE POUR RECOM-
[PENSE
RELEVÉ PAR JEHAN VERGER :
ET JEAN MERSIN, BAYLES
EN L'AN 1584.

Cette inscription donne la date de l'église de Saint-Michel-des-Lions de Limoges et de son remarquable clocher. Elle se lisait sur une pierre calcaire à gauche de la base du clocher, lorsque les directeurs de la fabrique, s'apercevant qu'elle était usée par le temps, la firent transcrire sur une plaque de cuivre qu'ils placèrent à l'intérieur même de la porte de ce clocher. On se tromperait cependant si on prenait ce titre à la lettre; presque tout le mur nord de l'église est orné de corbeaux ou modillons romans qui annoncent que les architectes du XIV<sup>e</sup> siècle ont conservé dans la reconstruction une partie du vieil édifice qu'ils étaient appelés à relever; enfin, la dernière travée du côté de l'occident est évidemment du XVI<sup>e</sup> siècle. Au reste, notre annaliste est formel : cette année (1552), l'église Saint-Michel-des-Lions fut augmentée du jardin de Lamy. (*Bon. de St-Amable*, III, 775.)

(206)

1484.

EN LAN MCCCCLXXXIIII FUT
FETE LA GROSSE TOUR DE BOURGNE
NEUF ET TOUT LE BATIMEN LES
VERRINES DE CETTE EGLISE LE TREIL
LONS DE FER ET FONDÉE UNE MESSE CHŪN   *Chacun.*
JOUR VESPRES ET COMPLIES AUX PB
RES DE LA COMUNAUTÉ DE LA DICTE

EGLISE PAR REVEREND RELIGIEUX
FRÈRE GUY DE BLANCHEFORT GR$\overline{\text{AT}}$ PR
IEUR DAUVERGNE C$\overline{\text{O}}$MANDEUR
DE CHYPRE DE BOURGNENEUF DE
MORTOLS SENECHAL DE RHODES
ET NEPVEU DE TRES REVEREND ET
MON TRES DOUPTE SEIGNEUR MONSS
FRÈRE PIERRE D'AUBUSSON TRES
DIGNE GRAND MAITRE DE RHODES
DE L'ORDRE SAINT JEHAN DE JHRLM.

Inédite. Nadaud.

L'église du grand prieuré de la langue d'Auvergne, à Bourganeuf, est du commencement du xiiie siècle; mais le xve siècle l'a restaurée en refaisant les voûtes, en y ajoutant des chapelles et un collatéral, et en perçant, à l'est, une grande fenêtre à meneaux flamboyants. Cette inscription nous apprend l'origine et la date précise de ces constructions diverses. Elle confirme aussi la tradition qui voit dans la grosse tour du château une construction élevée pour le logement et la garde de Zizim, compétiteur du sultan Bajazet. Zizim habitait le château de Bourganeuf à cette époque; il ne le quitta qu'en 1489. Les armes de Guy de Blanchefort se voient en diverses parties de l'église et du château. Nous avons donné, dans l'*Album de la Creuse*, une notice sur ces lieux que recommandent ces imposants et poétiques souvenirs.

(207)

1490.

LAN. M. CCCC
IIII. XX. X FU

FACHA. LA CHAPE
LA.

Inédite.                                     A Saint-Maurice.

Une chapelle de l'église de Saint-Maurice, près Saint-Robert (Corrèze), porte cette inscription. On remarquera cette manière d'écrire quatre-vingts; elle n'est pas rare sur les monuments du xve siècle. Un écusson mi-parti sculpté dans la même chapelle donne sans doute les armes du fondateur. Les pièces qui le composent sont d'une part deux bandes, de l'autre trois étoiles et un croissant.

(208)

1496.

LAN MIL CCCC IIII VINGTS ET XVI
EN IUNG, FURENT DE CEANS DU TRÉSOR
PRINS POUR LE CHIEF METTRE A SON AISE
XII MARC D'ARGENT, II ONCES, VIII D. D'OR
ET TOUT PAR LE CONVENT ACCORT.
LE BON ABBÉ JOUVIONT AULBERT.
ST MARTIAL NOUS TE PRIONS FORT
QUE PARADIS NOUS SOIT OUVERT.
LE NOM DU MAITRE ARGENTIER
CE COFFRE FIST PIERRE VERRIER.

La coupe d'or donnée par Grégoire XI pour abriter le chef de saint Martial se renfermait dans un buste magnifique, autre don généreux du pontife. En 1496, ce dernier joyau ayant été mis en gage pour garantie d'un emprunt contracté par l'abbé de Saint-Martial, l'abbé Albert Jouviond fit exécuter une cassette pour abriter la coupe et le chef vénéré qu'elle renfermait. Cette inscription, gravée sur le métal de cette coupe, faisait connaître sa valeur intrinsèque et le nom de l'orfévre limousin qui l'exécuta. ( Cs. l'*Essai sur les émailleurs de Limoges*, p. 86.)

(209)

1497.

VIRGO FAVE CEPTIS, QUÆSO, SANCTISSIMA, VENIS.
   QUOD MIHI CORDE SEDET, QUOD TOTA MENTE
                            [VOLUTOR
SCRIBERE SIT MICHI FAS, NONULLO MINIMÈ LÆSO
   HOC JACET IN TUMULO JOHANNES EPISCOPUS,
                            [HUJUS
URBIS HONOR, PATRIÆ GLORIA, PLEBIS AMOR
   MARCHIA QUEM GENUIT. BARTONIS COGNOMINA-
                            [TUS,
PAGO GARACTENSI, NOBILI DE GENERE NATUS
   LILIOS DUM FLORES SENATUS VILLA REGALI
LEGERET PARISIUS, IN SEDE PRÆSIDIALI,
   PASTOREM PETIIT ECCLESIA LEMOVICENSIS
QUEM, ORBATA DUCE, ELEGIT FLAMINE SACRO.
   DEFENSOR PATRIÆ FUIT. ET TUTELA SUORUM
INVICTUM FIDEI ROBUR, ET CORRECTIO MORUM
   HIC FACUNDUS ERAT, LARGUS, ET CUNCTIS
                            [ABUNDANS :
HUMILIS IN POPULI, DOCTRINE JUBARE MICANS
   INTEREA, DUM SENIO PROPERAVIT, JAM CANUS
                            [ELECTUS,
ET PASTORIS ARAM REXISSET TEMPORE LONGO
   ARCHIPRESUL DIGNUS TRANSLATUS NAZARIENSI,
JURA LINQUENS SEDIS NEPOTI CARO JOHANNI;
   VIVENS IN DOMINO OCTOGENUS ASTRA BEAVIT
INDE, MILLENO QUATUOR CENTUM NONAGENO
   IN CRUCIS FESTO MAII, TUNC ADDE SEPTENO

CUJUS VITA FUIT PRÆSENS SIBI TRITA LABORIS
POST MORTEM SIT EI REQUIES, FINISQUE DOLORIS.

Inédite.   Archives de la famille de Montbas.

Le Limousin, cette terre par excellence de l'orfévrerie ou *de la mise en œuvre artistique des métaux*, possédait de nombreux tombeaux en métal ciselé. Celui du prélat dont nous venons de rapporter l'épitaphe était au milieu du chœur de la cathédrale de Limoges. Il représentait le défunt revêtu de ses ornements sacerdotaux. Sa valeur intrinsèque a tenté la cupidité pendant la révolution. Plus heureuse, l'église de Saint-Junien a sauvé une remarquable tombe ciselée, du commencement du XVI° siècle. Ce magnifique modèle est unique en France ; nous nous réservons de le décrire en son lieu. Un vieux calendrier de Limoges rappelle en ces termes une fondation de l'évêque Barton : *IV nonas maii, hîc fiat anniversarium Johannis Barthonis hujus ecclesiæ pastoris et deinceps Nazariensis, defuncti anno Domini 1497, et distribuantur undecim libræ, levandæ suprà tumulum Aheneum ante majus altare.*

(210)

1497.

HIC JACET QUONDAM VENERABILIS VIR FRATER MARTIALIS BOYOL OLIM CANONICUS ET OFFICIALIS LEMOVICENSIS, QUI TANDEM IN HABITU ET PROFESSIONE PRÆDICATORUM, ANNIS PLENUS, OBIIT, ANNO DÑI 1497 19ª MENTIS JULII ANIMO EJUS REQUIESCAT IN PACE AMEN.

Une tombe de l'église des Jacobins portait cette inscription. Un prêtre de même nom, mort à la même époque, était enseveli à quelques pas plus loin. C'était sans doute un frère du précédent; il avait voulu dormir près de lui son dernier sommeil. A côté de la tombe, un cuivre ciselé représentait le défunt offert à la sainte Vierge par saint Etienne. Cette composition rappelait ingénieusement que le défunt avait été successivement chanoine de la cathédrale de Limoges, qui a pour patron saint Etienne, et membre de la famille dominicaine dont l'ordre est spécialement consacré à la sainte Vierge.

(211)

1497.

NUDIS SUB SAXIS RECUBAT TAM NOBILE CORPUS
    MARTIALIS BOYOL : QUI MODO SUMMA TENET
CANONICUS FUIT, OFFICIALIS LEMOVICENSIS,
    ET BURGI PASTOR : QUI BENÈ FOVIT OVES.
ORBIS TANTA BONA DIMISIT : PRÆDICATORUM
    TANDEM VITA PIA JAM SIBI GRATA FUIT.
MORIBUS HIS NUSQUAM PECTUS FULCIRE NEGABAT.
    DOGMATIBUS CUNCTOS CONSOCIABAT ENIM.
AFFINES QUE SUOS DUXIT MAGNOS AD HONORES,
    MUNERIBUS MULTIS NAMQUE CIBAVIT EOS.
EFFUSIS LACRYMIS HUNC PLORAT CANA SENECTUS
    VOCIFERANS CITIUS CLARA JUVENTUS GEMIT.
INTERITUM TANTIQUE VIVI LEMOVICA TURBA :
    PLANGE CITO, PLANGE, LUMINA SPARGE TUA.
HIC SOCIOS SOCIAT CELESTES MUNERE DIVO.
    VIRTUTEM FULGENS, FLOREQUE SCEPTRA GE-
                                      [RENS.
MILLE QUINGENTIS, HINC DEMPTIS AC TRIBUS ANNIS
    LUCE PETIT CLARA SUPEROS, JULII DECIMA NONA
QUÆSO, JESU BONE, CUM SUPERIS SIT IN ÆTHERE
                                        [TECUM,

(XVᵉ SIÈCLE.)

DEPRÆCOR UT REDEAT SPIRITUS AD DOMINUM.
AMEN.

Inédite. Nadaud.

Dans l'église des Jacobins de Limoges, du côté du cloître, était fixée une plaque de cuivre sur laquelle se lisait cette inscription. Le graveur avait figuré au-dessous les armes des Boyol : d... *à la fasce d'or surmontée d'un lion passant; le bas de l'écu chargé de six besants*, 3, 2 *et* 1. Il serait possible que cette épitaphe et la précédente s'appliquassent au même personnage.

(212)

1498.

A. D. M CCCC ONCTA   *Anno Domini* 1498 *oncta*
NONAGS° VIII.               ou *consecrata.*

Inédite.                A Saint-Pardoux-Lavau.

L'église romane de Saint-Pardoux-Lavau a été refaite au xvᵉ siècle, conformément à une ordonnance épiscopale de 1483. De cette époque date un collatéral ajouté au midi. Sa voûte est ornée de nervures polygonales qui pénètrent dans des colonnes cylindriques sans chapiteaux. Sur le clocher qui précède ce collatéral est cette inscription, en caractères en relief; elle nous donne le terme de cette restauration, et nous fixe d'une manière positive sur le style de nos constructions au xvᵉ siècle. Plusieurs centaines d'églises du Limousin, à la même époque, étaient reconstruites ou restaurées. Nous en avons la liste.

(213)

1500.

DN̄S LEONARDUS
ROMAËTI LICEN̄ I DEC̄
CAN<sup>c</sup> AHN̄ MONAST<sup>i</sup>
FECIT FIERI ET FŪDARE
BINNOS CAPELLĀ IN
SEPULCM̄ AÑO M̊
QIN̄GENTESIMO.

*Dominus Leonardus
Romaneti Licentiatùs in decretis
Canonicus Ahentensis monasterii
Fecit fieri et fundare
Binnos capellanos in
Sepulchrum anno millesimo
Quingentesimo.*

Inédite.                    Église d'Aymoutiers.

Une chapelle du xv<sup>e</sup> siècle, dans la remarquable église d'Aymoutiers, était ornée d'une représentation de Notre-Seigneur mis au tombeau; c'était ce qu'on appelait alors un sépulcre. Cette inscription nous apprend que le chanoine de Romanet avait fondé deux vicairies dans cette chapelle. Son écu, chargé d'un chevron qu'accompagnent trois écots, se voit encore près de l'inscription. Cette famille fut toujours généreuse. Le dauphin Charles étant né au mois de juin 1470, après le *Te Deum* chanté à Aymoutiers, on fit des feux de joie par toute la ville. Etienne Romanet donna du pain et du vin à tous les venants, et mit des tables dans les rues. ( Cs. *Bon*., III, 721.)

(214)

xv<sup>e</sup> siècle.

ADEMARUS DE RUPE CAVARDI, ARCHIDIACONUS DIVIONENSIS, DEDIT HOC OPUS DEO ET BEATO VICTURNIANO CONFESSORI, ANNO DOMINI M. CCCC.

Ce souvenir du pieux donateur Adémar de Rochechouart se lisait sur le pied d'un magnifique buste d'argent qui conservait le chef de saint Victurnien, dans l'église de ce nom.

(215)

xv<sup>e</sup> siècle.

LA CONFRÉRIE DE S. FIACRE FER FAR LOST JOYAU

Inédite.                                    Legros.

Un reliquaire en cuivre doré de l'église paroissiale de Saint-Pierre-du-Queyroix de Limoges représentait saint Fiacre, patron des jardiniers. Sur le pied était gravée cette inscription, en langue romane. Un autre reliquaire daté, avec inscription en langue romane, et de même facture, nous permet d'assigner à celui-ci pour date le commencement du xv<sup>e</sup> siècle. On voit que le français lutte ici avec l'idiome national, c'est-à-dire, la langue romane.

(216)

xv<sup>e</sup> siècle.

BERTA DE BENA.

Inédite.                          Chapelle Saint-Antoine.

Près de Felletin, sur la route de Crocq, s'élève l'église Saint-Antoine ; une chapelle seigneuriale soudée au chœur, du côté du midi, en est séparée par une clairevoie à jour élégamment taillée dans un granit rose. La chapelle, coiffée sur son angle d'une tourelle, a sa porte particulière que surmonte un blason chevaleresque. On lit au-dessus ces simples mots. Ce sont les armes et le nom de Berte de Bena, issue de la famille de la Borne, qui au xv° siècle épousa Barton de Montbas, père de l'évêque de Limoges du même nom. Nous sommes heureux d'avoir aidé à restaurer ce gracieux petit édifice.

(217)

xv° siècle.

### JINIB.

Inédite.                                                 A Bonlieu.

Dans la nef de l'église de Bonlieu est couchée une statue tumulaire d'abbé, grande comme nature, mais due à un mauvais ciseau. Le défunt tient entre ses mains un écusson chargé de deux fasces et en chef de trois besants. Le lien auquel est suspendu cet écusson porte cette inscription : *Jinib* ou *Jinis*. Ce nom ne convient à aucun des abbés de ce monastère. La voûte d'une chapelle du xv° siècle du château du Mazeau, à deux lieues de là, porte les mêmes armes, sommées d'une crosse. Cette indication pourra aider à trouver l'interprétation de ce mot.

(218)

xv° siècle.

### P. BLALI.

Inédite.                                            Abbaye de Bonlieu.

Le sanctuaire en ruines de l'église de Bonlieu a une

décoration peinte au xvᵉ siècle. Elle est formée d'un réseau rouge, semé de fleurons et de chiffres pieux. Ces mots s'y trouvent aussi; est-ce le nom de l'auteur de cette décoration?

(219)

xvᵉ siècle.

AVE REX JUDEOR.  *Judæorum.*

(*V.* pl. XXIII.)  Inédite.

Un reliquaire de cuivre jaune en forme de tour est gravé sur le pied d'une composition assez originale. Un dragon se replie en cercle, et sa gueule entr'ouverte va saisir la jambe d'un homme à demi nu, qui mord la queue du monstre. Autour, en caractères indécis, est transcrite l'inscription rapportée plus haut. Il résulte d'un procès-verbal renfermé dans la tourelle que les reliques conservées dans cette monstrance n'y ont été déposées qu'en 1818. Cette pièce, signée de M. Juge-Saint-Martin, curé de la paroisse de Saint-Julien-le-Petit, propriétaire de ce reliquaire, ne nous fournit donc aucun éclaircissement. Les armoiries gravées sur le pied ont aussi une forme très-indécise. Notre dessin donnera du tout une idée assez exacte.

(220)

xvᵉ siècle.

C'EST LA OFRÉRIE ¹ S. PSALME.  ¹ *Confrérie.*

Inédite  Église d'Aymoutiers.

La chapelle consacrée à saint Psalmet dans l'église d'Aymoutiers est décorée, comme tout le reste de l'édifice, de vitraux à personnages du xv⁰ siècle. Au bas de ces vitres, les donateurs, hommes et femmes, sont agenouillés en deux groupes distincts et nombreux. Cette *signature* répétée par deux fois nous apprend que ces vitres furent un don de la confrérie de saint Psalmet, établie dans cette église. Cette partie de l'édifice n'était pas achevée en 1471 ; ces vitraux sont donc de la fin du xv⁰ siècle. Il est intéressant d'y étudier les costumes de cette époque.

(221)

xv⁰ siècle.

NE DESPERETIS VOS QUI PECCARE SOLETIS
EXEMPLOQUE MEO VOS REPARATE DEO.

Inédite. Legros.

Derrière le maître autel de l'église de Saint-Martial, une statue de sainte Madeleine portait un rollet sur lequel se lisait ce dystique.

(222)

xv⁰ siècle.

P E L
D M M     T
L (N ou C)

Inédite. A Jabreilles.

Une console, ornée de feuillages, supporte un écusson sur lequel sont sculptées, en relief, les lettres que nous venons de transcrire. Les caractères sont ceux du gothique de la première époque ( gothique arrondi); mais l'ornementation accuse le xv⁰ siècle. Les lettres sont dans un ordre beaucoup moins régulier que celui que nous avons dû adopter ; la typographie moderne ne se prête pas à rendre ces irrégularités. Plusieurs lettres sont aussi douteuses, malgré leur grande dimension.

(223)

xvᵉ siècle.

JHG : S. LVP : SVB : XPM : SONO : VENTOS : AVRASQVE : REPONO.

Ces caractères, environnés d'ornements et de feuillages, se lisaient, avant la révolution, sur une cloche de l'église de Saint-Michel.

A Mézières, à Chamboret, à Peyrilhac, etc., on voit encore des cloches datées du xvᵉ siècle.

(224)

xvᵉ siècle.

XPS. REX. VENIT. IN. PACE. DS. HO. FCS. EST. MARIA. MLE.

Inédite.     Prieuré de la Plain.

A deux lieues du Dorat, sur la route du Blanc, s'élève le prieuré de la Plain, converti aujourd'hui en ferme. L'église, voûtée en pierre, est parfaitement conservée. Toute son ornementation sévère indique qu'elle est fille de la collégiale du Dorat. Elle appartient à l'époque romane. La voûte et les murs sont couverts de peintures du moyen âge, que le foin accumulé dans ce saint édifice ne nous a pas permis d'étudier. L'autel roman, semblable à celui de la crypte du Dorat, accompagné d'une piscine isolée en forme de colonnette, est encore en place. Dans le pinacle est suspendue une cloche sur laquelle se lit cette inscription en caractères gothiques ronds. Deux empreintes de monnaies ajustées par le fondeur au-dessous de l'inscription nous ont permis de fixer son âge. Les exemples de décorations ainsi empruntées aux monnaies du temps sont assez rares. On se rappellera qu'à quelque chose près, cette inscription se lisait sur une cloche de Saumanes datée du $IX^e$ siècle. (*Voy.* le texte ci-dessus, p. 18.) Les abréviations n'arrêteront personne : *Ds. ho. fcs* pour *Deus homo factus est*, et *Mle* pour *Magdalene*, se devinent à première vue.

### $XVI^e$ siècle.

Le $XVI^e$ siècle est une époque d'incertitude. L'hésitation s'y manifeste dans l'épigraphie comme dans les autres arts. L'écriture de la quatrième époque (gothique carré) est employée habituellement jusque vers 1540. A dater de ce moment, se développe l'emploi de la majuscule romaine concurremment avec les deux alphabets gothiques, rond et carré. Un quatrième système d'écriture, semé de points et de renflements circulaires, prend naissance en même temps. Enfin, une autre écriture formée d'ornements gracieux, embellie d'animaux souplement sculptés, fleurit aussi à cette époque. Le château de Pompadour conserve des reliefs de ce genre qui ont une grâce surprenante. Nous ne donnons pas de *spécimen* de ces écritures bizarres. Constamment leur emploi s'unit à des œuvres d'art, sculptures ou peintures, dont le caractère bien décidé suffit pour faire reconnaître leur âge.

(225)

1507.

L'AN MIL CINQ CENT ET SEPT, FUT INHUMÉ
SOUS CETTE TOMBE, ICY DEVANT
UN PRESTRE JEAN COUSSAC NOMMÉ,
QUI, PAR SON DERNIER TESTAMENT,
SUR SES BIENS, ENTIÈREMENT
FONDA LE VIN DES MESSES, EN CONDITION,
QUI EN PREND, AVANT DÉPARTEMENT,
DOIT SUR SA TOMBE UNE ABSOLUTION
     REQUIESCAT IN PACE.

Cette épitaphe se lisait à côté du bénitier qui est sous la porte septentrionale de l'église Saint-Michel-des-Lions à Limoges.

(226)

1509.

SANCTA MARIA ORA PRO NOBIS
LAN M V C (e)T VIIII
TE DEUM LAUDAMUS.

Inédite.           A Auriat.

Cette inscription se lit sur la cloche de l'église paroissiale d'Auriat. Les lettres en gothique carré, à l'exception du T, imitent des rubans repliés à leur extrémité. Elles sont disposées sur un fond de fleurons élégants.

(227)

1511.

SIMON B. DE POMPADOUR. M. CCCCC. XI.
DE VILANDANUS.

Inédite.           Legros.

Une cloche de la Règle portait cette inscription. Nous

demandons un peu d'indulgence pour les inscriptions de ce genre, que nous avons encore à transcrire en assez grand nombre. Lors même qu'elles ne nous feront pas connaître quelques maîtres fondeurs inconnus, ces simples dates pourront, à la longue et en se réunissant, fournir la matière d'une appréciation qui aurait son intérêt. S'il était établi que la plupart des cloches datent d'une certaine époque, ne pourrait-on pas induire de ce fait, en apparence si insignifiant, qu'il y eut alors un retour aux pratiques religieuses, retour qui avait sa traduction dans la restauration de l'art catholique? Notre recueil est une déposition, et nous devions tenir à la faire complète. Après nous, d'autres tireront de ces matériaux un parti que nous n'avons même pu entrevoir.

(228)

1513.

CI : GIST : NOBLE : HOMME MAITRE MARCIAL FORMIER LICENCIÉ EN DROIT CANON JADIS ABBÉ DE SAINCT JEHAN D'ANGELY ET CHANOINE DE CÉANS ET MOURUT EN AIGE DE QUATRE-VINGT-DIS ANS, LE QUATORZIÈME JOUR DE MARS. MIL. CINQ. CENS. ET TREIZE. ANIMA EJUS REQUIESCAT IN PACE.

Église de Saint-Junien.

Derrière le maître autel de l'église de Saint-Junien, au niveau du pavé et masquée en partie par le marchepied, est une grande dalle funéraire de cuivre, large de trois pieds quatre pouces, et longue de sept pieds. Elle est formée de trois feuilles de métal ajustées ensemble. Sur cette dalle est figuré un *prélat* revêtu des ornements sacerdotaux, tenant une crosse et coiffé de la mitre. Il est disposé dans un cadre d'architecture en style gothique fleuri. Des statuettes nombreuses de saints sont distribuées dans cette niche. Tout ce travail est gravé d'un burin large et parfaitement maître de son effet. Les figures ont une grande élégance. Un trait habile rend avec bonheur mille détails de la plus grande richesse, et jusqu'à la broderie à ramages de la chasuble. L'inscription gravée à l'entour a beaucoup d'élégance. Les majuscules sont en gothique rond; les minuscules en gothique carré s'épanouissent en fer de lance aux extrémités.

Cette magnifique dalle est peut-être le seul exemple conservé en France de ces nombreux tombeaux de cuivre qui formaient le sol de nos vieilles églises. L'Angleterre, mieux avisée, en a sauvé un bon nombre. Il est heureux que le seul exemple que nous possédions puisse soutenir avantageusement la comparaison avec ce que nos voisins ont de plus beau en ce genre. Il est vrai que cette dalle est l'œuvre de l'école d'orfévrerie la plus habile du monde.

Martial Formier, dont ce tombeau rectifie le nom mal écrit jusqu'à présent, fut un des bienfaiteurs de l'église de Saint-Junien. On devait à ses libéralités une représentation de Notre-Seigneur au sépulcre, dont les débris très-remarquables sont encore conservés dans la chapelle Saint-Martial de l'église de Saint-Junien. Seize grandes figures peintes et sculptées formaient cette composition.

(229)

1516.

AD LECTOREM
QUISQUIS AD HÆC VERTIS MONIMENTA INGENTIA
[VULTUM
GRANDE MORÆ PRECIUM, SISTE VIATOR ITER
NAM JACET HIC NULLI QUONDAM VIRTUTE SECUNDUS;
NOMEN JOANNES CUI GAYOTUS ERAT.
VIR BASTIDORUM VETERI DE STIRPE PARENTUM
ÆDITUS ET JURIS NON UTRIUSQUE RUDIS
PRÆCIPUIS TEMPLI PERFUNCTUS HONORIBUS HUJUS,
NEC POSTREMA SUI FAMA SODALICII :
SUMMUS PRESBYTERUM, SUMMUS PRÆCENTOR, ET
[IDEM
QUIPPE FUIT. SUPEROS NIL TAMEN ISTA MOVENT
SIC RAPUERE ILLUM, QUÆ NULLI PARCERE NORUNT
FATA, LEVISQUE JACET, FACTUS ET IPSE CINIS,
MENSIS ENIM SEXTI QUÆ PRIMÆ PROXIMA LUXEM
ABSTULIT HUNC SUPERIS INSERUITQUE CHORIS,
AD TER QUINGINTOS CUM SEXDECIMUS FORET AN-
ADDITUS A VERI COGNITIONE DEI.      [NUS,
EJUS ET AD TUMULUM SOLEMNIA SACRA QUOTANNIS
EX MERITO FIERI TEMPUS IN OMNE SOLENT
QUANDO VOLES DISCEDE : LICET, DISCEDE, VIATOR,
ET DIC HUIC CINERI : SIT TIBI LONGA QUIES.

Inédite.                                    Legros.

Ces vers, gravés en caractères romains sur une plaque de cuivre, se lisaient dans la première chapelle, à gauche, dans la cathédrale de Limoges. Au-dessous de l'inscription se voyait le monogramme ✝ et les armes des Bastides : *d'azur à une face de taureau de gueules*, *chargé d'un chevron d'or brochant sur le tout.* Ces armes décorent encore les vitraux peints de cette chapelle. Ces vitraux sont donc dus probablement à ce chanoine. Ils ont du reste tous les caractères du xvi° siècle.

(230)

1520.

ANNO MILLENO QUINGENTO BIS QUOQUE DENO
  TUNC ERAT AUGUSTI DENAQUE SEXTA DIES
PROEJECTI SANCTI CURATUS ET IPSE JOHANNES
  VIGIER HOC TEMPLO QUOD SEQUITUR STATUIT
QUUM SOL OCTAVAM LUSTRABIT FULGIDUS HORAM
  ET VENERIS VENIET QUÆLIBET ALMA DIES
ACTUS VIGINTI CUM QUATUOR ANTE DABUNTUR
  CAMPANE MAGNE CONVENIAT POPULUS.
UNUS TUNC FRATRUM DE MISSA BENE ROGANDO
  INCIPIT MISSAM DE CRUCIS OFFICIO
LUMINA RECTORIS CUM POSTERA CLAUSERIT HORA
  SACRA PERFICIENS INCIPIET REQUIEM,
MISSA CELEBRETUR, BERNARDINIQUE SACELLO
  SANCTI POST MISSAM SOLVERE BUSTA DECET,
UT LABOR ISTE PIUS FOVEATUR MUNERE CENTŪ
  ARGENTI LIBRAS FRATRIBUS IPSE DEDIT.
QUAS LIBRAS CENTŪ CŌMUNI FEDERE FRATRES
  ECCLESIE FABRICE CONSTITUERE SUE
TUNC GEMINI TESTES, GEMINUSQUE TABELLIO
                        [PRÆSENS
MENTIBUS ET CARTHIS HÆC POSUERE SUIS.

   Inédite.                                  Legros.

Cette fondation se lisait aux Cordeliers de Limoges, au-dessus de la porte de la chapelle Saint-Cosme et Saint-Damien.

(231)

1522.

O MATER DEI MEMENTO MEI.

. . . . MA FEIT FERE VIARSAT CHAMBRIER DE . . .

M. D. XXII
F. FRANÇOIS.

Inédites.                     Église de la Borne.

« Une vitre peinte de l'église de la Borne occupe les trois jours d'une fenêtre ogivale du fond de l'église. Dans la partie inférieure est endormi Jessé, vénérable vieillard à longue barbe blanche. De sa poitrine sort une vigoureuse tige verte sur laquelle se sont épanouies de larges fleurs à calice violet. Elles sont occupées par neuf rois aïeux de Notre-Seigneur Jésus-Christ, tenant des philactères sur lesquels se lisent des inscriptions en caractères romains. Dans la dernière fleur, au sommet du vitrail, est debout la sainte Vierge offrant l'Enfant Jésus à l'adoration du monde. Toute cette composition, d'un ton très-chaud, se détache sur un vigoureux fond rouge. Au bas de la verrière, à droite du spectateur, est agenouillé un personnage regardant la Vierge. Il est vêtu d'une soutane bleuâtre; son chef est largement tonsuré. Derrière lui, et debout, une sainte âgée et vêtue de blanc (sainte Anne) paraît le présenter à la sainte Vierge. Une banderole déroulée devant le donateur porte ces mots en caractères romains : *O mater Dei, memento mei.* Un écusson suspendu à la hauteur de sa tête est *d'argent à sept fusées de sable*. Un autre écusson décore la gauche du vitrail ; il est *d'or à la croix ancrée de gueules*. Au-dessous, un cartouche en verre blanc porte cette inscription :

M. D. XXII

F. *François*.

» La date est en caractères romains, et la signature en caractères gothiques. A l'autre extrémité du vitrail, on lit sur un écusson en verre bleu : *Ma feit fere Viarsat chambrier de...* . »

Nous empruntons cette citation à notre histoire de la peinture sur verre en Limousin. Fort de ce témoignage, nous avions cru pouvoir attribuer cette vitre à un peintre sur verre inconnu jusqu'à ce jour : F. François. Cette conjecture a déjà été répétée par plusieurs auteurs.

Un manuscrit du milieu du xviie siècle, conservé parmi les papiers Robert, était venu jeter quelques doutes sur cette attribution. Le F. Eustache, récollet d'Aubusson, y raconte, à la date du 15 octobre 1643, que *l'église de la Borne fut faicte bâtir par un moine, chambrier de Chambon, nommé frère François de Viarsac*. On vient de lire une inscription mutilée qui confirme ce fait. Il paraissait donc assez probable que l'inscription F. François était allée, grâce à un déplacement, créer une personnalité sans fondement.

Aujourd'hui le doute n'est guère permis. La prétendue signature F. François est peinte sur verre bleu comme l'inscription tronquée : *Ma feit fere... Viarsac chambrier de...* ; les caractères gothiques de deux fragments sont semblables. Enfin, j'ai acquis la certitude que le vitrail de la Borne, confié aux soins d'un vitrier peu intelligent, a subi, il y a six ans, un remaniement complet. Le nom de F. François sera donc rayé du catalogue de nos peintres sur verre. Il est à regretter que l'auteur de ce vitrail ne soit pas connu. C'est une œuvre des plus remarquables.

(232)

1524.

AVE M. GRĀ PLĒ ORA PRO NOBIS. *Maria gratia plena.*

---

FAITE LĀ 15.4
J. B. S.

Inédite.  Église de la Borne.

L'inscription d'un vitrail nous a donné l'occasion de faire connaître le personnage auquel est due la remarquable église de la Borne. Ses armes, semblables à celles que porte le vitrail, sont sculptées aux deux côtés du portail ouvert sur le flanc nord. On lit à l'entour l'invocation transcrite plus haut. Ce portail offre un curieux exemple de polychromie appliquée à la sculpture. Il est en style flamboyant. Une statue de la Vierge occupait le trumeau. Les voussures peintes en rouge ont reçu une décoration jaune figurant des feuilles frisées et des pierreries; les dais sont verts. Dans le tympan, le même pinceau a représenté quatre personnages agenouillés et invoquant la sainte Vierge, figurée en relief. C'est un des très rares exemples où la sculpture et la peinture concourent vers un but unique.

L'inscription : *Faite l'an* 1524, se lit en lettres sculptées en relief sur un contre-fort, au nord de l'église. Le vitrail serait donc antérieur de deux ans à l'église qu'il décore.

L'inscription : J. B. S. (*S. Johannes Baptista?*), en lettres enlacées, est sculptée en relief sur une clef de voûte de la chapelle méridionale.

Ainsi, cette église rapproche dans ses inscriptions tous les genres d'écriture : romain, gothique carré, formes douteuses, s'y réunissent. On sent qu'on est à une de ces époques incertaines où le passé lutte avec un présent qui veut se transformer, où l'art cherche avec hésitation une voie nouvelle.

(233)

1526.

SANCTE JOHANES.—SANCTA MARIA ORA PRO NOBIS
L'AN MIL CINQ CENT VINGT-SIX.

Inédite.                            A Darnac.

Ces mots se lisent sur la cloche de la paroisse de Darnac.

(234)

1528.

XII VIRI MVNICIP
BEG·BENEF· ÆRE PVB.
ANNO D CIƆ D· XXVIII.

                                           Limoges.

Cette inscription entaillée sur un granit se lit au-dessus d'une porte d'un moulin à pâte de porcelaine, près le pont Saint-Martial. Legros nous apprend que cette pierre était placée, en 1775, aux remparts de Limoges, sur l'éperon Saint-Mathieu, entre la porte Montmailler et celle des Arènes. Selon cette inscription, assez intelligible, les douze consuls firent cette construction des deniers publics (*ære publico*), l'an du Seigneur 1528. Au moyen de légers changements, M. Duroux (*Essai hist.*, p. 261) transforme ces quelques mots en date romaine : l'an de Rome 778, *anno conditæ Romæ*. Avis à ceux qui copient mal à propos les Grecs et les Romains ! La postérité pourra bien nier leurs œuvres et leur personnalité, si le costume a une physionomie trop antique.

(235)

1550.

CESTE CHAPELLE, ENSEMBLE LA REPRÉSENTATION
DU SÉPULCHRE ET RESURRECTION NOSTRE SEIGNEUR
JESUS-CHRIST, ONT FAICT FAIRE ET EDIFIER
MARTIAL ROMANET, ET PEYRONNE SALEYS
SA FEM̄E, DU CONSENTEMENT DE MESSIEURS LES
CURÊS T FABRICATEURS DE LA PÑT EGLISE,
ET ESLEU EN ICELLE LEURS SÈPULTURES, OU ILS
[ONT
FONDÉ UNE MESSE CHACUN JOUR, SELON L'OFFICE
D'ICELUI, AVEC UNE COLLECTE DES TREPASSÉS,
ET POUR ICEULX, UNE ABSOLUTION A LA FIN DE
CHASCUNE MESSE ; ET TOUS LES LUNDIS SE DIRA
LA PRIÈRE POUR LES FONDATEURS D'ICELLE ; ET
SERA LA DITE MESSE SONNÉE DE LA PLUS GROSSE
CLOCHE DE LA PÑT EGLISE, PAR TREZE COUPS TOUT
INCONTINENS QUE MATINES SERONT SONNÉES, ET
MESS^{rs} P^{bres} DE COMMUNAUTÉ SONT TEÑ DIRE
LAD^e MESSE POUR CHASCUN JOUR LESD^s TREZE

COUPS FRAPPÉS; ET POUR CE FERE LESDITS
FONDATEURS ONT DONNÉ CHASCUN A LAD[e]
COMMUNAUTÉ RENTES ET CENS SUFFISANS, TANT
EN ARGENT QU'EN BLÉ ET A LA FABRIQUE QUA-
[RANTE
SOULZ DE RENTE ANNUELLE POUR FERE SONNER
[LESD.
TREZE COUPS; ET MESD. S[rs] DE LA DITE COMMU-
[NAUTÉ,
FABRICATEURS, SE SONT OBLIGÉS FERE LES CHOSES
[SUSD.
COMME APERT PAR LETTRES SUR CE REÇUES PAR
[MAISTRES
JEHAN PETIOT, ET BARTHÉLEMY TEXIER, NOTAIRES
[ROYAUX
LE XXIIe JOUR DE APVRIL, L'AN MIL CINQ CENS XXX.
CEUX QUI CETTE ÉPITAPHE LISÉS, PRIEZ DIEU
POUR LES TRÉPASSÉS.

Nadaud.

Dans la chapelle des Pénitents gris de l'église Saint-Michel-des-Lions, se trouvait la représentation de Jésus au tombeau. Toutes les figures, grandes comme nature, étaient en terre cuite. Les bustes des fondateurs s'y voyaient en saillie, à droite et à gauche de l'autel. Ce monument fut dégradé, quelques années avant la révolution, par des prisonniers dont les cachots étaient contigus, et qui se sauvèrent par la brèche pratiquée par eux. Depuis cette époque, cette décoration a été entièrement détruite. Notre inscription est la seule trace de la munificence des pieux époux Romanet.

(236)

1531.

JE SUIS LE VRAY ARBRE DE VIE,
BON A PLANTER EN TOUT VERGER :
QUI DE MON FRUIT AURA ENVIE,
SI EN PREIGNE SANS NUL DANGIER.
ON ME FIT PLANTER ET HAUCTER
L'AN MILLE CINQ CENS TRENTE ET UNG
CE FUT HÉLIE GALLICHIER
QUI DUHEM$^r$ ME FIT DEDIER
ET PARFAIRE AU MOIS DE JUING.

On lisait cette gracieuse inscription sur une croix qui était autrefois dans un petit jardin de l'ancien palais de Limoges, converti plus tard en prison. En 1780, cette bâtisse donna occasion de transporter cette croix près de la porte occidentale de l'église Saint-Michel-des-Lions. Elle ne se retrouve plus. Hélie Gallichier était consul à Limoges en 1525. Le P. Bonav. de St-Amable relate plusieurs actes auxquels il prit part en cette qualité.

(237)

1556.

I H S. M̂. SANCTE ANDREA, ORA PRO NOBIS
M. CCCCC XXXVI.

Inédite. Legros.

Trois cloches des Carmes déchaussés à Limoges portaient cette date et cette invocation. Le monastère de ces religieux était en effet consacré à ce saint apôtre.

(238)

1559.

SANCTE MAURICI ORA PRO NOBIS
L'AN MIL CCCCC XXXIX.

Inédite.                                                A Moissannes.

Ces mots se lisent sur la grosse cloche de Moissannes. Pour la dérober au creuset révolutionnaire, les fidèles de cette église, en 1790, eurent l'idée de l'enfouir. C'est ainsi que cette petite paroisse a réussi à garder deux grosses cloches.

CINQUIÈME ÉPOQUE. — APPENDICE.

Renaissance.

Désormais les inscriptions ne seront plus intéressantes que par les faits dont elles retraceront le souvenir. Notre inventaire, complet jusqu'à cette date, va choisir maintenant. Nous avons un recueil considérable d'inscriptions de la renaissance. On nous pardonnera facilement de ne publier que celles qui se font remarquer par une rédaction caractéristique du goût de chaque temps, par l'insertion d'un fait intéressant, ou par une forme littéraire. Peut-être trouvera-t-on ce recueil encore trop considérable. On sera indulgent en considération de la pensée qui nous a inspiré. Là revivent pour quelques jours des hommes de bien dont la cupidité et la haine ont violé la cendre et détruit les sépultures. Ce travail est une réparation, incomplète sans doute, mais trop longtemps attendue. Le respect de chaque époque pour les aïeux est la mesure de la durée de ses œuvres dans l'avenir.

(239)

1541.

CY PAR DESSOUS CETTE GRAND LAME,
DROIT AU DEVANT L'AUTEL POSÉE,
GYST UNE HONORABLE DAME,
YZABEAU BOYOL EST NOMMÉE.
HUIT ANS PASSÉS, COMME JE CROYS,
FEMME FUT A FRANÇOIS DU BOYS.
DE QUATRE ENFANTS QU'ELLE A CONÇEU,

AUSSI ORDONNA MESSES TROYS
ESTRE DICTES LA SEPMAINE
AVEC L'ABSOLUTION PLAINE
PAR SON VICAIRE OU COMMIS;
L'UNE, LE LUNDI DE MORTUIS,
DU SAINCT ESPERIT MERCREDY,
ET DE MARIE LE SABMEDY.
LA PRÉSENTACION APPARTIENT
A SON HERITIER PLUS PROCHAIN
LA COLLATION ET INSTITUCION
AU RECTEUR ET CURÉ DE CÉANS
DICTES TOUS, TANT PETITS QUE GRANTS
PATER NOSTER OU DE PROFUNDIS,
LEURS AMES SOIENT EN PARADIS
AMEN, 1545.

[1] Il faut peut-être lire : PETIOT.

Cette épitaphe se lisait sur une plaque de cuivre, à gauche en entrant sous le clocher de Saint-Michel-des-Lions.

(243)

1551.

AUSTRICLIANUS ANTEA VOCATUS CANONICORUM
BENEFICIO ET LIBERALITATE ITERUM REFUSUS ET
AUCTUS LIBRARUM V$^{c}$ [1] FUNDERE MENSE JULI
DESIDERIUS GAULBIOT ME FECIT. ANNO
DOMINI M° V° LI°
TE DEUM LAUDAMUS.

[1] *Accru de cinq cents livres.*

Inédite.            Legros.

Cette inscription se lisait sur une cloche de Saint-Martial, qu'on appelait le Petiniaud.

(244)

1551.

SANCTE MARTIALIS ORA PRO NOBIS
LAN M CCCCC LI.

Inédite. A Jabreilles.

Inscription de la cloche de l'église paroissiale.

(245)

1551.

LAUS TIBI DÑE, REX ETERNE GLORIE.
SC̃TE. MARCIALIS, INTERCEDE PRO NOBIS.
FECERAT INGENTEM, CURSUM RENOVAVIT ET AUXIT
NOBILE COLLEGIUM, BIS TERNIS MILLIBUS ADDENS
MILLIA QUINQUE, SUIS NON PARCENS OPIBUS, UT
PAR]
SIT, NEC IMMERITO NULLI ME CEDERE CANTU AC-
TUM.]
    TE DEUM LAUDAMUS
  DESIDERIUS GAULBYOT ME FECIT.
ANNO DÑI. M CCCCC LI° MENSE JULII.

Inédite. Legros.

La grosse cloche de Saint-Martial, laborieusement brisée en 1790, portait cette inscription. Nous apprenons ainsi son poids, sa date et le nom de son auteur.

(246)

1564.

MAL SONT LES GENS ENDOCTRINÉS
QUĀT P̄ FEM̄E SONT SERMONÉS.
  (*V*. pl. XXV.)

Nous avons décrit ailleurs le vitrail représentant Jeanne d'Albret prêchant le protestantisme à Limoges. Le dessin que nous reproduisons est un calque fidèle qui rend non-seulement les dimensions, le dessin et la composition de l'original, mais encore le système d'ombres, de hachures et d'enlevés en clair. Nous répétons que nous ne saurions voir dans cette composition autre chose qu'une satire populaire dirigée contre la protectrice des huguenots. Les moines de Saint-Martial ne pouvaient songer à des représailles en 1564, puisque l'abbaye était sécularisée dès 1535. Ils auraient d'ailleurs su donner à leur œuvre une proportion plus importante, et ne l'auraient pas reléguée dans une cuisine de la rue Manigne, rue où ils n'avaient aucune propriété.

(247)

1567.

A LA GLOIRE ET HONNEUR DU GRAND DIEU IMMOR-
[TEL
DE LA VIERGE ET DES SAINCTS SUR LE MARBRE ET
[AUTEL
NOUVELLEMENT DRESSÉ CY DANS CETTE CHAPELLE
FEU SIEUR PIERRE MAUPLO DE LIMOGES FIDELLE,
EN SON VIVANT BOURGEOIS ET MARCHAND RE-
[NOMMÉ
AVEC SON FRÈRE AUSSI MAITRE PIERRE NOMMÉ
PRÊTRE A DIEU CONSACRÉ EN CE LIEU VENÉRABLE,
MARGUERITE BOULHON, PAR DÉVOTION LOUABLE
FEMME DUDIT MAUPLO A PERPÉTUITÉ
UNE MESSE ONT FONDÉ TANT POUR L'UTILITÉ
DES MORTS QUE DES VIVANTS, TOUS LES JOURS A
[SIXTE HEURE
DU MATIN CÉLÉBRÉE HUMBLEMENT SANS DEMEURE

PAR UN PRÊTRE EN SON RANG DE LA COMMUNAUTÉ
ET AFFIN D'ATTIRER L'ESPRIT A LA BEAUTÉ
CONTEMPLER DE JÉSUS LA BEAUTÈ SUPERNELLE
LA SUSDITE BOULHON POUR MEMOIRE ÉTERNELLE
A FAICT HAULT ÉRIGER LA PLUS QUE GLORIEUSE
TRANSFIGURATION ; PUIS EN TABLEAU HEUREUSE,
PASQUES QUE JÉSUS FIT DONNANT SON CORPS ET
[SANG
AUX VRAIS CHRÉTIENS POUR GAGE A JAMAIS LE
[LAISSANT.
DEO GRATIAS.
1567.

Inédite. Legros.

La chapelle de la Transfiguration, dans l'église de Saint-Pierre du Queyroix à Limoges, était éclairée par un vitrail représentant la Transfiguration, vitrail détruit en 1805. Cette prose rimée nous en fait connaître la date et les donateurs. Au bas se voyait les armes de Mauplo : *Mi-parti de sable à un aigle éployé et de gueules à trois pommes de pin.*

(248)

1571.

PER SIGNUM CRUCIS
DE INIMICIS NOSTRIS
LIBERA NOS DEUS
NOSTER, 1571.

Inédite. Legros.

Un triptyque en émail, placé au-dessus de l'autel du Sépulcre de Saint-Martial, représentait la Crucifixion. L'inscription était tracée au bas, entre deux écussons. Le premier portait écartelé au premier et au quatrième d'azur, à la tour d'or, et au deux et trois d'or fascé de gueules. L'autre écusson portait les armes des *Limousins*. C'était donc une œuvre, sinon un don en émail du peintre Léonard Limousin.

(249)

1574.

VICIT LEO DE TRIBU JUDA 1574.

Inédite.                                                       Legros.

Ce passage emprunté à l'*Apocalypse* et cette date se lisaient sur deux cloches de la cathédrale de Limoges. C'est une allusion bien claire aux événements politiques du temps.

(250)

1574.

UT VOCE TVBARVM CORRVERVNT MVRI JERICHO,
SIC, ME SONANTE, CONCIDIT FORTITVDO DEMONVM.
VERBVM DÑI MANET.
EXPENSIS DÑI. SEBASTI. DE L'AVBESPINE,
80. A S. MARCIALE LEMO. EPI
ET DÑORVM CAPITVLI ECCLESIÆ
CONFLATA
1574.
ET VERBUM CARO FACTVM EST.

Inédite.                                                   Legros.

Les deux grosses cloches de la cathédrale de Limoges portaient cette inscription. Toute cette belle sonnerie datait donc de 1574. C'est l'époque de la restauration du clocher. ( Cs. *Bonav. de St-Amable*, III, 790. ) La foudre, en abattant la flèche, avait incendié la charpente et fondu les cloches le 30 juin 1571.

(251)

1575.

JESUS MARIA. JE FVS FAICTE LE 7 JOVR
DE FÉVRIER 1575. SANTE MARCIALIS
ORA PRO NOBIS.

Inédite. Legros.

On lisait ces mots sur la plus petite cloche de Saint-Martial.

(252)

1575.

TIBI SOLI DEO HONOR ET GLORIA
SANCTE MAURICI.—SANCTA MARIA ORA PRO NOBIS.
MVCLXXV.

Inédite. A Moissannes.

Ces mots sont inscrits sur la petite cloche de Moissannes. On notera l'orthographe de la date.

(253)

1577.

ICY EST INHUMÉ LE CŒUR DE FEU HONORABLE
[HOMME
LOYS D'AUBEROCHE, S$^R$ DUDICT LIEU, EN SON VI-
[VANT
SECRÉTAIRE DE MONS$^R$ L'ADMIRAL DE FRANCE LE-
[QUEL
APRÈS AVOIR SERVY SON MAISTRE HEUREUSEMENT

ET FIDELLEMENT EN AFFAIRES D'IMPORTANCE, TANT
[AU
PAYS DE PIEDMONT ET SAVOYE QUE EN FRANCE
DÉCÉDA A PARIS LE DERNIER JOUR DE NOVEMBRE
1577, OU MOURANT EN BON ET FIDÈLE CHRESTIEN
RECOMMANDA SON AME A DIEU, SON CORPS A
[L'ÉGLISE
DE S. SÉVERIN, OU IL REPOSE, ET SON CŒUR, A SA
[CHÈRE
FEMME QU'IL VOULUST LUY ÊTRE PORTÉ, AFFIN
[D'ESTRE
ICY MIS AVEC SES PRÉDÉCESSEURS, POUR TESMO-
[NIAGE
DE L'AMITIÊ QU'IL PORTOYT A SON PAYS, A SA
[FEMME
ET AUX SIENS, LEUR DONNANT LA MEILLEURE PART
[DE CE
QU'IL LAISSOYT A LA TERRE, PUISQU'ILS ESTOYENT
PRIVÉS DU RESTE. EN MÉMOYRE DE QUOY MARGUE-
[RITE
DE CRESSAC, VEFVE DU DEFFŪCT A FAICT FĒ CE
[TOMBEAU
REQUIESCAT IN PACE.

Inédite.               Legros.

On lisait ces mots dans la chapelle du cimetière de Laval-Magnac.

(254)
1581.

EPITAPHIUM S. BOSII PRÆFECTI
LEMOVICIN. EODEM AUTHORE
QUI OBIIT 16 CALEND. AUGUSTI
1581 ÆTATIS VERO 45.

ASTA VIATOR, ET COGITA HUIC MEÆ SIMILEM

ALIQUANDO FORE CONDITIONEM TUAM.
HONESTO LOCO NATUS; APUD MEOS IN HONORE
VIXI PRÆFECTUS HUIC LEMOVICENSIUM PROVINCIÆ
CUIQUE PRO CAUSÆ EQUITATE JUS DIXI
PARUM REI ANGENDÆ CUPIDUS, PLURIMUM
HONESTÆ EXISTIMATIONIS POSCENDÆ, LITTERAS
ET LITTERARUM STUDIOSOS SEMPER VALDÈ
AMAVI. ID TANTUM TE SCIRE VOLEBAM
NUNC, ABI IN REM TUAM, HÆC MODO ADDAS :
SALVE ÆTERNUM (Simeo Bossi) QUI MORTALITATI
   IMMORTALITATEM PRÆTULISTI.
JOANNA DESSENAULT CONJUX CARISSIMA PONENDUM
            [ CURAVIT.

Inédite.           Legros.

Cette épitaphe de Siméon Dubois, lieutenant général de Limoges, se lisait à Saint-Pierre du Queyroix. C'était un savant jurisconsulte; il a laissé une édition fort estimée et souvent réimprimée des lettres de Cicéron (Limoges, Hugues Barbou, 1580).

(255)

1582.

D. O. M. S.
ET ÆTERNÆ MEMORIÆ
C. V. SEB. ALBESPINEI, BEN. EPIS. REGII. CONSIST.
CONSILIARII QUI DIVERSIS CELEBERRIMIS LEGATIO-
           [NIBUS
PRO CHRISTI FRANCISCO HENRICO REGIB. IN GERMA-
NIA, HUNGARIA, HELVETIA, BIS IN BELGIO AD
           [MARIAM
REGINAM ET IMPER. CAROLUM V. (CUM QUO INDU-
           [CIAS

DIEU AU PARTIR A BIEN PROVEU [1]
CAR DEUX EN A LAISSÉ AU PÈRE,
LES AULTRES PRINT COMME LA MÈRE.
SIX JOURS MOINGS DE VINGT ET UN AN
N'A ESTÉ QU'AU MONDE VIVANT,
ET A SI BONNEMENT VESCU,
COMME TRESTOUS ONT BIEN CONGNEU
L'AN MIL CINQ CENTZ QUARANTE UNG
PAYA LE DEU QUE DOIBT CHESCUN,
ET CINCQUIESME DE JUILLET
REPOSA EN DIEU PAR BON EFFECT.
PRYONS DONC POUR NOUS ET POUR ELLE
DEVOTEMENT LE DOULX JESUS
QU'APRÈS CETTE VYE MORTELLE
SOYONS PARTICIPANS LASSUS.
    AMEN.

[1] *Dieu au partage a bien pourvu.*

Inédite.                                Legros.

Cette épitaphe, gravée sur cuivre, se lisait dans l'église Saint-Pierre du Queyroix de Limoges.

(240)

1544.

EXEMPLO TIBI SATIS SIM
    QUISQUIS ES;
SI SAPIS PRÆSENTIBUS
    NECTE FUTURA :
NATUS QUIDEM VIXI :
AT HERCLE MORI PRÆSTITIT,
UT PLUS, MAGIS VIVEREM.

CY GEIST RÉVÉREND PÈRE MAISTRE JEHAN
DE LANGHAT, EN SON VIVANT, CONSEILLER ET
[MAISTRE
DES REQUESTES ORDINAIRE DE L'HOSTEL DU ROY,
[ÉVESQUE
DE LA PRÉSENTE ESGLISE DE LIMOGES, ABBÉ DES
[ABBAYES
NOTRE DAME DE PEBRAT ET DEU ORDRES SAINCT
[AUGUSTIN,
AUSSI DES ESCHRLIEZ DE PISTEAULZ PRÉVOTZ DE
BRIOUDE ET SEIGNEUR DE BONNEBAUD QUI AURAIT
[ESTÉ
AMBASSADEUR POUR LE ROY, EZ ROYAULMES DE
[PORTUGAL
POULOGNE, ONGRYE, ESCOSSE, ANGLETERRE, EN-
[VERS LA SEIGNEURIE
DE VENIZE, SOUISSE ET POUR LE DERNIER, A ROMME,
A NOSTRE SAINT PÈRE LE PAPE PAUL TROISIÈME,
QUI DÉCÉDA LE 27 JUILLET 1541.

Inédite.                                (*V*. pl. XXVI.)

Ces inscriptions se lisaient sur deux plaques de bronze placées dans la cathédrale de Limoges, la première à la face antérieure, et la seconde au côté droit de la statue tumulaire de l'évêque Jean de Langheat. Le tombeau, admiré de tous ceux qui aiment l'art, subsiste encore, à l'exception des bronzes qui, selon l'usage, ont été dilapidés et fondus pendant la révolution. Il n'était pas besoin de cette preuve pour nous rappeler combien le bronze est peu monumental.

Il tente trop la cupidité. En voyant ériger de toutes parts des statues de bronze à nos grands hommes, en entendant promettre solennellement l'immortalité à ces images, trop souvent nous avons été tenté de sourire. Les statues de bronze n'ont pas d'avenir : qu'on le sache bien. De celles des vieux temps la révolution a fait des gros sous; celles qu'on érige de nos jours sont condamnées d'avance à un usage plus vulgaire encore.

Cette digression nous a éloigné du tombeau. Contrairement à l'opinion du savant bibliothécaire d'Angoulême, M. E. Castaigne, nous l'avons daté de 1544, et non de 1541, comme le dit la *Gallia Christiana*. Cette date 1544 y est transcrite, en écriture du temps, sur un petit cartouche dont nous sommes heureux de publier le dessin. (*V.* pl. XXVI.) La date précise de cette œuvre si remarquable est donc fixée désormais d'une manière positive. Jean de Langheat étant mort en 1541, ce n'était pas trop de trois ans pour parfaire cette sculpture si riche de détails. Sur la grille de fer qui environnait le tombeau on lisait ces légendes mutilées :

DITAT + ERVATA + FI

*Au côté gauche.*

DES + IN + CI · + · IRITV.

*Au bas.*

MAR · E :: IT + LA

*Au côté droit.*

RI + LABORE + REDDIMUR.

La devise *Marcessit in ocio virtus* se lit encore sur le plafond de l'attique.

On connaît la générosité et les bienfaits immenses de ce prélat. C'est à lui qu'est dû le jubé de la cathédrale.

Il avait formé le dessein d'achever cet édifice; l'ancien palais épiscopal, démoli en 1769, avait été bâti par lui.

(241)

1544.

L'AN QUARANTE IIII<sup>e</sup> MIL CINQ CENS,
LES CURÉ ET PREBSTRES DE CÉANS,
PAR COMMUNE DISTRIBUTION
DES BIENS CHACUN SA PORTION
SELON SA QUALITÉ ET POUVOYR
FIRENT FAIRE, POUR SE ASSEOYR,
ET VACQUER AU SERVICE DIVIN,
CES SIÈGES QUE VOYEZ AINSIN.

Cette inscription, gravée sur cuivre, dans le chœur de l'église Saint-Michel-des-Lions, rappelait l'origine des stalles qui le décoraient. Cette boiserie fut détruite quelques années avant la révolution.

(242)

1545.

CY GIST MAISTRE JORDAIN PENOT [1]
HOMME DISCRET ET BIEN DÉVOT :
AUSSI GÉRAULD PENOT SON FILS,
LEQUEL FONDA PAR BON ADVIS,
UNE CHAPELLE, OU VICAIRIE,
A L'HONNEUR DE DIEU ET MARIE :
ET POUR SES PARENTS TRÉPASSÉS :
IL LA DOTA DE BIENS ASSÉS :
ET VOULSIT CÉANS ESTRE SERVIE
ET DE ORNEMENTS BIEN GARNIE,
A L'AUTEL DE LA SAINTE CROIX

PEROPORTUNAS ANNO M. D. LVI FECIT) FÆLICITUR
  [OBITIS,
FRANCISCI II APUD HISPAN. REGEM PHILIP. ORATOR
FUIT, QUIQ' TOT RER. USU PRÆSTANTISS. A CAROLO
IX (SUB QUO FŒD. CUM HELVETIIS ICTUM RENO-
VAVIT;) HENRICO III R R ET AUGUSTA REGŪ MA-
TRE SANCTIORIS CONSILII SENATOR LECTUS, IN EO,
SUPRA XVII ANNOS, SUMMA FIDE, INTEGRITATE, PRU-
  [DENTIA IN
TANTA VETERIS DISCIPLINÆ PERTURBATIONE CLA-
  [RUIT ET TOT TANTIS
LABORIBUS XL ANNOS PERFUNCTUS TOT SE AD PIE-
  [TATIS STUDIUM
RELIQUUM VITÆ TEMPUS CŌTULIT SICQ' IN SUA
  [DIŒCESSI CŌMORA
IN ECCLESIÆ SINU GRAVISSI. MORBO OCTO DIES
  [AFFLICTA, BENÈ, BEATEQ'
OBIIT JULII, ANNO SALUTIS M. DLXXII VIXIT ANN.
  [LXIII
ME II D. II ET FUIT A BEATO MARTIALE OCTUAGE-
  [SIM. LEM. EPIS.
CUI SUCCESSIT ; L V JOH. DO LAUBEPINE.

ANAGRAMMATISMUS
SEBASTIANUS ALBESPINIUS

SALUS BEATIS, IN SUA SPE, BINA

UNA SALUS MISERIS, SPES BINA, SALUSQUE, BEATIS,
  PER GEMINAS ALAS, QUI SUPER ASTRA VOLANT.
NAM MISERIS, QUIBUS USQUE NIHIL, NON CRIMINIS
  [ACTUM
  UNA TAMEN SPES EST, IN BONITATE DEI.
SED QUI JUSSA SUI SEMPER FECERE MAGISTRI,
  ET STOLA PURA QUIBUS, LABE CARENS NITUIT.

ILLI PER GEMINAS[1], NITUNTUR IN ÆTHERA PENNAS
    DEXTRA FIDES CHRISTI LÆVA LABORQUE SUUS
TALIBUS ALBISPINA DUABUS EPISCOPUS ALIS,
    QUI DOMINUM EXPECTANS[2], PRÆSTITIT USQUE
    [VIGIL
PRÆCINCTUS LUMBOS ARDENTE ET LAMPADA QUAS-
    [SANS
    AD SPONSI THALAMOS, VENIT, IN ASTRA DEI.

[1] *Mittuntur* selon Nadaud.
[2] *Perstitit* selon Nadaud.

R. P. MESS. SEBASTIEN DE L'AUBESPINE
EN SON VIVANT ÉVESQUE DE LYMOGES
DUQUEL LE CORPS REPOSE EN L'ÉGLISE DE S$^r$
ESTIENNE DE BOURGES, DÉCÉDA EN SA
CITÉ DE LYMOGES LE 11 JUILLET M. D. LXXXII
AYANT TENU CE SIÈGE XXIII ANS POUR
LEQUEL EST CÉLÉBRÉ UNG OBIIT EN CESTE
ÉGLISE LED. JOUR, OU DOIBVENT ASSIS-
TER DEUX CONSULZ DE LA VILLE, DEUX CONSULZ
    [DE LA D$^e$ CITÉ DE LYMOGES ET
VI PAOUVRES VESTUS DE NOIR
SON CŒUR GIST ICY ET SON AME SOICT EN REPOS
    [PERPÉTUEL. AMEN.

Inédites.                                         Legros.

Au côté gauche du sanctuaire de la cathédrale de Limoges, et fixé à un pilier, était un buste en bronze représentant un évêque joignant les mains dans l'attitude de la prière. La crosse et la mitre étaient figurées aux deux côtés de la tête. Les deux inscriptions que nous avons transcrites se lisaient au-dessus, sur deux tables de bronze. Un des prélats dont elles recommandent la mémoire, chargé de nombreuses missions diplomatiques, rendit plus de services à l'Etat qu'à son diocèse. Sa correspondance diplomatique, riche de renseignements précieux pour l'histoire du xvi° siècle, vient d'être publiée par ordre du gouvernement.

(256)

1587.

CY DEVANT ET DESSOUS CES TROIS TUM-
BEAUX GISENT DAME MAGDELAINE CHAMBON
VEFVE DE FEU MARTIAL SARRAZIN L'AISNÉ, EN SON
VIVANT BOURGEOIS ET MARCHAND DE LIMOGES,
SEIGNEUR DE LA GARDE, PAROISSE DE SAINT
JUILIEN EN LA CITÉ DE LYMOGES, LAQUELLE DÉ-
CÉDA AU DICT LIEU, LE 19 JANVIER 1583
AAGÉE DE 85 ANS.
JEHAN SARRAZIN LEUR FILS SEIGNEUR DUDICT
LIEU DE LA GARDE, QUI Y DÉCÉDA LE XI°
SEPTEMBRE 1586.
DAME MARIE SARRAZIN, SA SŒUR, FEMME DE
JEHAN DE JAYAC, MARCHAND DUDIT LYMOGES
ET DAME DUDICT LIEU DE LA GARDE, QUI
DÉCÉDA LE JOUR SAINCT FRANÇOIS, LE 4°
OCTOBRE 1586.
LESQUELS COURANT LA CONTAGION
NE POUVANT ÊTRE ENSEVELIS AUX TOMBE-
AUX DE LEURS PRÉDÉCESSEURS EN L'EGLISE
DE SAINT PIERRE DU QUEYROIX DE LIMOGES
ESLEURENT EN CE LIEU LEURS SÉPULTURES
     FAIT CE 16 MARS 1587.

Inédite.                                    Legros.

Voici un triste souvenir de la peste qui désola Limoges

à la fin du xvi⁰ siècle. Il se lisait dans l'église Sainte-Félicité, près du pont Saint-Martial. Cette église du xiii⁰ siècle est aujourd'hui transformée en maison. Les armes des Sarrazin : *de... à un chevron sommé d'un croissant accompagné de trois marguerites deux et un, ou deux étoiles et d'un coq en pointe*, se voyaient au-dessous de cette inscription.

(257)

1592.

L L   P C 1592 I D M

Inédite.                                                        Legros.

La grille qui fermait le tombeau de Tève-le-Duc, dans une crypte de l'église de Saint-Martial, portait ces lettres et cette date; faut-il y reconnaître les initiales de notre Léonard Limousin?

(258)

1593.

CY GIST NOBLE PERSONNE, JEHAN
DE PASQUET, SEIGNEUR DE SAVINAC, QUI
DÉCÉDA LE 4 D'APVRIL L'AN 1593.
AGÉ DE 41 ANS. PRIEZ DIEU POUR LUY.

———

NOBLE EN SANG, NOBLE EN CŒUR, NOBLE EN
                                              [TOUTE VERTU,
J'AI TOUJOURS POUR LA FOY NOBLEMENT COM-
                                                          [BATTU
TU AS TOUJOURS ETTÉ, MON DIEU, MON ESPÉRANCE,
SOIT EN GUERRE, OU EN PAIX; MAIS QUAND SERAI
                                                                   [MONTÉ

latin, nous ne chercherons pas à l'expliquer, après que Nadaud, à qui nous devons la transcription, y a renoncé. Il pouvait cependant s'aider de l'original. Nul ne saurait nier son talent de déchiffrer les vieux textes. Les armes d'Aubert se voyaient sur ce tableau : *de...... à un chevron sommé d'un croissant et de deux étoiles, un lion passant en pointe.*

(268)

1618.

### ÉPITAPHE

SUR LA MORT DE MESSIRE CIBARD DE BRETTES,
BARON DU CROS, CIEUX, MONTROCHER EN PARTIE
ET DU BROULHAC EN BOURGOGNE.

PASSANT, IL NE FAUT PAS VERSER ICY DE LARMES
NI DE CRIS ET DE PLEURS, CESTE TOMBE ARROUSER
MOINS LE DESTIN COMMUN DE CE MONDE ACCUSER,
CAR LA MORT NE PEUT RIEN SUR LA GLOIRE DES
[ARMES.

CE QUON DOIBT REGRETTER, QUE LA FLEUR DES
]GENDARMES,
QUE LES PLUS COURAGEUX EUSSENT CRAINT D'AVI-
[SER,
MEURTRY TRAITREUSEMENT VINT ICY REPOSER
POUR SERVIR DE SUBJECT A CES FUNESTES LARMES.

POURTANT TOUS NOS SOUPIRS NE SERVIRONT DE
[RIEN.
DEUX TRAITRES FONT MOURIR LE PLUS HOMME DE
[BIEN.
MAIS L'HONNEUR SURVIVRA LA MORT, LE TEMPS
[ET L'EAGE

VIVANT BIEN IL N'A CRAINT DE LA MORT LES EF-
[FORTS :
LE CIEL A PRIS L'ESPRIT, LA TERRE TIENT SON
[CORPS,
LE MONDE SA VALEUR, SES ENFANTS SON COURAGE.
IL DÉCÉDA LE IIII° JUIN M. DCXVIII.
REQUIESCAT IN PACE.

Inédite.     Legros.

Cette épitaphe se lisait dans l'église de Cieux.

(269)

1618.

MIHI VIVERE XPS EST MORI LVCRVM. 1618.

Inédite.     Bellac.

Ce texte, emprunté aux livres saints, est gravé au-dessus du linteau d'une porte à Bellac. Il nous fournit une preuve nouvelle de l'insuffisance des formes pour classer certaines inscriptions. Aux enlacements et à certaines tournures, on daterait volontiers cette inscription de l'époque romane. Nous n'avions pas besoin de cet exemple pour reconnaître que la maladresse des ouvriers, la résistance des matériaux et le défaut d'espace, sont pour beaucoup dans certaines apparences des anciennes écritures. Le linteau où se lisent ces mots a une forme ogivale. Une maison, datée du commencement du xviii° siècle, à Servières, conserve encore les moulures de la construction gothique. Toutes ces exceptions doivent être soigneusement notées pour éclairer l'histoire de l'art.

(270)

1622.

AN. DO. M. DCXXII. RESTAURATA

Tous ces monuments en conservent encore des débris dont la mise en œuvre a cette date.

(263)

xvi<sup>e</sup> siècle (fin).

QVIT · MORS · SIT · TRIPLEX · ASOLLE ·
TROPHEVM ·

Le château de la Coste-Mézières est une remarquable construction civile du temps d'Henri IV. Il est bâti sur un promontoire dont un étang assez considérable baigne le pied. Du côté de la terre, trois arcades donnent accès dans une cour intérieure. Au-dessus de l'arcade du centre est un marbre noir sur lequel est gravée cette inscription, en belles capitales romaines. Inscription et château, tout est évidemment de la même époque. On a tenté bien des fois d'interpréter ce texte. Plusieurs l'ont fait en transformant le mot *asolle* en ces deux mots : *a sole*. C'était une erreur. Asolle est un nom propre. Quelques-uns l'interprètent ainsi : La mort, ô Asollus, t'élève un triple trophée. Ce serait une allusion aux trois arcades que surmonte l'inscription. Le château aurait été élevé à la suite d'un décès. Tout ceci n'est pas concluant; le champ des conjectures demeure ouvert.

(264)

xvi<sup>e</sup> siècle. — (Date incertaine.)

. . . LECTA DVM VIR . . . .
JACQVES      DA . .

Inédite.      Château de la Payrière.

Selon une tradition accréditée dans ces derniers temps

par des annonces qui ont retenti dans toute l'Europe et par une société en commandite, quarante millions, ou quatorze selon d'autres plus modestes, auraient été cachés dans les souterrains du château de Lapayrière, au XIV<sup>e</sup> siècle. Ces ruines, placées dans une position pittoresque qui domine le cours de la Bram, ont attiré notre attention. Nous n'y avons rien trouvé d'antérieur au XVI<sup>e</sup> siècle. Il n'y a pas une pierre qui accuse une époque moins moderne. Ce fragment d'inscription, gravé à l'entour d'une coquille, donnait sans doute le nom de l'auteur du château, Jacques d'Armagnac, et sa devise. Les *C* sont carrés ; c'est un exemple curieux de l'emploi de cette forme de caractère. Il s'explique ici par la dûreté du granit qui a effrayé le ciseau du sculpteur.

(265)

1600.

ARREST EXTRAIT DES REGISTRES DE LA COUR DU PARLEMENT DE BOURDEAUX, POUR FAIRE ENTRETENIR LE SERVICE QUI SE FAIT AU PRÉSENT SÉPULCHRE, DONNÉ REQUÉRANS MESSIEURS LES CONSULS ET BAILES DE LA FRAIRIE DU SÉPULCHRE, CONTRE MONSIEUR L'ABBÉ DE SAINT MARTIAL.

ENTRE MONSIEUR LÉONARD CLUSEAU, ABBÉ DE L'ABBAYE DE SAINT MARTIAL DE LIMOGES, APPELANT DU SÉNÉCHAL DE LIMOUSIN, OU SON LIEUTENANT AU SIÈGE DUDIT LIMOGES, ET AUTREMENT, DÉFENDEUR D'UNE PART. ET JEAN COLIN, JEAN CHAMBINAUD, BOURGEOIS ET MARCHANDS DUDIT LIMOGES, BAILES DE LA PRÉSENTE ANNÉE DE LA CONFRÉRIE DU SÉPULCRE MONSIEUR SAINT MARTIAL

DE LA DITE VILLE APPELÉS, ET AUTREMENT, DEMANDANT L'INTERINEMENT DE CERTAINE REQUÊTE ET LES CONSULS INTERVENANS AUDIT PROCÈS, D'AUTRE. LOUIS DE RAMOND POUR LES BAYLES, DE FAYARD, POUR M* LÉONARD CLUSEAU, RIVERE POUR LES CONSULS DE LA VILLE DE LIMOGES, DESAIGUES PROCUREUR GÉNÉRAL DU ROI. DIT A ÉTÉ QUE LA COUR A MIS ET MET L'APPEL, ET CE DONT A ÉTÉ APPELLÉ, AU NÉANT, ET AYANT ÉGARD A LA REQUÊTE PRÉSENTÉE PAR LESDITS CONSULS ET BAILES DE LA VILLE DE LIMOGES; ENSEMBLE A LA REQUISITION FAITE PAR LE PROCUREUR GÉNÉRAL DU ROI, ORDONNE QUE DÉSORMAIS, APRÈS LE TEMPS EXPIRÉ DE CELUI QUI EST A PRÉSENT EN CHARGE, L'ABBÉ DUDIT LIMOGES ÉLIRA UNE PERSONNE ECCLESIASTIQUE SUFFISANTE ET CAPABLE, POUR EXERCER LA CHARGE CONCERNANT LE SÉPULCHRE ET RELIQUES DE S$^r$ MARTIAL, ET DE LAQUELLE PERSONNE LEDIT ABBÉ DE LIMOGES DEMEURERA RESPONSABLE, ET NÉANMOINS SE CHARGERA PAR INVENTAIRE, QUI SERA FAIT PAR LE COMMISSAIRE, QUI SUR CE SERA DÉPUTÉ, APPELLÉS LESDITS CONSULS ET BAILES, DESDITES RELIQUES, ET AUTRES CHOSES EN DEPENDANT, LESQUELLES RELIQUES IL BAILLERA PAR MÊME MOYEN EN GARDE A CELUI QU'IL POURVOIRA A LADITE CHARGE, LEQUEL CÉLÉBRERA, OU FERA CÉLÉBRER MESSE HAUTE A L'AUTEL DUDIT S$^r$ SÉPULCHRE, AVEC DIACRE ET SOUDIACRE : SAVOIR, AU TEMPS D'ÉTÉ, A QUATRE HEURES, ET AU TEMS D'HIVER, A CINQ HEURES DU MATIN. ET FERA METTRE SUR L'AUTEL, SELON L'ANCIENNE COUTUME, AU TEMS ORDONNÉ, LESDITES RELIQUES, ET Y ENTRETIENDRA AUSSI CONTINUELLEMENT SEPT CHANDELLES DE CIRE ALLUMÉES. ET POUR CHACUN

DEFAUT DES CHOSES SUSDITES, PAR CELUI QUI AURA LADITE CHARGE, ET ADMINISTRATION, ENCOURRA LA PEINE D'UN ÉCU, PORTÉE PAR LA SENTENCE DUDIT SENÉCHAL, QUI SERA LEVÉ SANS DÉLAI, ET EMPLOYÉ POUR L'ENTRETENEMENT DUDIT SERVICE, ET SUBSIDIAIREMENT SERA PRIS SUR LE REVENU DE L'ABBÉ, OU NE SEROIT POURVU PAR LEDIT ABBÉ, DANS HUITAINE APRÈS LA VACATION, DE PERSONNE IDOINE ET CAPABLE POUR LADITE CHARGE, EN CE CAS, PERMET AUXDITS CONSULS ET BAILES, D'ÉLIRE ET NOMMER UN PRÊTRE DE LA CAPACITÉ ET SUFFISANCE REQUISE, POUR FAIRE LADITE CHARGE, QU'ILS REPRÉSENTERONT A L'EVÊQUE DIOCÉSAIN, POUR ÊTRE APPROUVÉ PAR LUI, ET DONT LESDITS CONSULS ET BAILES REPONDRONT, SANS POUR L'AVENIR TIRER A CONSEQUENCE, ET SANS DEPENS DE LADITE APPELLATION.

FAIT A BOURDEAUX, AU PARLEMENT, LE 6 JOUR DU MOIS DE JUIN, 1598. SIGNÉ DE PONTAC. A ÉTÉ EXÉCUTÉ LE PRÉSENT ARRÊT, PAR MONSIEUR DE JOYET, CONSEILLER DU ROI, ET COMMISSAIRE PAR LADITE COUR DEPUTÉ, ET EZ PRESENCES DE MESSIEURS LES GENS DU ROI, ET CONSULS DE LA PRESENTE VILLE, LE 28 FÉVRIER 1600. REQUERANS LES BAILES DE LADITE FRAIRIE.

Inédite.   Legros.

L'église de l'abbaye de Saint-Martial était formée de trois églises parallèles, communiquant ensemble, de dates diverses, mais fort anciennes toutes trois. Cette inscription, gravée sur cuivre, était placée à gauche de la porte de la basse église nommée Saint-Pierre-du-Sépulcre. L'office solennel que consacre cet arrêt a été fidèlement pratiqué jusqu'en 1790, époque de la suppression de l'abbaye.

(266)

1646.

LE IIIᵉ JOUR DE MARS 1616
REBIÈRE DICTE NEGRIERE, FEMME
DE MARᵃˡ ROBY MUSNIER DES
MOULINS DU PONT SC̅T ESTIEN-
NE, DECÉDA, ET FONDA EN L'E-
GLISE DE CÉANS, UNE MESSE
MATUTINALE, CÉLÉBRÉE TOUS LES
JOURS DE DIMANCHE AU
GRAND AUTEL A DIACRE ET
SOULSDIACRE, AVEC UNE ABSO-
LUTION GÉNÉRALE, SUR SON
TOMBEAU, AU CIMITIÈRE
DE LADICTE ESGLISE, POUR S-
ON AME, ET DE SES PARENS
ET AMIS. REQUIESCAT IN PACE
AMEN.

Inédite. Legros.

Le milieu du pont gothique de Saint-Etienne, à Limoges, était occupé par une tour qu'on a démolie vers 1819. C'était la demeure d'un meunier dont les moulins appartenaient à la ville. La fondation faite par la femme d'un de ces meuniers *aux droits de la cité* se lisait, avant la révolution, sur un cuivre, dans l'église de Saint-Domnolet.

(267)

1617.

*Épitaphe de* PIERRE AUDEBERT,

*escuier, Sr du **Francour**, vissenechal de
la basse Marche, et capitaine de cinquante
arquebusiers à cheval, pour le service du roy*

PASSANT, ARESTE-TOY, REGARDE EN CETTE BIERRE
CY REPOSE LE CORPS DU FRANCOURT GÉNÉREUX,
FRANCOURT DE QUY LE NOM CE PORTE EN MILLE
[LIEUX
SOUBS L'ESCLAT LUMINEUX DE SA VALEUR GUER-
[RIÈRE
LA MARCHE LE CONNUT OU LA CHARGE SÉVÈRE
IL EXERÇA LONGTEMPS D'UN PREVOST COURAGEUX :
ET LE PRINCE, AVERTI DE SES GESTES FAMEUX,
LE VOULUT PRÈS DE SOY, LE JUGEANT NÉCESSAIRE.
AU CAMP DE MONTAUBAN IL SE FIT ADMIRER,
LE PREMIER AU COMBAT, TARDIF AU RETIRER,
N'AYANT POUR TOUT BUTIN QU'UNE GLOIRE IMMOR-
[TELLE.
IL MOURUT A MANHEIM, AU MARTIAL EFFROY
COMBATTANT POUR SA FOY, POUR SON DIEU, POUR
[SON ROY
HEUREUX CELUY QUI MEURT POUR SI JUSTE QUE-
[RELLE.

*Ad eumdem illustrissimum virum regie in obsequis
Christi fide honoris amore plombinerem Froncourt
Timore inimica rapit hinc triplex meritum mentis
Qua porta dabunt an spectat cùm Carlo
Parta corona triplex de cujus anima.
Requiescat in pace. Amen.*

Inédite.                                            Nadaud.

Sur un tableau de l'église de Bellac était inscrite cette double épitaphe. Les vers français sont meilleurs que ceux de la plupart des inscriptions funéraires. Quant au

(XVIe SIÈCLE.) INSCRIPTIONS DU LIMOUSIN.

AUX CÉLESTES MANOIRS, AVEC TOUT ASSURANCE
JE JOUYRAIS DE TOY A TOUTE ÉTERNITÉ.

---

NOBILITAS MIHI MULTA DEDIT, MIHI PLURIMA VIR-
[TUS,
OĪA SED VERÆ RELLIGIONIS AMOR.
MIRARIS SI VICTA MAGIS, INFRACTARE NUNQUAM
CESSIT, ET IN DURIS MENS MIHI FIRMA FUIT :
DESINE MIRARI, SPES ET FIDUCIA CHRISTUS
UNICA, SIN BELLO SEU MIHI PACE FUIT
SPES MEA DEUS.

Nadaud.

Inédite.

Voilà certainement une des plus simples et des plus sobres épitaphes qu'ait produites la renaissance. Elle se lisait dans la chapelle du château de Savignac-les-Drieux, près d'Excideuil.

(259)

1597.

CY GIST DAMOYSELLE BARBE CHENAUD DAME
D'ARFEVILHE LAQUELLE DÉCEDA LE 15e JOUR DU
[MOIS
DE JUILLET L'AN DE GRACE 1597. PRIEZ DIEU POUR
ELLE ET POUR SA POSTÉRITÉ.
ARRÊTE-TOI, PASSANT, CONTEMPLE CET OUVRAGE
DE TON CŒUR, O RAISONS, SORS LARMES DE TES
[YEUX
DE MADAME VERDIER ICY TU VOIS L'IMAGE
SON CORPS EST ICY BAS : MAIS L'AME EST DANS
[LES CIEUX.
DAME DE GRAND VERTU : FEMME DU SIEUR D'AR-
[FEVILHE

DE CE GRAND THRÉSORIER AUTEUR DE CE CON-
[VENT
SUS DONC, BONS RELIGIEUX, PRIEZ DIEU QU'IL NE
[VEUILLE
AVEC ELLE EN COURROUX ENTRER EN JUGEMENT
INVICTO FULMINE CRESCAT.

Inédite. Legros.

Cette épitaphe d'une fondatrice se lisait dans la chapelle des Récollets de Saint-Léonard. Au-dessous se voyait un blason portant un houx (en patois, *arfeuilhe*). La devise latine accompagnait ces armes parlantes.

(260)

1599.

PIIS M. STEPHANI BONIN, GENNENSIS ET IN LEMO-
[VICENSI
CURIA, PROCURATORIS DIGNISSIMI, MANIBUS.

---

HEU! MORITUR GENITOR, LUSTRIS TER QUINQUE
[PERACTIS,
HEU! MORITUR, TOTO, PLEBE DOLENTE, SOLO;
UT TOTO LACRYMANTE POLO PLUIT IMBRIBUS
[ÆTHER.
CUR ITA TERRENÆ FLOS CADIT IPSE PLAGÆ
TEMPERET A MŒSTIS SED TANDEM TURBA QUERE-
[LIS :
NON CADIT ÆTERNUM QUI SUPER ASTRA MICAT.

AUX MANES DE SON MÊME PÈRE.
ODET

SI MILLE SOUPIRS CUISANTS

(XVIᵉ SIÈCLE.) INSCRIPTIONS DU LIMOUSIN. 341

POUVOYENT LA FÉLONNE PARQUE  *Obiit* 2 *mai*
REPOUSSER, ET DE LA BARQUE  *an* χρισογονιας 1599
DE CHARRON NOUS RENDRE EXENTZ, *ætatis vero lustro*
BONIN, TU SEROIS ENCORE  *quinto decimo.*
JOUISSANT DE CE SOLEIL,
TU DONÑROIS DE TON CONSEIL
A MAINT CLIANT QUI T'IMPLORE.
MAIS LES TROIS SŒURS IMPLACABLES
N'ONT PAS UN SEUL SENTIMENT,
AINS TRANCHENT FATALEMENT
LE FIL DES HOMMES NOTABLES.
EN LEUR ROYAULTÉ PROFONDE
ELLES SENTENT UN DÉCLIN,
PENCEANTZ T'AVOIR MIS A FIN
TU VIS AU CIEL ET AU MONDE.

*Statuit procellam ejus in auram et siluerunt fluctus ejus.* Psal. 106.

Inédite. Legros.

Voici un procureur loué en style qui sent l'étude, soit dit sans jeu de mot. Rien n'y manque, prose et vers, français, grec et latin. Les *cliantz* devaient être heureux d'être défendus par un si savant homme. On croirait lire une préface du XVIᵉ siècle. Cette épitaphe était incrustée dans le mur du clocher de Saint-Pierre du Queyroix, à l'intérieur de l'église.

(261)

XVIᵉ siècle.—Date incertaine.

NASCENDO MORIMUR VICTURI.

———

NIL NISI CONSILIO.

———

PRÆPETE PENNĀ.

Château du Mazeau.

Inédites.

Le château du Mazeau (commune de Peyrat-l'Annonier) est une construction élégante des xve et xvie siècles. Des ornements en terre cuite en décorent une partie. Des armoiries sculptées sur les cheminées sont accompagnées des devises que nous avons transcrites. Un de ces écussons montre un aigle aux ailes éployées. Un autre est mi-parti à dextre de trois fasces. Une élégante chapelle du xve siècle, récemment détruite, portait sur la clef de voûte principale les armes que nous avons trouvées près de là, à l'abbaye de Bonlieu, entre les mains d'une statue tumulaire. Le château est la propriété et la demeure de trois ou quatre familles de laboureurs.

(262)

xvie siècle. — Date incertaine.

CHARLES, SEIGNEUR COMTE DES CARS
GRAND AMATEUR DES ARTS
FUT LE PREMIER QUI PAR MERVEILLE
INVENTA CE BEAU MARBRE EN SON ROCHE-LA-
[BEILLE.

Cette prose rimée, répétée avec variante sur deux plaques de serpentine, se lisait dans le château, aujourd'hui ruiné, de la Roche-l'Abeille. Cette inscription contenait deux erreurs : par ses veines, par le poli dont elle est susceptible, la serpentine a l'apparence du marbre; mais sa composition l'éloigne de cette sorte de pierres. Les carrières de serpentine du Limousin ont été exploitées par les Romains. A l'époque romane, elles ont donné leurs produits aux églises de Solignac, du Dorat, d'Uzerche, et à vingt autres de la province ecclésiastique.

FUIT HÆC RVINA ..VRANTE. FR. ANT.  *Durante* ou
VERP. HVIVS DOMVS.  *Imperante.*

Inédite.  Église Saint-Pierre d'Userche.

L'ancienne collégiale d'Userche faisait partie du système de fortification de la ville. En 1620, le duc d'Epernon s'en empara au moyen d'une mine qui fit sauter la porte du fort. L'explosion ébranla et détruisit en partie un pilier de l'abside de l'église romane. Cette inscription, gravée sur ce pilier, nous apprend la date de la restauration de cette partie de l'édifice.

(271)

1623.

CURATOR ECCLESIÆ EREXIT AN 1623.

---

SI LE NOM DE MARIE EN TON CŒUR EST GRAVÉ
NE NÉGLIGE EN PASSANT DE ME DIRE UN AVE.

---

VAS SPIRITUALE
VAS HONORABILE
VAS INSIGNE DEVOTIONIS.

Inédites.  Chapelle de la Sainte-Vierge à Château-Ponsat.

Outre la grande et belle église du prieuré, aujourd'hui église paroissiale, la ville de Château-Ponsat possède deux églises romanes, fermées au culte, et une chapelle consacrée à la sainte Vierge, lieu d'un pèlerinage célèbre. Cet édifice est une véritable église avec deux collatéraux voûtés à la gothique. Sur le portail de la renaissance est inscrite la première inscription. La seconde se lit sur une porte latérale. Les trois versets

21

des litanies se lisent sur les trois faces d'un élégant bénitier triangulaire d'une forme très-originale. Tout, dans ce gracieux édifice, rappelait donc la Vierge, à laquelle il est consacré.

(272)

1628.

JESUS + MARIA

VENERABILIS DOMINUS LUDOVICUS MARCHANDON,
[BENEVENTI IN
GALLIA, EX ANTIQUA MARCHANDON FAMILIA OR-
[TUS, A PUERO LITTERIS
ET VIRTUTI INCUMBIT. SACERDOS PRIMUM, ET PRIOR
[DE MARSAT
DEINDE CATHEDRALIS ECCLESIÆ LEMOVICENSIS CA-
[NONICUS, DENIQUE
HUJUS ABBATIÆ S. MARTINI ABBAS INAUGURATUR,
[HASQUE
PERSONAS TANTA CUM LAUDE SUSTINET, UT NON
[IMMERITO
GEMMA SACERDOTUM, CANONICORUM DECUS, AB-
[BATUM
NORMA, VIRTUTISQUE ALUMNUS POSSIT DICI. PIE-
[TATEM TAM COLIT
QUAM QUI MAXIME, SUÆ ABBATIÆ REFORMANDÆ
[STUDIO INCENSUS
EAM PATRIBUS FULIENSIBUS DONAT, QUORUM HA-
[BITUM SUSCIPIENDI
DESIDERIO INCENSUS, IMMORITUR QUINTO CALEN-
[DAS OCTOBRIS ANNO
MILLESIMO SEXCENTESIMO VIGESIMO OCTAVO, ÆTA-
[TIS VERO SUÆ SEXAGESIMO
QUARTO. REQUIESCAT IN PACE. AMEN.

Inédite.                                                    Legros.

Le docte et pieux personnage dont nous publions l'épitaphe, désespérant de rétablir l'abbaye de Saint-Martin-lez-Limoges, dont il avait été mis en possession en 1598, la donna aux pères Feuillants, réforme de Cîteaux, en 1619. La bulle de fondation, en unissant plusieurs bénéfices à ce monastère, y adjoignit le prieuré de Saint-Martin-sur-l'Autize (*Altizia*), au diocèse de la Rochelle. On voudra bien se rappeler que l'abbaye de Saint-Martin-lez-Limoges conservait le tombeau curieux appelé du *Bon Mariage*. (*Voy.*, ci-dessous, au n° 276). La tradition apprenait que les deux époux étaient de la paroisse de Saint-Martin-sur-l'Autize. C'est un rapprochement curieux dont nous avons oublié de tirer parti dans notre notice sur le Bon Mariage.

(273)

1629.

1629. CETTE CHAPELLE FIT FAIRE M. L. COVNILHE.

Inédite.  Église de Saint-Pierre-le-Bost.

Les XIII<sup>e</sup>, XV<sup>e</sup> et XVI<sup>e</sup> siècles ont travaillé à l'église paroissiale de Saint-Pierre-le-Bost. Deux chapelles, peu profondes, placées au nord, gardent cette inscription répétée deux fois, et prouvent que le XVII<sup>e</sup> siècle y a aussi donné son contingent de travaux et de restaurations.

(274)

1651.

VIRO CLARISSIMO GASPARDO BENOIT
QUÆSTORI INTEGERRIMO, ASSESSORI ÆQUISSIMO
IN PERPETUUM MONUMENTUM.

| | |
|---|---|
| GASPARDE CLARI CLRI SANGUINIS | PASSANT, NE CROIS PAS QUE BENOIST |
| GASPARDE GENTIS PRÆSIDIUM TUÆ | SOIT DANS L'OUBLI SOUS CETTE PIERRE, |
| SIC ERGO TE OBSCURUM TENEBIT | QUE CELUY QU'UN CHACUN AYMOIT, |
| EXANIMEM PEREGRINA TELLUS | NE VIVE PLUS DESSUS LA TERRE, |
| | L'ORACLE DE NOTRE BARREAU |
| NON SIC HONORES NOMINIS INCLYTOS, | LE SOLEIL DE NOTRE BUREAU. |
| NON SIC AMORES CORDIBUS INSITOS | NON, NON, IL EST VIVANT ENCORE, |
| EXTERNA VINCET TERRA, VIVES | CELUI DE QUI, PAS UN DE NOUS |
| PECTORIBUS, BENEDICTE, NOSTRIS. | NE SE SOUVIENT, QU'IL NE L'HONORE, |
| | ET QUI VIT DANS LE CŒUR DE TOUS. |

CONEBAT AMANTISSIMA, CONJUGI, CONJUX,
AMANTISSIMA MARIA BENOIST, IN
PERPETUUM AMORIS MONUMENTUM.
OBIIT DIE DECIMA QUINTA SEPTEMBRIS, ANNO 1631.

Inédite.                                        Legros.

Cet honorable personnage mourut de la peste à Château-Ponsat, et fut inhumé dans la chapelle Saint-Martin de la même ville. Il avait fait son testament le 14 septembre 1631, en parlant au notaire par la fenêtre, pour écarter le péril de la contagion. Pourquoi une enflure très-peu poétique gâte-t-elle cet éloge d'un homme de bien? Le « bureau » dont Benoît fut « le soleil » était le bureau des finances. Pour éclairer si petit lieu, une lampe aurait suffi.

(275)

1648.

AGIOS O THEOS ISCHIROS ATHANATOS ELEISON IMAS
SANCTE THIRSE ORA PRO NOBIS DEVM VT DEFEN-
[DAT
NOS A FVLGVRE ET TENPESTATE (sic) ET AB OMNI
[MALO AMEN

(XVIIe SIÈCLE.) INSCRIPTIONS DU LIMOUSIN.

AD MAIOREM DEI LAVDEM. M. L. BONGRAN CURÉ.
PIERE LALAY.
1648.

Inédite. Château-Ponsat.

Une guirlande, composée de fleurs de lis et de trèfles, des écussons héraldiques, une Vierge, une croix fleuronnée, le tout en assez beau style, accompagnent cette inscription sur une cloche de l'église paroissiale de Château-Ponsat. Le nom du fondeur Pierre Lalay environne un écusson élégamment orné.

(276)

1650.

PASSANT ! ARRESTE-TOY POUR REGARDER CE LIEU.
CE MONUMENT USÉ EST DICT : BON MARIAGE.
DEUX CORPS PLEINS DE VERTUS, DEUX CŒURS
[UNIS EN DIEU,
QUE LA MORT A FRAPPÉS EN FAISANT SON TRIAGE,
SE REPOSENT ICY : LE POICTOU LES PRODUICT,
GALICE LES APPELLE, ET LYMOGE Y PRÉTEND.
LE CIEL LES MET D'ACCORD : PAS UN N'EST ESCON-
[DUICT.
LA FEMME MEURT ICY SANS ALLER PLUS AVANT :
ON LUI FAIT UN TOMBEAU DE GRANDEUR COUSTU-
[MIÈRE,
POUR Y SERRER SON CORPS : CEPENDANT SON MARY
TOUT BAIGNÉ DANS LES PLEURS, NE VA POINCT EN
[ARRIÈRE,
MAIS ACCOMPLIT SON VŒU ; ET, RETOURNANT
[GUARY
DE SES DOULEURS DE CORPS, LE SOUVENIR POI-
[GNANT
DE SA PERTE, REVIENT, ET LUI CAUSE LA MORT.

CE FUT ALORS QUE DIEU SE FIT VOIR TOUT-PUIS-
[SANT.
ON OUVRE LE SÉPULCHRE : ET SANS AUCUN EFFORT,
L'ESPOUSE SE RETIRE ASSEZ POUR QU'IL AIT PLACE :
POUR APPRENDRE AUX CONJOINTS A S'ENTR'AIMER
[TOUJOURS,
AFIN QU'AYANT VESCU EN LA DIVINE GRACE,
ILS PUISSENT VOIR LE CIEL A LA FIN DE LEURS
[JOURS.

En 1650, l'église de l'abbaye de Saint-Martin-lez-Limoges fut en partie reconstruite par dom Gabriel de Saint-Joseph, septième abbé feuillant de ce monastère. Cette reconstruction nécessita la translation du tombeau dit le *Bon Mariage*. A cette occasion, cette inscription fut composée par un religieux de cette abbaye. Nous avons retrouvé, décrit et figuré cette tombe poétique. Notre mémoire ayant reçu une grande publicité, nous ne pouvons qu'y renvoyer le lecteur.

(277)

1666.

ICY REPOSE LE CORPS DE FEU MESSIRE HONORÉ DE LA CHASSAIGNE SEIGNEUR DE MONTJOUANT, LA CHASSAIGNE, ET AUTRES PLACES, LEQUEL DÉCÉDA DANS CETTE VILLE DU DORAT, LE XXX D'AVRIL, M. DCLXVI, AAGÉ DE XXVIII. ANS, APRÈS AVOIR DONNÉ DES TÉMOIGNAGES D'UNE SINGULIÈRE PIÉTÉ ENVERS DIEU, ET D'UNE PATIENCE EXEMPLAIRE DANS SA LONGUE MALADIE, ET D'UNE CHARITÉ PARFAITE ENVERS LE PROCHAIN. IL LAISSA DAME LOUISE POUTTE DU CHASTEAU DE DOMPIERRE, SON ESPOUSE, QUI L'A FAIT INHUMER EN L'ÉGLISE DE CE MONASTÈRE DE LA TRINITÉ DE LA MÊME VILLE,

(XVIIᵉ SIÈCLE.) INSCRIPTIONS DU LIMOUSIN.

OU IL AVOIT ESLU SA SÉPULTURE ET FONDÉ UN SERVICE A PERPÉTUITÉ. ELLE A FAIT POSER CE TOMBEAU.
PASSANT, PRIE DIEU POUR LE REPOS DE SON AME.

Inédite.                                    Legros.

L'abbaye de la Trinité du Dorat, où se lisait cette épitaphe, est aujourd'hui le petit séminaire. Nous sommes heureux de rappeler à nos élèves qu'ils prient chaque jour sur la cendre de nombreux personnages éminents par leurs vertus. Nous sommes les héritiers d'une maison religieuse, et nous ne répudierons pas cet héritage.

(278)

1672.

HIC JACET REVERENDUS PATER JOANNES LE JEUNE, SACERDOS CONGREGATIONIS ORATORII DOMINI JESU, POLINIACI IN COMITATU BURGUNDIÆ NATUS, PRÆDICATOR VERBI DIVINI ACERRIMUS AC PERPETUUS QUAMVIS A TRIGESIMO TERTIO VITÆ ANNO OCULIS CAPTUS. OBIIT LEMOVICÆ IN DOMO ORATORII, IN VICO MANIGNE SITA, DIE XIX AUG., ANNO MILL. DCLXXII, RELICTIS DECEM CONCIONUM VOLUMINIBUS, FAMAQUE SANCTITATIS NON MEDIOCRI, ÆTATIS SUÆ ANNO LXXX.

JOANNES LE JEUNE, CONGREGAT. ORAT. DOM. JESU
PRESB. VIR POTENS OPERE ET SERMONE, PAUPERI-
[BUS MISSUS
EVANGELIZARE. OBIIT XIV KAL. SEPT. ANNO
[M DC LXXII.
ÆTAT. SUÆ LXXX.

Le célèbre père Le Jeune, dont ces épitaphes modestes indiquaient la sépulture, était enseveli dans l'église de l'Oratoire de Limoges, située rue Manigne. Cette chapelle, reconstruite en 1765, fut dévorée par les flammes dans le grand incendie qui détruisit une partie de la ville de Limoges, en 1790. Ce double événement a fait perdre la trace du tombeau de cet homme de bien. Des notices nombreuses ont fait connaître sa belle vie est ses titres littéraires. (Cs. Labiche, *Vie des saints du Limousin*, I, 284.)

(279)

1676.

PARRAIN HONORABLE HOMME... TEXIER CONSEILLER DU ROI EN SON CONSEIL, TRÉSORIER ET COMMISSAIRE EXTRAORDINAIRE DES GUERRES EZ PAIS DE LIMOSIN ET MARCHE.

MARRINE DAME LÉONARDE BEAURE FEMME DE CLAUDE VEYRIER MARCHAND. 1676.

CLAUDE
BELOT

JESUS — MARIA — TE DEUM LAUDAMUS : IN TE DOMINE SPERAVI NON CONFUNDAR IN ÆTERNUM.
SANCTE LEONARDE ORA PRO NOBIS.

Inédite. Église de Saint-Léonard.

Les descendants du parrain et de la marraine dont les

noms sont inscrits sur une cloche de Saint-Léonard subsistent encore. Cette inscription ne nous eût-elle pas fait connaître le nom d'un fondeur, nous l'eussions encore inscrite avec plaisir. C'est une preuve de plus que notre mémoire ne nous survit que par ses bienfaits.

(280)

1678.

*Extrait des registres du conseil d'État.*

ENTRE JEAN ECHAUPRE ET JEAN MARCHANDON SYNDICS DES MARCHANDS DE LA VILLE DE LIMOGES, DEMANDEUR D'UNE PART; ET LES CONSULS ÉCHEVINS DE LAD. VILLE D'AUTRE PART, VEU AU CONSEIL D'ÉTAT DU ROY ET
LE ROY EN SON CONSEIL, FAISANT DROIT SUR L'INSTANCE, A ORDONNÉ ET ORDONNE QUE LES ÉDITS ET DÉCLARATIONS DE SA MAJESTÉ, DES ANNÉES 1563 ET 1564 SERONT EXÉCUTÉES SELON LEUR FORME ET TENEUR, ET EN CONSÉQUENCE QU'A L'AVENIR LES JUGES ET CONSULS DE LAD. VILLE DE LYMOGES SERONT ESLEUS DU CORPS DESDITS MARCHANDS, A L'EFFET DE QUOI LES JUGES CONSULS SORTANS DE CHARGE NOMMERONT CINQUANTE PRUD'HOMMES, ENTRE LESQUELS ILS ÉLIRONT UN JUGE ET DEUX CONSULS, AINSI QU'IL SE PRATIQUE DANS LA VILLE DE PARIS. DÉPENS COMPENSÉS ENTRE LES PARTIES. FAIT AU CONSEIL D'ÉTAT DU ROY, TENU A PARIS LE 19 FÉVRIER 1678. *Signé* BEVRIER.

Inédite.                                       Nadaud.

Les consuls de Limoges (Bonav.) obtinrent du roi Charles IX des patentes pour choisir un juge et deux consuls des marchands, pour le fait de la marchandise : on nomme cette juridiction *la can de la bourse*. Cet exercice fut commencé le 5 mars, et le lieu de justice fut fixé dans la grande salle de la maison consulaire. On y voit, dit Nadaud, quantité de portraits des négociants qui ont été juges, et cette inscription, à un pilier du parquet.

(281)

1680.

DANS LE CAVEAU DE CETTE CHAPELLE GIT
LE CORPS DE DEMOISELLE. . . . .

DANS LE CAVEAU DE CETTE CHAPELLE GIT
LE CORPS DE MESSIRE JACQUES DE
. . . ADE CONSEILLER DU ROY EN SES
CONSEILS, SECRÉTAIRE DE SON CABINET
SEIGNEUR BARON DE CE LIEU DE SOM-
MIÈRES, CHATELAIN DE BERNAY, SEIGNEUR DE
CHAIGNER, S$^T$ ROMAIN, MEUDON, S$^T$
RIEUX, ETC., QUI BATIT LE CHATEAU DE
CE LIEU, Y FONDA UN CHAPELAIN, UNE É-
COLE CHARITABLE DANS CE BOURG, ET
UNE MISSION POUR CETTE PAROISSE ET
POUR CELLE DE S$^T$ ROMAIN ET DÉCÉDA EN
SON DIT CHATEAU DE CE LIEU LE 13 NO-
VEMBRE M. DC. LXXX AGÉ DE 55 ANS
PRIÉS DIEU POUR LE REPOS DE SON AME.

Nous venons de découvrir tout récemment (août 1851) cette épitaphe dans la cuisine de l'hôtel du Lion-d'Or, à Limoges. Les révolutions nous ont appris, il y a longtemps, que ce n'est pas seulement des livres qu'on peut dire : *Habent sua fata*. Voici une épitaphe qui nous en fournit une nouvelle preuve : le cuivre sur lequel elle a été gravée est devenu..... *une lèchefrite!*

L'ancienne baronie de Sommières est dans le département de la Vienne, arrondissement de Civray. Le Poitou pourrait donc à juste titre revendiquer cette épitaphe comme sienne; mais, depuis que, sous sa forme actuelle, elle s'est acquis le droit de cité à Limoges, nous nous croyons suffisamment autorisé à la recueillir comme nôtre.

C'est à M. Rédet, le savant archiviste du département de la Vienne, que nous devons la restitution du nom de Langlade, dont l'instrument culinaire n'a conservé que les trois dernières lettres.

(282)

1684.

TU ES PETRUS ET SUPER HANC PETRAM ÆDIFICABO
ECCLESIAM MEAM.
HÆC PETRA SITA EST JUBENTE DOMINO LASCARIS
DURFE EPISCOP. LEMOV.
1684.

Inédite.  A Saint-Pierre-Château.

Avant la révolution, la ville d'Aymoutiers avait deux paroisses. Par suite d'une circonscription en apparence bizarre, la banlieue tout entière appartenait à l'église Saint-Pierre-Château, située hors de la ville, sur une montagne. La position malheureuse de cette paroisse la fit supprimer au rétablissement du culte en 1803. Abandonnée, elle tomba en ruines; mais sa destruction fut accélérée par la cupidité qui voulut utiliser ses pierres. Nous avons vu un des curieux chapiteaux de son portail transformé en poids de tourne-broche. Ses ruines, que nous avons vues, accusent nettement le xiii° siècle. L'inscription tracée sur une pierre, au-dessus de la porte occidentale, tromperait donc grossièrement ceux qui lui assigneraient cette origine moderne. C'est tout simplement un souvenir d'une visite épiscopale. A l'incommodité près, la position de cette église, au sommet d'une montagne qui commande la ville d'Aymoutiers et la vallée, était des plus remarquables.

(283)

1712.

EGO MATRI DIVINÆ GRATIÆ DICATA, AUCTA ET
FUSA PROPRIO ET VTRIUSQUE ORDINIS ÆRE REGEN-
[TIBUS
R. P. M. EXCHAUPRE LEMOVICI
PRIORE AUGUSTINENSIUM ET R. P. JUSTO
BONNEISSET SOLEMNIACI. A. S.
ALBERTO PRIORE CARMELITARUM
7. D. APRIL. M. DCC XII.

Inédite. A Mortemar.

La grande cloche de l'église de Mortemar nous révèle sa date en ces termes. On sait que ce bourg, très-peu considérable, avait dû à la libéralité du cardinal Pierre Govani de nombreux établissements religieux. Seule, l'église du monastère des augustins, convertie en église paroissiale, a dû sa conservation à cette circonstance. La cloche principale appartenait aussi à ce monastère.

(284)

1730.

HIC JACET
R. P. HONORATUS A STA MARIA,
RELIGIONIS COLUMEN, PIETATIS SEDES, VIRTUTIS
[SPLENDOR,
REGULARIS OBSERVANTIÆ NORMA, EXCALCEATI
[CARMELI DECUS,
ET ORNAMENTUM :
MIRARE, LECTOR.
*IN CUNIS*
CANUS APPARUIT, SCIVIT AD STUPOREM, VIXIT AD
[EXEMPLUM,
*IN SCHOLIS*
NULLUS AD EXCOGITANDUM ACUTIOR, AD JUDICAN-
[DUM MATURIOR,
AD PROBANDUM SOLERTIOR, AD CONFIRMANDUM
[EFFICACIOR,
AD CONFUTANDUM VALIDIOR INVENTUS.
*IN THEOLOGIA*
SIC EAM EXCOLUIT, UT EAM IPSO NATAM CREDERES,
SIC DOCUIT, UT AB IPSO POTUERINT ADDISCERE
[MAGISTRI,
SIC PROFUNDIORA ILLIUS SECRETA PENETRAVIT,
[OBSTRUSA RESERUIT
UT NIHIL VISUS SIT IGNORASSE, QUOD AD EAM AT-
[TINERET.
*IN ERUDITISSIMIS OPERIBUS*
PSEUDOCRITICOS A VERIS DISSTINXIT,
VERAM THEOLOGIAM MYSTICAM AB ADULTERINA
[DISCREVIT.
ORTHODOXAS THOMISTARUM SENTENTIAS AB OMNI
[ERRORE,

ET QUAMQUE INTENTATA CALUMNIA VINDICAUIT.
JANSENISTARUM, AC QUENELLISTARUM FRAUDES,
[ET ERRORES DETEXIT,
DETECTOS DISCUSSIT, DISCUSSOS PENITUS PROFLI-
[GAUIT.
*IN TOTIUS VITÆ DOCUISSE*
QUIDQUID VIRILIBUS ANNIS JUDICIOSUM,
QUIDQUID IN MATURA ÆTATE PRUDENTIA LAUDA-
[BILE,
QUIDQUID IN CONSILIIS FIRMUM,
QUIDQUID INTEGRUM IN MORIBUS
QUIDQUID IN REBUS AGENDIS MIRABILE
IN SE, NEXU ADMIRABILI COADUNAUIT.
LUGEAT ERGO CARMELUS
OBSERUANTIÆ SUÆ FULCRUM
ELIÆ ZELI HÆREDEM
THERESIÆ CONTEMPLATIONIS EXEMPLAR,
JOANNIS-A-CRUCE MORTIFICATIONIS ÆMULATOREM.
LUGEANT LEMOVICENSES
CIVIUM SUORUM GLORIAM
LUGEAT GALLIA
AVITÆ SUÆ FIDEI, ET RELIGIONIS ASSERTOREM,
RECENTIORUM ERRORUM EXPUGNATOREM.
LUGEAT ECCLESIA
OBSEQUENTISSIMUM CLIENTUM,
APOSTOLICARUM CONSTITUTIONUM VINDICEM
OBDORMIUIT IN DOMINO INSULIS, DIE 30 APRILIS,
[AN. 1730.
MŒRENTES APPENDEBAMUS. F. F. C. C. D. D.[1]

[1] *Fratres carmilitæ discalceati.*

Quelque pompeuse que soit cette épitaphe, elle n'a rien d'exagéré. Le P. Honoré de Sainte-Marie, dont elle célèbre la science et les vertus, avait, dès la fin du xvııe siècle, deviné tous les progrès qu'a faits après lui la science historique. C'est le père de la critique moderne, et l'ouvrage où il en formule les lois demeurera à jamais un modèle d'érudition et de sagesse. Nous tenions à donner cette épitaphe comme un spécimen du style épigraphique au xvıııe siècle. Quoiqu'il ne soit pas inhumé à Limoges, sa patrie, le P. Honoré de Sainte-Marie avait droit à ce souvenir. Malgré la date inscrite plus haut, le nécrologe des carmes déchaussés de Lille en Flandre, dit que la mort l'atteignit le 30 avril 1729, à l'âge de 75 ans, après cinquante-neuf ans de profession et cinquante-trois de prêtrise.

(285)

1735.

M$^{re}$ M. DE VERTHAMONT
PRÉSIDENT AU GRAND CONSEIL
PAREIN
C. E. DE VERTHAMONT DE LAVAUD
ABBESSE, ET MARAINE.
JE SUIS FAITE POUR DÉTOURNER LA TEMPESTE

```
FAITE PAR
LE SIEUR
LE BRUN
AN 1733.
```

MICHEL CONPAIN.

Inédite.                                         Legros.

La grosse cloche de l'église de l'abbaye de la Règle, à Limoges, portait cette inscription. Une seconde cloche, un peu moins grande, avait la même inscription.

(286)

1755.

EXPENSIS D. D. BENJAMIN DE L'ISLE DU GAST,
A S. MARTIALE 88 EPISCOPI LEMOV.
ET DÑORUM CAPITULI
NOMEN MIHI IMPOSUERUNT
D. D. ANT. DE CHARPIN DE GENÉTINES
NUPER EPUS. LEMOV.
ET D. D. MAR. FR. DE PEYRUSSE
COMITIS DE QUADRIS ET S. BONN.      *Comte des*
MARCH. DE FRANZAC                   *Cars.*
AXIÆ BAR.                           *Baron d'Aixe.*
ET REGII PROVINC. LEMOV. PRÆFECTI
CONJUX
FAITE PAR
LE SIEUR LE
BRUN EN 1733.
ET VERBUM CARO FACTUM EST.

Inédite.                                    Legros.

La troisième cloche de la Règle montrait cette inscription en partie mutilée par un défaut de la fonte.

(287)

1765.

REV*dvs* DNS FRANCISCUS GILBERT ABBAS BONNEF-
[FIENCIS
ME FUNDI CURAVIT ANNO 1763
ANDREAS VANDEN CHEIN ME FUDIT LOVANII OPUS-
NIL TERRESTRE SAPIT
PRÆCIPUE FESTIS SOLEO LAUDARE DIEBUS
SUMMA VOCE DEUM POPULOSQUE AD SACRA CIERE :

HÆC DUO DIVINAS RESONANTIA TYMPANA LAUDES
SANCTE, TIBI, TUA PLEBS, O LEONARDE DICAT.

  Inédite.      Église de Saint-Léonard.

On remarquera l'origine lointaine de cette cloche et la facture originale des vers qui terminent l'inscription. On y trouve une harmonie imitative qui a son prix après les vers si souvent répétés :

*Laudo Deum verum, plebem voco, congrego clerum*, etc.

(288)

1766.

JOANNES ÆGIDIUS DU COËTLOSQUET,
 EPISCOPUS LEMOVICENSIS,
NOVAM EPISCOPALEM DOMUM,
VETERI ÆDIFICIO IN RUINAM INCLINANTE,
LOCORUM ADJECTIONE AMPLIFICATAM,
ADQUISITO ETIAM UBERRIMO FONTE,
EXTRUENDAM SUSCEPIT A FUNDAMENTIS.
SED IN IPSO CONATU REI INCHOANDÆ
SERENISSIMORUM PRINCIPUM, LUDOVICI XV, NEPO-
           [TUM,
 INSTITUTIONI PRÆPOSITUS,
ET NON SINE MAGNO DIŒCESEOS SUÆ DESIDERIO,
 IN AULAM REVOCATUS,
CARISSIMÆ SIBI CIVITATIS, NUNQUAM IMMEMOR,
 DESTINATUM OPUS,
EX CONSILIO SUO, SUISQUE SUMPTIBUS PROFICIEN-
           [DUM,
 SUCCESSORI CONSANGUINEO RELIQUIT.

LUDOVICUS CAROLUS DUPLESSIS D'ARGENTRÉ
 EPISCOPUS LEMOVICENSIS,

CONSANGUINEI ET DECESSORIS SUI VESTIGIIS INSIS-
[TENS,
EJUS QUE INCEPTA STUDIOSE PERSEQUENS;
  HORTIS CONSITIS,
  RUDERIBUS EGESTIS,
  EXEQUATO SOLO,
QUOD BONUM, FAUSTUM, FELIXQUE FIT
SIBI, SUCCESSORIBUS SUIS, AC CIVITATI LEMOVI-
[CENSI,
PRIMUM PALATII EPISCOPALIS LAPIDEM POSUIT
DIE XIII MENSIS MARTII, AN D. M. DCC. LXVI°
  EPISCOPATUS VIII°.

Cette inscription, gravée sur cuivre, a été placée sous la première pierre du palais épiscopal de Limoges. Il est à regretter que dans le plan de ce bel édifice, si remarquable par son site et par ses jardins en terrasse qui dominent la vallée de la Vienne, on n'ait pas tenu compte de l'achèvement de la cathédrale, achèvement que nous voyons heureusement repris de nos jours. Deux évêques, louables à d'autres titres, le généreux Jean de Langheac et M. d'Argentré, ont négligé leur cathédrale pour s'occuper de leur propre demeure; tous les deux sont morts sur la terre étrangère. Déjà cette remarque avait été faite au sujet de Jean de Langheac dès le milieu du xvi<sup>e</sup> siècle.

(289)

1781.

AUSPICIIS
D. D. MARII JOAN. BAPT. NIC. D'AINE
PROVINCIÆ PRÆFECTI;
CURANTIBUS
D. LUD. NAURISSARD PRÆTORE URBANO,

ÆDILIBUS
D. D. JOS. JAC. JUGE, JOAN. TANCHON,
MART. BARBOU, JOS. FOURNIER,
HOC,
OB NATUM OVANTIBUS GALLIS
DELPHINUM,
PUBLICÆ FELICITATI
GRATULABUNDA POSUIT MONIMENTUM
URBS LEMOVICENSIS
NON. NOVEMB. ANN. M. DCC. LXXXI.

Cette inscription, due à la plume de l'abbé Vitrac, se lisait sur la fontaine monumentale élevée à Limoges à l'occasion de la naissance du Dauphin; elle a été enlevée avec les vasques de bronze qui décoraient la fontaine. La fontaine elle-même vient d'être détruite; il n'en reste pas pierre sur pierre. Ainsi disparaissent les nombreuses fontaines qui décoraient et assainissaient une ville renommée pour l'abondance et la pureté de ses eaux. Qu'on ne nous parle pas des hideuses bornes-fontaines qui les remplacent. Tout le monde est persuadé qu'elles altèrent la qualité des eaux; dans tous les cas, elles détruisent un système d'irrigation qui avait son prix. Il faudrait aussi tenir un peu plus aux souvenirs historiques. Malheur aux peuples qui n'ont pas de mémoire; leurs œuvres sont condamnées d'avance à l'oubli!

### xix<sup>e</sup> siècle.

Ce siècle n'a atteint que son milieu; on nous pardonnera de ne lui donner qu'une petite place dans ce recueil et de la faire personnelle. A l'avenir, il appartiendra de choisir, parmi les faits contemporains, ceux qui seront dignes d'être transmis par l'histoire. Des palais de justice, des prisons, des casernes, des théâtres, des ponts ont été élevés en notre province, et leurs premières assises ont reçu des inscriptions commémoratives; la presse les a enregistrées. Ces textes ont donc chance d'être gardés pour la postérité. Il nous a semblé convenable d'en faire autant pour quelques édifices modestes; ils ne sont pas, il est vrai, consacrés aux affaires ou au plaisir : leur destination pieuse ne les recommande pas moins; la charité seule les a élevés. Il est bon qu'on apprenne qu'en nos jours elle n'a pas cessé d'être féconde.

L'année 1851 a vu consacrer dans le département de la Haute-Vienne trois nouvelles églises en style gothique, à Chaufailles, à Villefavard et à Saint-Sulpice-les-Feuilles.

L'église de Saint-Sulpice est une grande construction en style du XIIIe siècle, élevée sur les plans de M. V. Gay. Elle est en forme de croix avec abside à pans coupés. Sa voûte est en pierre. Un porche surmonté d'un clocher haut de cent pieds la précède à l'occident. Toute cette bâtisse dispendieuse, en beau granit, aura été élevée aux frais de la paroisse, aidée par de nombreux dons particuliers. Jusqu'à présent, l'État a fait peu de choses pour diminuer des sacrifices si généreux.

La commune de Villefavard n'a pas d'église. L'ancienne chapelle du château est une propriété particulière dont l'usage a été tout récemment cédé à des émissaires salariés par la propagande anglaise et méthodiste. Le jeune et courageux curé de cette paroisse a fait appel à la générosité de ses confrères et des fidèles, et leur charité lui a donné les moyens de bâtir une église voûtée, en style ogival. L'importance de cet édifice éclipse entièrement la chapelle méthodiste. L'inscription suivante, gravée sur métal, a été placée dans les fondations.

(290)

1851.

L'ANCIENNE ÉGLISE PAROISSIALE DE VILLEFAVARD
ÉTANT RUINÉE DEPUIS SOIXANTE ANS ;
M. PLAINEMAISON CURÉ DE CETTE PAROISSE ;
ENCOURAGÉ PAR Mgr BERNARD BUISSAS, ÉVÊQUE
[DE LIMOGES ;
AIDÉ PAR LES AUMONES DU CLERGÉ ET DES FIDÈ-
[LES ;
SUIVANT LES PLANS ET DESSINS DE M. L'ABBÉ TE-
[XIER, SUPÉRIEUR DU
PETIT SÉMINAIRE DU DORAT ; SOUS LA CONDUITE
[DÉSINTÉRESSÉE DE M. BAGROS,
A ÉLEVÉ CET ÉDIFICE, CONSACRÉ A DIEU, SOUS
[L'INVOCATION DE MARIE
IMMACULÉE ET DE SAINT ETIENNE PREMIER MARTYR.
QUE CETTE ÉGLISE SOIT TOUJOURS ET POUR TOUS
L'ASILE DE LA PAIX, DE LA CONSOLATION ET DE
[LA PRIÈRE
LA DEMEURE DU DIEU VIVANT !
1851
HÆC EST VERÈ DOMUS DEI ET PORTA CŒLI.
O MATER DEI MEMENTO MEI.

M. de Chaufailles a bien voulu élever d'après nos dessins une chapelle en style ogival. Grâces à sa générosité, c'est un bijou gothique où toutes les ressources de l'art, sculpture sur pierre et sur bois, ferronnerie, vitraux et peintures murales, sont combinées pour un effet unique.

INSCRIPTIONS DU LIMOUSIN.  (XIXᵉ SIÈCLE.)

L'inscription suivante, gravée sur métal, est déposée dans les fondations. En historien fidèle, nous la reproduisons avec toutes ses incorrections et ses inexactitudes.

(291)

1848.

CET AUTEL EST SITUÉ A LA PLACE
OU FUT CELUI DEVANT LEQUEL PRIÈRENT
PLUSIEURS GÉNÉRATIONS
DE LA FAMILLE DE CHAUFAILLES
BERNARD AUGᵀᴱ DU BURGUET
DE CHAUFAILLES
AYANT FAIT DÉMOLIR L'ANCᴺᴱ CHAPELLE
QUI SE RECOMMANDAIT POUR LUI
PAR DES SOUVENIRS DE FAMILLE
A VOULU QUE CE PETIT ÉDIFICE
PAR LUI ÉLEVÉ AU MÊME LIEU
DANS LES ANNÉES 1847 ET 1848
RAPPELAT L'ARCHITECTᴿᴱ DES AGES DE FOI.
PLAN, ÉLÉVATION, DÉTAILS, TOUT A ÉTÉ FIDÈLE-
[MENT REPRODUIT, COPIÉ OU INSPIRÉ
D'APRÈS LES ÉDIFICES DU XIIIᴹᴱ SIÈCLE
ÉLEVÉS DANS LE DIOCÈSE DE LIMOGES.
M. L'ABBÉ TEXIER
SUPÉRIEUR DU SÉMINAIRE DU DORAT
A FOURNI LES PLANS ET LES INDICATIONS NÉCES-
[SAIRES
LES VITRAUX ONT ÉTÉ PEINTS PAR M. THÉVENOT
LA CHAPELLE A ÉTÉ CONSACRÉE EN 1849
PAR MONSEIGNEUR BERTEAUD EVÊQUE DE TULLE
PUISSE CE PETIT MONUMENT
ELEVÉ EN DES TEMPS DIFFICILES
NOUS VALOIR UNE PRIÈRE QUAND NOTRE MEMOIRE
[AURA PERI!

Mgr BERNARD BUISSAS, ÉVÊQUE DE LIMOGES,
M. MORLAND CURÉ DE COUSSAC.

Cette inscription enfouie sous terre énonce un fait inexact; c'est seulement cette année (1851) que la consécration a eu lieu.

Cette autre inscription, gravée sur marbre, se lit au-dessus du bénitier :

HANC ÆDICULAM
PRECIBUS OLIM PATRUM
FILIÆ UNICÆ BAPTISMATE AC CONNUBIO
JAM DIU CONSECRATAM
REÆDIFICAVIT
CARA PRÆTERITÆ FAMILIÆ MEMORIA
PRÆSENTIS STUDIO ET AMORE INCITATUS
B$^{dics}$ AUG$^{us}$ DU BURGUET DE CHAUFAILLES
ANNO DOMINI M DCCC XLVII
ÆTATIS SUÆ 69.
O MATER DEI MEMENTO MEI.

*Post scriptum.* On nous signale au village de Pisseau, près le Buis, le fragment suivant que nous n'avons pu vérifier :

. . IS M ET M
. . IVNI ES IV
  NIANI. TE
. . AN VIVS
  NIANVS
  PPC.

## CONCLUSION.

Nous venons d'ajouter quelques jours à la durée de ces souvenirs à demi éteints et bientôt à jamais effacés.

Ce travail ingrat et stérile en apparence nous a rafraîchi l'âme. Nous sommes sous l'influence d'un sentiment que nous voudrions faire partager à nos lecteurs. Quels sont les faits qui osent ainsi se produire au regard de la postérité? Le dévoûment, la générosité, la vertu active et courageuse occupent dans ces pages la plus large place. Point de mort qui n'ait été vertueux; nulle vertu supérieure au sacrifice. Il faut répéter le mot de Bossuet : La piété, c'est-à-dire l'amour de Dieu et du prochain, est le tout de l'homme. Pour intéresser la postérité, tous les siècles précédents se sont inspirés à cette source. Les épitaphes, même lorsqu'elles sont menteuses, sont un solennel hommage à cette vérité.

## PIÈCES JUSTIFICATIVES.

### I.

*NOTES tirées des mss. de saint Martial conservés à la bibliothèque nationale.*

N° 54. Ancien Testament avec notes d'Itier. — Ce livre lui avait coûté 20 sols et 6 dén.

345. Epitres... etc., livre donné en 1477 par l'abbé Jouviond.

821. Missel du xii° siècle acheté 5 sols par Itier, en 1210, de Willelmo Marcelli.

1012. Rituel, sermons, notes historiques de la main de Bernard Itier.

1085. Antiphonaire du ix° siècle, avec catalogue des livres de Bernard Itier.

1118. Du xi° siècle. Tropes avec instruments de musique.

1119.     *Id.*         *Id.*

1121. Tropes, etc., écrits au xi° siècle, par Adémar.

1139. Proses et chroniques de Bernard Itier, avec catalogue des livres conservés de son temps dans le monastère, le tout écrit de sa main.

1338. xi° et xii° siècles. Chronique par Bernard Itier et Etienne de Silviniaco.

1785. Note des reliques de saint Martial, xi° siècle.

1815. xii° siècle. Sanctus Hieron. comm. in Isaiam, sermo in Ascensionem Dni. Autore Bernardo Ithero. Donné en 1477 par l'abbé Jouviond.

1855. Commentaires de St Jérôme. *Gaucelin armarius* a fait faire ce livre pour le service de saint Martial.

1969. ix° siècle. Traités divers de saint Augustin. *Adalbertus decanus me fieri jussit.*

2027. xii° siècle. Sermon de B. Iterus.

2135. x° siècle. Avec un nécrologe de la main de B. Itier.

2208. En deux vol., Morales de S. Grégoire et coutumes de Cluny. Fait par ordre d'Adémar, abbé de Saint-Martial, et par les soins du moine *Arleio*. xi° siècle.

2367. x⁰ siècle. Exp. du V. Bède. *Hunc librum fecit facere Gaucelmus armarius ad honorem et servitium sancti Martialis.*

2406. Haimonis habbest adensis episcopi expositio in Isaiam. *Jussu Gaucelini librarii anno 1202 exaratus.*

2455. Donné en 1477 par Jouviond, exposition d'Itier.

2770. Divers opuscules, x⁰ et xııı⁰ siècle. *Anno 1255 fecit me ligare Bernardus Iterii armarius et quatuor quaterniones ultimos qui antea non erant adjunxit.*

2843. *Anno 1205. Fecit hunc librum ligare Bernardus Iterii hujus loci armarius.*

3496. De oculo morali, par Pierre de la Sepierre, xv⁰ siècle.

3572. Donné par Jacques (Jouviond) à la librairie de Saint-Martial en 1477.

3596. Morale somnium Salomonis, par Jean de Limoges, xv⁰ siècle.

3719. xııı⁰ siècle. De vitiis linguæ, par Bernard Itier. — Dialogus de musicâ, par Guido. — *Bernardus Iterii exaravit.*

3785. Sermons divers, xı⁰ siècle.

*Ad calcem subjiciuntur versus ex quibus constat ipsum a Josfredo juveni monacho jussu Airaldi fuisse conscriptum et S. Martiali dedicatum.*

3885. Decretum Gratiani, xııı⁰ siècle, donné par Jacques Jouviond.

4895. xııı⁰ siècle. Willelmi Godelli monachi Sti Martialis Lemovicensis chronicon ad 1174. Il donne des renseignements sur sa vie.

5003. Chronic. Lem. Petri de Frachet, ad ann. 1264, xıv⁰ et xv⁰ siècle.

5064. xııı⁰ siècle. Nonnulla ad mon. S. Mart. spect. En tête il est écrit : *Hunc librum scripsit Willelmus Bœarelli præcepto D. Alberti abbatis.*

5103. Catalogus jocalium thesaurariæ S. Martialis tempore Geraldi abbatis et papæ Clementis, anno 14.

5157. Purgatoire de S. Patrice, a quodam monacho de Saltreia, abbate *de Fastis* nuncupatum.

5245. Catalogue des livres de S. Martial, xııı⁰ et xıv⁰ siècle.

5267. Psalterium B. Mariæ, auctore Theophilo.

5314. xı⁰ siècle. Vie de saints donnée le 20 juin 1477.

5452. Chronique de Coral et Vigeois (Jouviond).

## II.

Le voyage à Cologne que nous publions ci-dessous se recommande assez comme tableau de mœurs naïves, sans qu'il soit autrement besoin d'en faire l'éloge. Même en ne tenant pas compte des questions historiques qu'il aide à résoudre, il serait assez intéressant par la candeur du récit et la simplicité de la narration. Ces moines qui, dans un temps de troubles, à travers des périls de toutes sortes, traversent la France pour aller chercher en Allemagne les ossements de quelques saintes inconnues, et reviennent sans avoir aperçu autre chose que les cloîtres et les autels semés sur leur route, fournissent la preuve d'un dévoûment que notre siècle ne comprendra pas. La sincérité désintéressée de leur foi nous explique la ferveur du culte des reliques. Les curieux y trouveront un renseignement utile pour l'explication de plusieurs inscriptions de notre recueil.

L'authenticité de cette pièce est incontestable. Elle se conservait à Grandmont en plusieurs manuscrits du XIII° siècle. Notre édition est faite sur une copie authentique exécutée par ordre du F. de la Marche, abbé général de l'ordre en 1692.

Il existe de l'*Itinerarium* quatre copies, à notre connaissance :

1° Deux copies incomplètes prises par l'abbé Legros sur un manuscrit qui appartenait à M. de Lépine. Cet original ne se retrouve pas. Il y manquait deux feuillets à la fin.

2° Une copie prise vers 1590 par le frère Pardoux de la Garde, religieux et sacristain de l'abbaye de Grandmont. Ce religieux a laissé un curieux volume in-folio, inédit, sur l'histoire et les monuments de cette illustre maison. Son manuscrit sur papier, écrit en entier et orné de dessins de sa main, fait partie de la bibliothèque du séminaire de Limoges. L'*Itinerarium* y est transcrit en entier.

3° La copie que fit exécuter frère de la Marche par F. Ant. Desthêves; c'est la meilleure, et celle que nous suivons.

*ITINERARIUM fratrum Grandimontensium, seu translatio reliquiarum Sanctarum septem virginum sociarum sanctæ Ursulæ è diœcesi Coloniensi in ecclesiam Grandimontis. — EPISTOLA.*

Omnibus præsentibus et futuris fratribus ordinis Grandimontis. Conservi eorum et fratres eorum Guillelmus et Imbertus in Christo Jesu perpetuam salutem. Cum virorum illustrium sollicitudine, fratres carissimi, per diversas mundi partes multa Dei monasteria sacrosanctis reliquiis martyrum, confessorum et virginum, plus quam gemmis et auro redimita leguntur, illi procul dubio animantur ad agendum similia qui toto corde Deum diligere et sanctos ejus colere cupiunt ac venerari. Constat enim in ecclesiis ubi corpora sanctorum in pace sepulta sunt, non solum claustrales viros, verum etiam clericos seculares circa Domini officium magis esse sollicitos ac libentius convenire et orare devotius. Quæ profecto bona fidelibus christianis ex eorum præsentia meritisque proveniunt, qui pro Christo fuderunt sanguinem suum, vel sine sanguinis effusione longum duxerunt martyrium. Unde si diligentibus Deum omnia cooperantur in bonum, illos specialiter æterni et incommutabilis boni premio credimus non carere, qui per suæ sedulitatis studium acquirendo exuvias his qui sunt et qui futuri sunt devotionis formam offerunt, et conferunt compunctionis materiam. Quorum sane unus est vir venerabilis Guillermus Grandimontis prior sextus qui in sua pariter et nostra ecclesia Grandimontensi de diademate Christi septem celestes margaritas, hoc est septem virgines gloriosas meruit collocare. Habemus ergo, fratres carissimi, habemus, inquam, et speculum in quo nobis nostræ fragilitatis excessus reluceant, habemus et divinæ laudis commonitorium sempiternum. Quid enim clamant? quid innuunt signa martyrii, quæ in cervicibus virginum cernimus? quid gladii, quos inter sacra earum ossa oculis nostris perspeximus? nisi ut uno cordis et oris concentu omnes pariter in cimbalis bene sonantibus laudemus Dominum in sanctis ejus, et defleat unusquisque nostrum peccata sua dicens cum propheta : Lavabo per singulas noctes lectum meum, lacrymis meis stratum meum rigabo. Heu mihi! quis dabit capiti meo aquam, et oculis meis fontem lacrymarum? Quid, quæso, fratres, quid in judicio dicturi sumus, qui puellas per ferrum ad regnum pervenisse non dubitamus? verum tamen noli timere, pusillus grex Grandimontis, imo lætare et exulta ibi Deo serviens concio universa, quia spirituali patri tuo tibi providente in posterum, pro impenso virginibus suis obsequio, complacuit Christo tuo dare tibi regnum; aut si secus egeris, mereberis supplicium. Erunt contra te in testimonium virgines istæ, si debitæ laudis preconio earum merita efferre cessaveris ; erunt tibi in auxilium suis intercessionibus gloriosis, si sponsum suum Deum tuum in eis et pro eis laudare et glorificare omni devotione studueris. O munus quod tibi cœlitus missum est! O gratia gratis data! habes unde recalescat tepor tuæ conversationis, si forte irruerit. Habes unde recalescat tepor tuæ conversationis, si forte irruerit. Habes unde tuæ charitatis fervor suscipiat incrementum. Visitavit te oriens ex alto. Respexit humilitatem tuam, qui humilia respicit, et alta a longe cognoscit, cum tuæ fidelitatis depositum istud reservandum commisit. Qualiter autem id egerit, vel quo tempore, et sub quibus personis, ad posterorum memoriam scripto est commendandum.

## *ITINERARIUM.*

Anno igitur incarnati Verbi millesimo centesimo octogesimo primo, summo et universali pontifice Alexandro tertio, *Frederico Romanorum imperatore*, secundo anno regni Philippi, Ludovici regis Franciæ filii, Richardo, Henrici regis Angliæ filio, Aquitaniæ duce, Girardus, Sibergiæ [1] abbas, vir inter Patres monasteriorum præclarissimus, ad sanctum Egidium et Rupem.-Amatoris orandi gratia de Germaniæ partibus advenit. Qui, peractis orationibus suis, cum ad patriam et gentem suam teutonicam remearet, divertit ad Grandimontem fraternitatem ordinis petiturus.

---

[1] Selon la conjecture de M. le baron de Roizin, il s'agirait ici de l'abbaye de Sieburg, fondation bénédictine du XIe siècle.

TEXIER.

Non enim modicum sibi profuturum sperabat, si taliter conversantium fratrum orationibus fulciretur. Receptus est itaque honorifice, sicut talem decuit recipi hospitem, et tam sibi, quam venerabilibus sociis suis, Guillermo scilicet monacho, et magistro Guoderamno Bonnensi canonico in capitulo coram cunctis fratribus totius ordinis beneficium, et in vita et in morte concessum est. His ita devotissime gestis, jam dictus Guillermus prior, qui charitatis hujus dator extiterat, flexis genibus cum omni conventu fratrum, rogavit abbatem, ut unam de sacris virginibus, quæ Coloniæ pro Christo martyrizatæ fuerunt, ab Archiepiscopo illius civitatis et eis qui super hoc potestatem habebant, ecclesiæ Grandimontis, in qua frater factus fuerat, dari suis precibus impetraret. Cujus piæ petitionis affectum vir sanctus considerans, ait : Domine, si fratres vestros Coloniæ ad nos miseritis, concedimus vobis quod, si unquam poterimus, Deo annuente, unum e duobus faciemus. Aut enim Dominus Archiepiscopus, qui multum nos diligit, ad preces nostras unam de sacris virginibus, sicut petitis, dabit vobis, aut nos unam de illis quas in monasterio nostro habemus, vestræ devotioni transmittemus. Ad hæc prior lætus efficitur, et confidens de verbis viri, assignata est dies, qua prefatæ civitati fratres venire deberent. Dehinc recessit abbas, ad propria rediturus.

Cum autem dies dominicæ passionis instarent, quando ituri erant qui, Deo volente, hunc pretiosum thesaurum inde transferrent, displicuit fere cunctis fratribus assumenda peregrinatio fratrum : sed solus Prior [1] nullis dehortationibus ab incepto potuit revocari. O calliditas diaboli ! o antiqui serpentis astucia ! qui se transfigurat in angelum lucis, etiam per eos qui fortasse timebant fratribus suis, et periculum itineris et fatigationem laboris. Devotionem fidelium et honorem sanctorum conabatur extinguere; sed non est prudentia, non est consilium contra Deum. Quod ab æterno prædestinatum est, nulla potest arte non fieri. Ex præcepto itaque domini Prioris cum ejus benedictione quatuor ex fratribus, duo videlicet sacerdotes et duo conversi, iter assumpsimus versus Coloniam ad quam sane sabbato ante ramos palmarum, inter asperitatem hiemis, nivis, grandinis, ac pluviarum intemperantiam, |diversitatem quoque terrarum, et inconsonantiam linguæ, tanta incolumitate venimus; tamque honorifice suscepti et procurati ab incolis civitatis et indi-

---

[1] Dompnus Geraldus Itherii in speculo Grandimontensi.

*Mss. du F. de la Garde*, 1590.

genis terræ usque post resurrectionem Domini fuimus, quod nullus nostrum dubitabat vel dubitare poterat totum hoc divinæ dispositionis esse quod circa nos gerebatur. Quiescentes igitur nocte illa juxta claustrum majoris ecclesiæ in hospitium predicti abbatis, nam ita cum Patre nostro ipse fuerat prolocutus, quia non invenimus eum, mane transfretantes Rhenum, perreximus Sibergiæ, ubi cum sanctis fratribus suis dominicam processionem et diem festum feliciter celebrabat : at ubi nunciatum est ei nos advenisse, egressus de choro fratrum venit obviam nobis in ecclesia, lætus et gaudens suscipiensque nos in osculo pacis, introduxit in quamdam parvam capellam seorsum, ubi familiariter missam audivimus. Primo itaque refecti cibo cœlesti, deinceps ab ipso Patre et quibusdam religiosissimis monachis qui eum comitabantur, ad hospitium ducimur corporali esca reficiendi ; compositio domus, mundicia mensæ, et honestas famulorum honestatem Domini et prudentiam fatebantur, non ferculorum copia quæ nobis apponebantur his præferanda erat. Esca enim ventri et venter escis ; Deus autem et hunc et has destruet. Honestas vero virtus est et prudentia. Cæterum ( nisi nostram abundantiam charitas excusaret) mensæ monachorum parcitas eam merito arguebat. Illam postmodum audivimus et legimus in pallidis et macilentis vultibus claustralium, quos in monasterio, in claustro, in refectorio, et cæteris officinis suis ordinatissimos esse perpendimus. Nihil enim ex his quæ videre voluimus oculos nostros effugere, nihil ex his quæ interrogavimus aures potuit præterire. Consumpta ergo in talibus diei parte permaxima, postquam dormiendi accessit hora, ivimus cubatum ; surgentibus monachis ad matutinas, surreximus nos et more nostro, officium matutinale celebravimus : mane vero post celebrationem missæ, capitulum intravimus, ubi abbas et omnis fratrum conventus nos et omnes ordinis nostri fratres in beneficium domus ea conditione receperunt, qua in capitulo nostro ipsi fuerant recepti. Concorditer etiam indictum est ut pro fratribus suis defunctis in nostra ecclesia, et pro nostris in sua singulis annis quinto nonas octobris servitium ageretur [1]. His ita peractis, venerabilis abbas suæ sponsionis non immemor, tradidit nobis cum summa reverentia corpus Stæ Albinæ virginis et martyris, et aliud corpus sanctæ virginis, cujus nomen novit Deus ; patet autem in

---

[1] *Nota* quod quinto nonas octobris debeat fieri in Grandimonte anniversarium pro fratribus nostris de Colonia in die Sti Gereonis.

*Mss. du F. de la Garde.*

fronte ipsius vestigium martyrii, securis (scilicet) vulnus; unam promisit, sed duas contulit liberalium virorum ostendens gratiam qui huberiora munera semper tribuunt quam promittunt. Alacres igitur valde salutantes abbatem et fratres, eosque gratiarum actione prosequentes, cum eorum benedictione discessimus, suæ tamen voluntati resistentes qui per totam ebdomadam secum nos habere volebant. Discessitque nobiscum magister Guoderamnus qui ad nos illuc venerat, seque nobis admodum ob munus nostræ fraternitatis familiarem exhibebat, ducens nos ad hospitium suum Bonnæ[1] nocte illa. Crastina vero die, communicatis orationibus cum canonicis Bonnensis ecclesiæ, in qua ipse canonicus erat, et cum quibusdam sanctimonialibus extra civitatem inclusis, regressi sumus Coloniam, Domino Archiepiscopo locuturi; qui residens in quadam camera palatii sui, sicut ei semper mos est, Clericorum et Baronum stipatus cuneis, cum relatione Domini Guoderamni nos in exteriori aula sciret adesse, fecit nos celeriter introduci; et assurgens nobis, propter nostri ordinis reverentiam, mirantibus cunctis cernentibus, osculatus est unumquemque nostrum, et ad dexteram suam fecit nos consedere. Deinde litteras Patris nostri in quibus petitio nostra continebatur, et litteras Domini Petri Tusculanensis Episcopi Romanæ Ecclesiæ Cardinalis, et Alemaniæ Legati, et Episcopi Leodicensis, et Comitis Flandriæ, in quibus ut nos audiret rogabatur, benigne accepit : quibus libenter acceptis et inspectis, jussit ut ad sanctum Pantaleonem duceremur, ubi diurna sibi refectio parabatur; volebat enim nos et in hospitio et in mensa secum habere. Deus autem qui quod nobis expediebat noverat, inspiravit ei ut, mutato consilio, ad vitandam hominum turbam, ad abbatiam Sancti-Martini, quæ prope erat, nos mitteret; quod et factum est. Gratanter igitur suscepti, tum propter mittentis reverentiam, tum propter gratiam hospitalitatis, quia illic reliquiarum copiam esse audivimus, rogavimus abbatem monasterii flexis genibus ut pro Dei amore de thesauro sibi credito nobis aliquid impertiret : annuit libentissime, sicut homo cujus facies, vox et verba sanctitatis speciem pretendebant; verum tamen, tanquam sapiens, sine consilio nihil inde agere voluit; jussit autem ut die crastina cum eo loqueremur, quod sibi Deus interim inspiraret accepturi. Post prandium vero, oportuit nos ire loqui ad Archiepiscopum, ad sanctum Pantaleonem, sic enim nobis ab eo fuerat impera-

[1] Bonn.

tum. Ascensis ergo equis, quoniam fere unum miliarum remotus erat a nobis, præcedente nos duce et interprete nostro, sæpe dicto Guoderamno, primo perreximus ad Abbatissam monasterii virginum, quæ cum audiret in litteris Patris nostri et fratrum nostrorum petitionem nostram et nostræ conversationis statum, tantam in conspectu ejus nobis Deus contulit gratiam, quod confessa est se nunquam vidisse homines quibus tam libenter in talibus subveniret; præcepit itaque ut mane facto reverteremur ad eam : rogamus et postulamus ut alter nostrum in monasterio virginum missam celebraret. Deinde venimus ad domum venerabilis viri magistri Armani, ecclesiæ apostolorum Decani ; hic litterarum scientia præditus et morum maturitate præpollens familiarissimus erat Domini Archiepiscopi, et coram eo nos viderat ; eumque nostri adventus causa minime latebat, qui sciens nos loquendi gratia ad Archiepiscopum proficisci, noluit nobiscum nisi pauca loqui, sed ut post colloquium Archiepiscopi statim ad eum reverteremur præcepit; verebatur, ut credimus, ne forte si tunc diutius nobiscum loqueretur, per aliam viam ad hospitium rediremus, et sic affectu quem Deo inspirante ut nobis benefaceret conceperat fraudaretur. Prosequentes inde quod ceperamus iter, iterum Archiepiscopo nos præsentavimus ; extiterat primo nobis affabilis, sed nunc secundo tanto affabilior factus est quanto a negotiis sequentium se erat expeditior; recesserat namque fere tota populorum curia, quoniam vespertinum tempus jam imminebat. Explorando igitur cautissime qua intentione sacratissima virginum corpora petebamus, cum ex responsione nostra cui multum credulus erat, non pro temporali lucro sed pro sola devotione id actum iri cognosceret, cum quibusdam clericis suis lingua teutonica diu locutus est : quo facto, nobis benignissime talia verba respondit : Volumus ut sciatis, fratres carissimi, nos sub anathemate olim prohibuisse ne quis extra diœcesim nostram integrum corpus virginis audeat asportare; verumtamen propter honorem ordinis vestri, de quo, referente dilecto filio nostro Abbate Sibergensi, multa bona audivimus, ad preces ipsius decretum nostrum jam fregimus, præcipiendo ei, verbis suis fidem faciendo, quod vobis promiserat, daret. Adhuc autem ipsum frangere oportet ad instantiam precum vestrarum, quoniam fraternitatem ordinis vestri volumus promereri ; ut ergo in ecclesia vestra orationum suffragiis perpetuo potiamur, eidem ecclesiæ in munus et benedictionem nostræ devotionis unam sanctissimam virginem sicut petitis transmittemus. Eritis autem nobiscum per totam hanc ebdomadam, quoniam dies sancti sunt, et oportet vos divinis interesse officiis. Post Resurrectionem vero iter vestrum assumetis, in pace reportantes vobiscum reliquias quas interim per monasteria civitatis, cum nostræ concessionis gratia, poteritis acquirere, et habebitis Nuntium nostrum qui vos ducet quantum vobis placuerit. Hæc nos audientes humilitate qua potuimus et novimus super tantæ dignationis consolatione, Deo eique gratias egimus multiplices : sed quia redeundi voluntas nobis incumbebat, molestiam quæ Patri nostro et fratribus inferretur, si nos moram facere viderent, objecimus. Objecit autem et ille : Si justum est (inquit) ut die Cenæ et Parasceve equitetis ( quod nulli alii religiosi facturi sunt ) vos ipsi judicate. Convicti igitur et conclusi sapientis viri eloquio, cum ipsius benedictione per viam qua veneramus ad præfati Decani domum redivimus; qui lætus nobis occurrens ut totam illam ebdomadam secum ageremus, in charitate rogavit. Verum cum Domini Archiepiscopi hospitium nos non posse deserere diceremus, ipse charitatem in vim convertit : et sicut in proximo lecturi eramus de duobus euntibus in Emmaiis quia coegerunt Dominum, cepit nos et coegit. Pulcherrima domus ! undique circumdata muro, intus ecclesia, contiguum erat pomerium ; quantum spectat ad ea quæ in sæculo religiose geruntur, nihil ibi vidimus inordinatum, nihil quod religioni non serviret. Tradidit nobis vir ille sanctissimus libros et vestimenta sacerdotalia, et hæc omnia bona valde; tradidit calicem et urceos aureos et argenteos, et clavem ecclesiæ, tradidit domumculam unam peroptimam et clavem illius. Et ecce Deo nos gerente (in sæculo religione inventa, quod mirum est), sine reprehensione fuimus inter eos. Mane autem facto, processimus ad monasterium virginum sicut hesterno die nobis fuerat imperatum, et celebravit frater Guillermus missam ad majus altare, posito interim super illud uno unius virginis sacro corpore quod dedit nobis Abbatissa; in quo quidem corpore clavus quidam videbatur permaximus, cum quo $S^{ta}$ virgo interfecta fuisse credebatur. Cantata vero missa in eadem ecclesia, orationum munus accepimus et dedimus, et accepto cum reverentia sacro corpore, ad hospitem nostrum Abbatem (scilicet) Sancti-Martini properavimus ; qui modeste nos arguens sicut erat homo mitissimus, quia ad hospitium non eramus reversi, lætus nobis cœpit exponere quid sibi nocte præterita per visum accidisset.

### *Visio Abbatis S[ti] Martini.*

Cum essem (inquit) in stratu meo, nocte ista transacta, cœpi cogitare mecum quid vobis conferre potuissem; placebat enim mihi quod perendie de ordine vestro audieram; cumque hoc cogitarem, divina inspiratione (ut probat exitus rei) venit mihi in affectum ut darem vobis unum unius gloriosissimæ virginis caput quod diu in magna veneratione habui; consuevi enim coram eo divina missarum celebrare mysteria priusquam Abbas fierem. Abbas vero factus, reposui illud in capella mea, in qua hactenus pro thesauro imcomparabili honorifice reservavi. Verum cum de conferendo vobis capite cogitarem, pœnituit me de jam habita dandi voluntate, et dixi in corde meo, quid faciam? dabo caput? et quomodo potero esse sine capite quod tantum dilexi, et in tanta veneratione diu habui, pro quo et tam immensa bona fecit mihi Deus? Certe non dabo. Moxque corrigens quod dixeram, aiebam : Immo dabo, sanctus namque locus est quo portabitur; sancti habitatores loci ut audio, et sanctissime custodietur ibi, debitoque honore donabitur. In hunc itaque modum mecum contendens, et hæsitans quid agerem, obdormivi. Vidique in somniis columbas candidissimas super volitantes quarum una corruit ad pedes meos; ego vero extendens manum meam apprehendi eam, et inveni crus illius inflatum et ligatum ad ascellam, ita quod nec pergere poterat nec volare. Solvi eam, et statim excutiens se de manibus meis incolumis avolavit, aliisque volitantibus se contulit velut de solutione sua gaudens et lætissima. Confestim ergo evigilans, evidenter intellexi quod caput virginis et martyris de quo cogitabam et hæsitabam cum cæteris martyribus suis et cum virginibus usque ad Grandimontem volare, ibique perpetuo quiescere volebat : caput igitur, Deo volente, habebitis. In veritate autem dico vobis quod nequaquam illud haberetis nisi hac visione mihi ostensum fuisse credidissem. Euntes itaque ad capellam, cum videremus caput et in fronte signum martyrii, quantum fuit gaudium, quanta ubertas lacrymarum, quis potest enarrare? Novit hoc Deus fons et origo totius pietatis, novimus et nos læti igitur de audita visione, sed de dati acceptione lætiores, receptis Patre et fratribus in munus orationum, et recepti ab eis, ægressi cum capite, jam ascendebamus equos, et ecce monachus quidam, ferme octogenarius vir, per omnia laudabilis vitæ, attulit caput sanctæ Anathaliæ virginis et martyris, quod capillis tegitur et signo martyrii decoratur, sicut cunctis cernentibus evidenter apparet; compunctus enim homo Dei ad visionem Patris et ad fratrum lacrymas commotus volebat ut in ecclesia Grandimontis pro principali parte sui virgo totam venerationem quam promeruit sortiretur. Ipsa quoque virgo virginem aliam de monasterio solam egredi, vel ad exteras nationes progredi non patiebatur, quæ usque Romam ab Anglia, et a Roma usque Coloniam eam fuerat comitata; invicem fortasse condixerant ut sicut per flumina, terras et maria in præsenti vitæ conversatione labili consortes extiterant, et per parem martyrii palmam sponso suo cœlesti pariter fuerant copulatæ, ita in Grandimonte earum capita conjunctionem corporum quæ alibi reliquerant, expectarent. Videtur hoc asserere et gratia monachi qui non rogatus caput attulit et contulit, et tam capilli quam vulnera martyrii quæ in utroque conspecta capite in indevotis devotionem possunt excitare. Talibus ergo ditati muneribus, revertimur ad ecclesiam nostram ad domum Decani, repositisque reverenter super altare sanctarum virginum reliquiis tribus (scilicet corporibus et duobus capitibus) recessit a nobis Pater et interpres noster Gnoderamnus, sanctorum namque dierum reverentia et instantis Paschæ solemnitas ad ecclesiam suam et propriam domum ipsum redire cogebant; sed non reliquit nos orphanos, desolatos minime deseruit : quasi etenim adoptavit nos Decanus, in filios ducens nos per monasteria civitatis, quærendo sanctorum reliquias et reducens ad hospitium sex diebus necessaria corporum percepturos; in quo videlicet, similitudinem evangelicæ gallinæ mihi videtur exprimere, quæ pullos suos ducit et reducit, vocat et revocat, alimenta ministrat et vitam conservat : siquidem utriusque vitæ nostræ præsentis pariter et futuræ Pater iste custos effectus est, ministrando alimonia corporibus et mentibus devotionem. Retribuatur ei in retributione justorum. Propriis igitur pedibus præcedens nos, feria quinta Cenæ primo duxit ad ecclesiam Sanctæ-Mariæ in gradibus, in qua ad preces ipsius de repositorio reliquiarum, grandiora ossa unius virginis accepimus. Deinde duxit nos ad ecclesiam sancti Gereonis, in qua plus quam sexcenta corpora martyrum de legione Thebeorum in pace requiescunt. Cujus sacræ multitudinis cum aliquam portiunculam nobis conferri poposcisset, omnia sepulchra sanctorum seris ferreis ita firmata esse responderunt quod nisi cum magno labore frangerentur, indictis prius jejuniis, nihil penitus habere potuissent; ignorantes tamen quomodo tanti nominis virum sine remuneratione sui laboris redire permisissent, ob amorem ipsius et nostri ordinis reverentiam, Deo inspirante, colloquium habuerunt; erant enim quidam inter eos qui cum sanctorum martyrum corpora clauderentur, ob devotionem sibi portiunculas reservarent; quibus utique collectis et super altare repositis, communicatis alterutrum orationibus, dederunt nobis reliquias sancti Brandani, et sancti Trani, et de sanctis Mauris plurima et pulcherrima ossa; et hi omnes de legione Thebeorum. Inde læti admodum revertentes feria sexta in Parasceve transivimus Rhenum [1] et accepimus, ad sanctum Heribertum in Tuicio, gloriosum munus venerabilis Patris Philippi Archiepiscopi sanctam (scilicet) Essentiam, inter cujus sacra ossa duæ sunt laminæ ferreæ quæ simul junctæ similitudinem castelli exprimunt, cum quo sanctissima virgo videtur fuisse occisa. Cum autem adhuc esset corpus super altare, rogavimus abbatem et monachos ut in charitate Dei de reliquiis monasterii ipsi specialiter ecclesiæ nostræ aliquam facerent portionem; qui mutuæ fraternitatis orationibus datis et acceptis, et præscripta die quo defunctorum suorum et nostrorum servitium annuatim ageretur, plurimorum martyrum et virginum reliquias suis brevibus annotatas nobis charitate contulerunt. Assumptis igitur his sanctorum pignoribus, gaudentes gaudio magno valde ad hospitium festinavimus remeare. Erat autem in civitate quidam paterfamilias, vir provectæ ætatis, et uxor ejus matrona quædam venerabilis; hi de proprio ære suo reædificaverant monasterium quod vetus erat et diruptum, et habebant unum integerrimum corpus unius gloriosæ virginis et martyris quod Hoio in episcopatu Leodicii mittere volebant : miles enim quidam frater hujus matronæ id eos facere rogaverat; dicebant autem et in veritate asserebant quod, licet sæpius tentatum esset, nunquam tamen illuc potuit asportari; nec dubium quin ad Grandimontem eas vellet comitari quæ se ab infantia fuerant comitatæ, ibique cum eis expectare secundam stolam cum quibus per palmam martyrii jam acceperat primam. Igitur postquam in ecclesia apostolorum, eodem die Parasceve, Decanus qui rumores istos audierat divina celebravit officia; profectus est ad domum senis et matronæ, et nos pariter cum eo et clerici ejus, et primo quidem lingua teutonica locutus est cum matrona de nobis et de ordine nostro et de causa qua veneramus; deinde tam ipse quam clerici ejus oppido rogaverunt eam, ut virginem illam quæ se alio transferri non sinebat, ecclesiæ Grandi-

---

[1] La rivière du Rinch (Rhin). *Mss. du F. de la Garde.*

montis in munus gratissimum et Deo acceptum, dignaretur transmittere; quæ cum diutius id facere noluisset, nobis eorum voces audientibus sed verba nequaquam intelligentibus, tandem ipsius consilio senem audierunt, replicatisque iterum atque iterum sermonibus quos matronæ jam dixerant, nihil pœnitus efficere potuerunt. Tunc dixit nobis Decanus : Videte, fratres, si per vos aliquid facere poteritis, quia nos impetrare non possumus quod postulavimus. Nos autem qui eis quasi barbari eramus sicut et ipsi nobis, fecimus quod potuimus, projicientes nos ad pedes eorum, verba enim nostra non intelligebant, nec nos sua ; quod videns matrona cœpit nos a terra sursum erigere ; senex vero reversus domum ingressus est, sed nec sic potuit decani preces effugere quem non latebat Deum in petendo importunitatem amare. Secutus ergo eum in domum, promisit utrique totius ordinis orationes et in vita et in morte efficaciter possidere, quod illi pro magno habentes (operante eo qui ait date et dabitur vobis), allatus est liber, et sicut Decanus promiserat, dedimus eis beneficium ordinis, et ipsi dederunt nobis integrum corpus virginis : ad ecclesiam itaque cum matrona profecti, reverenter corpus accepimus, et sine difficultate aliqua cum eo recessimus læti. Sequenti vero die, hoc est sabbato sancto Paschæ, ducens nos ad ecclesiam apostolorum Decanus dedit nobis et propria manu tradidit de scrinio in quo erant reliquiæ virginum, grandiora ossa unius corporis. Eodem die, contulit nobis ipse fere duo corpora virginum quæ adeo recentissime inventa fuerant, quod necdum erant lota; quæ videlicet corpora tradidit ei ad opus nostrum quidam celerarius cujusdam abbatiæ Cistercii, homo litteratus et religiosus valde. Hunc nos vidimus et de ore ipsius audivimus quod cum inventa fuissent ista duo corpora virginum, venit ad locum in quo jacuerant quidam Demoniacus, et ligaverunt aliquantulam terræ illius massam super pectus ejus, et sanus factus est; unde tantam concepit lætitiam et sensus sui recepit sospitatem, quod nunquam deinceps ad sæculum redire voluit, sed monachus fieri gestiens, quando monachus nobis ista narrabat, ipse habitum monachalem et actum in probatione devotus expectabat. Dicebat quoque nobis monachus ille de quodam Anglico qui cum cæteris de super corporibus virginum terram ejiciebat, quod cum ventum esset ad corpora, furatus est unum parvum os quod in braccis suis ligaverit, volens illud portare in Angliam; sequenti vero nocte, cum dormiret, crus illius inflari adeo quod præ dolore evigilans, exclamavit ; surgens autem quædam mulier domus, accenso igne, vidit hominem ex instatione cruris nimium'laborantem, et quærens quid hoc esset vel unde ei accidisset, confessus est se furatum fuisse unum ossellum sanctarum virginum quod in braccis ligaverat ; reddidit ergo coactus quod sponte rapuerat; et facto mane, sanus factus est. Dederunt quoque nobis reliquias virginum in monasterio sancti Pantaleonis, et in quadam novella ædificatione monachorum, et acceperunt a nobis orationum munus et nos ab eis. Collectis igitur reliquiis virginum et martyrum quas ad interventum et liberalitatem eorum quos prætaxavimus habere potuimus; et in lagenis honestissime repositis ac firmatis cum benedictione Archiepiscopi et ejus serviente qui nos procuravit et duxit quantum voluimus, secunda feria post Resurrectionem Domini iter arripuimus redeundi ; ceterum propter honorem reliquiarum et gratiam quam in conspectu ejus nobis contulerat Deus, egressus est nobiscum de civitate venerabilis Armanus Decanus, exhibens nobis suæ dignationis gratissimam familiaritatem usque ad unum fere miliarium; porro unumquemque nostrum illic amplectens et osculans recessit a nobis corporaliter, spiritualiter nunquam recessurus. Nos vero per dietas nostras cum nostro felici commercio feliciter venimus ad cellulam nostram de Brondello [1]. Præterimus autem sub silentio Bona, honores et consolationes quibus in progressu et regressu nostro ex Dei beneficio usi sumus, ne forte alicui videatur incredibile vel arrogantia invidorum acies dictum fuisse causetur; tantum scripto commendare voluimus quæ simpliciter exprimerent qualiter tanta reliquiarum copia ad Grandimontem potuit pervenire, quatenus sola divina dispositione (sicut revera manifestum est) id actum fuisse credatur. De Brondello itaque misimus litteras Patri nostro Priori et fratribus in hunc modum.

## EPISTOLA AD FRATRES.

Meritis et intercessionibus sanctarum virginum et vestræ devotionis obtentu prosperum nobis Deus contulit iter in eundo et redeundo; revertimur itaque læti et divites valde, reportamus enim nobiscum de thesauro Regis æterni septem pretiosissimas margaritas, hoc est septem virgines gloriosas, quarum una dicitur sancta Albina virgo et martyr, altera S$^{ta}$ Essentia similiter virgo et martyr, altera S$^{ta}$ Panafreta virgo et

[1] La Celle de Bronzeau, monastère de l'ordre de Grandmont, situé sur la paroisse de Saint-Léger-Magnazeix (Haute-Vienne).

TEXIER.

martyr, altera sancta Secunda virgo et martyr, altera S$_{ta}$ Ormaria etiam virgo et martyr; aliarum nomina ignoramus, novit autem earum sponsus. Habemus et reliquias martyrum plurimorum, et caput sanctæ Anathaliæ virginis et martyris quod capillis tegitur et signo martyrii decoratur; habemus et aliud caput unius gloriosæ virginis et martyris, in quo capillorum tricæ cernuntur et in fronte signum martyrii, securis scilicet ictus. Habemus et aliarum virginum reliquias quæ singulis ecclesiis ordinis nostri per portiones dividentur, sic enim nobis jussum est. Quanto igitur honore, quanto gaudio, quantaque reverentia, cœlestis Regis exenia a vobis suscipienda sunt et reservanda, vestra poterit judicare prudentia : cras enim ante horam tertiam venient ad vos Dominæ nostræ, si Deus voluerit.

Adhuc litteræ legebantur, cum Dei omnipotentis nutu venit venerabilis Pater Saibrandus Lemovicensis Episcopus, et vere divinæ dispositionis fuit hujus excellentissimi Patris adventus; non enim proposuerat in Grandimonte nocte illa quiescere, sed continuo recessurus tantummodo Priorem et fratres videre volebat, revertebatur namque a rege Angliæ et filio ejus Comite Pictaviensi, in quorum gratiam honorifice redierat, a distantia quam cum eo pro episcopatu habuerat. Audiens autem Christi virgines suam jam intrasse diœcesim, lætus effectus est, et legens in litteris sequenti die ad Grandimontem eas esse venturas, credidit Deum velle ut eis ipse obviam procederet, et remansit. Mane itaque facto, indutus pontificalibus indumentis, cum Priore et solemni processione fratrum egressus est in occursum virginibus; præcedebat crux Domini, incensa in turribulis redolebant, ferebantur ardentes cerei, populi flebant, cantabant clerici, et resonabat terra in voces illorum. Quarto igitur calendas maii, honore debito, suscipientes reliquias virginum et martyrum, devotione et humilitate mirabili portaverunt eas usque in ecclesiam Beatæ Mariæ semper virginis, etc.

*Philippus, miseratione divina, Archiepiscopus Coloniæ, Princeps Elector Romani Imperii et Italiæ Cancellarius, ad fratres Grandimontenses.*

Philippus, Dei gratia, sanctæ ecclesiæ Coloniæ humilis minister, venerabilibus in Christo fratribus Guillermo Priori et toti conventui de Grandimonte salutem et dilatatam in Christo dilectionem.

Fratres vestros latores præsentium cum litteris vestris libenter et cum cordis alacritate suscepimus tanquam in vobis et in ordine vestro spem firmam et fiduciam magnam ponentes; ut nos qui in hujus sæculi fluctibus navigamus facientes in hoc mari magno operationes multas, vestrarum suffragiis orationum, gubernatore Patre misericordiarum, ad portum salutis clementer perducamur; ut sic per Mariæ vigilantiam, Marthæ administratio adjuvetur. In fœdus autem et pactum firmæ familiaritatis et dilectionis inter nos et vos ad invicem servandæ, petitioni vestræ libentissime acquievimus, fraterne partientes vobis thesaurum Ecclesiæ nostræ, et quod vix alicui imperatorum vel regum fecissemus, vestræ charitati cum prona voluntate impendimus, assignantes vobis reliquiarum sacratissimarum pulchram et honestam portionem : in remunerationem itaque nostræ devotionis rependatis nobis vestrarum orationum participationem, et in plenam fraternitatem vestram nos recipiatis ut operum bonorum et orationum vestrarum consortes et participes fieri mereamur; et nos hoc a vestra dilectione pro gratissimo munere et super aurum et topazion pretiosum acceptabimus.

(*Itinerarium superius transcriptum ex tribus manuscriptis codicibus bibliothecæ Grandimontensis; collatum cum iis fuit per me infra scriptum, Reverendissimi Domini D. Abbatis, ac totius Ordinis Grandimontensis Præpositi generalis Secretarium, cum quibus concordat. In cujus rei fidem subscripsit ipse Reverendissimus. Grandimonte, die decima sexta maii, anno Domini millesimo sexcentesimo nonagesimo secundo.*)

DE LA MARCHE,
Abbas Grandimontis.

De mandato
F. ANT. DESTHÈVES.

# TABLE

DU

## MANUEL D'ÉPIGRAPHIE.

                                                                                Pages.

INTRODUCTION. . . . . . . . . . . . . . . . 1

CHAPITRE Ier. — *Notions générales.* . . . . . . . . 7

— II. — *Transcription.*

    Son importance. — Estampage à la manière blanche, à la manière noire. — Calque. — Chambre claire. — Daguerréotype. . . . 11

— III. — *Lecture. — Interprétation.*

    Alphabets. — Leur origine. — Classification générale des écritures et des inscriptions. — Formules romaines. — Abréviations. — Sigles. — Notes de Tiron. — Formules romanes. — Style gothique. — Vers léonins. — Emblèmes de l'*ascia*. . . . . . . . . . . . 19

— IV. — *Classification.*

    Son importance. — Moyens divers de reconnaître la date d'une inscription : 1° par la forme de la sculpture ; — 2° par le style ; — 3° par la langue ; — 4° par les formules ; — 5° par les noms propres ; — 6° par l'orthographe ; — 7° par la chronologie ; — 8° par les synchronismes ; — 9° par le blason ; — 10° par la forme des caractères, etc. . . . 47

PIÈCES JUSTIFICATIVES. . . . . . . . . . . . . 345

# TABLE
## DU RECUEIL DES INSCRIPTIONS.

Les inscriptions inédites sont marquées d'un astérisque.

### I. — ÉPOQUE ROMAINE.

| Nos D'ORDRE. | DATE. | | SUJET DE L'INSCRIPTION. | LIEU où elle a été TROUVÉE. | LIEU où elle est CONSERVÉE. | PAGE. |
|---|---|---|---|---|---|---|
| 1 | Siècle I. | * | Tombeau de T. Proculeius. | Limoges. | Musée de Limog. | 76 |
| 2 | Siècle II. | | Tombeau de Pætus Pætinus, décurion d'Evreux. | Id. | Id. | 77 |
| 3 | Romaine | | Tombeau de Cannitogus. | Id. | Limoges. | 78 |
| 4 | Id. | | — de Julia Annonia. | Id. | Id. | 79 |
| 5 | Id. | | — de Sulpicia Regina. | Id. | Id. | 79 |
| 6 | Id. | | — de Julia Insidiola. | Id. | Id. | 80 |
| 7 | Id. | | — de Sulpicius Fidus. | Id. | Id. | 81 |
| 8 | Id. | | — de Anna Anniota. | Id. | Id. | 81 |
| 9 | Id. | | — de Blæsianus. | Id. | Musée de Limog. | 82 |
| 10 | Id. | * | — Fragment. | Id. | Limoges. | 83 |
| 11 | Id. | * | — C.-An. Sabinianus. | Id. | Musée de Limog. | 84 |
| 12 | Id. | | — Ixter. | Id. | Id. | 84 |
| 13 | Id. | | — Origanus. | Id. | Limoges. | 85 |
| 14 | Id. | | — Tombeau ou Cippe. | Id. | Id. | 86 |
| 15 | Id. | * | — L. Dion. | Id. | Id. | 87 |
| 16 | Id. | | — Atvius. | Id. | Id. | 88 |
| 17 | Id. | | — Annius. | Id. | Perdu. | 89 |
| 18 | Id. | | — Ladanus et Noma. | Id. | Id. | 89 |
| 19 | Id. | | — Cœtaurus. | Id. | Id. | 90 |
| 20 | Id. | | — (douteux). | Id. | Id. | 90 |

## TABLE DES INSCRIPTIONS.

### I. — ÉPOQUE ROMAINE.

| Nos D'ORDRE. | DATE. | SUJET DE L'INSCRIPTION. | LIEU où elle a été TROUVÉE. | LIEU où elle est CONSERVÉE. | PAGE. |
|---|---|---|---|---|---|
| 21 | Romaine | Tombeau (douteux). | Limoges. | Perdu. | 92 |
| 22 | Id. | — Justini. | Id. | Id. | 92 |
| 23 | Id. | — Tullius. | Id. | Id. | 93 |
| 24 | Id. | — Tullius, affranchi. | Id. | Id. | 93 |
| 25 | Id. | — Publius Carnucus. | Id. | Id. | 93 |
| 26 | Id. | Fragment incomplet. | Id. | Id. | 94 |
| 27 | Id. | Ramnus (?). | Id. | Id. | 94 |
| 28 | Id. | Arènes de Limoges (?). | Rome. | Id. | 95 |
| 29 | Id. | Fragment. | Solignac. | Solignac. | 97 |
| 30 | Id. | Consécration d'un temple à Pluton par les Andecamulenses. | Rancon. | Rancon. | 98 |
| 31 | Id. | Consécration à Hercule. | Id. | Id. | 101 |
| 32 | Id. | Vœu pour l'Empereur. | Château-Ponsat. | Château-Ponsat. | 101 |
| 33 | Id. | Consécration au dieu Baroba. | Id. | Id. | 102 |
| 34 | Id. | Fragment. | Id. | Id. | 103 |
| 35 | Id. | Tombeau de Julia Alpina. | Rancon. | Perdu. | 103 |
| 36 | Id. | Fragment. Consécration d'un autel. | Magnac-Laval. | Perdu. | 103 |
| 37 | Id. | Tombeau. | La Souterraine. | La Souterraine. | 104 |
| 38 | Id. | — Paulus Nertacus. | Id. | Id. | 105 |
| 39 | Id. | — Carigo. | Salagnac. | Perdu. | 105 |
| 40 | Id. | — Alpinus. | Moutier d'Ahu. | Moutier d'Ahu. | 106 |
| 41 | Id. | — Reginus. | Chantenille. | Chantenille. | 106 |

TABLE DES INSCRIPTIONS.

## I. — ÉPOQUE ROMAINE.

| Nos D'ORDRE. | DATE. | SUJET DE L'INSCRIPTION. | LIEU où elle a été TROUVÉE. | LIEU où elle est CONSERVÉE. | PAGE. |
|---|---|---|---|---|---|
| 42 | Romaine | Tombeau (fragment). | Chantenille. | Chantenille. | 107 |
| 43 | Id. | — Veneria et Luttus. | Id. | Perdu. | 107 |
| 44 | Id. | — Julius Atiolus. | Bonnat. | Musée de Guéret. | 107 |
| 45 | Id. | — Cileus. | Ussel. | Ussel. | 108 |
| 46 | Id. | — Æmilius Combricus. | Id. | (?) | 108 |
| 47 | Id. | Dyptique de Procope. | Limoges. | Limoges. | 109 |
| 48 | Id. | — de Flavius Felix. | St-Junien. | Paris. | 109 |
| 49 | (?) | Aurelius. | (?) | Cromières. | 110 |
| 50 | (?) | Dèce. | (?) | Id. | 110 |

## II. — ÉPOQUE ROMANE.

| | | | | | |
|---|---|---|---|---|---|
| 51 | 854 | Tombeau de l'abbé Odon. | St-Savin. | Perdu. | 111 |
| 52 | 874 | — d'Amelius, serviteur laïc. | | Poitiers. | 113 |
| 53 | 1025 | * — du chantre Roger. | Limoges. | Musée de Poitiers | 113 |
| 54 | 1022 | * — de l'évêque Girard. | Charroux. | Charroux. | 116 |
| 55 | 1031 | * — de St Martial. | Limoges. | Musée de Limog. | 118 |
| 56 | 1097 | * — de l'archidiacre Alboin. | Id. | Perdu. | 119 |
| 57 | XIe sièc. | * — de Boson. | Uzerche. | Uzerche. | 119 |
| 58 | Id. | * — du prieur Gaubert. | Id. | Id. | 123 |
| 59 | Id. | * — du bibliothécaire Robert. | Limoges. | Perdu. | 124 |
| 60 | Id. | * Représentation de la crucifixion. | Id. | Détruit. | 126 |

## TABLE DES INSCRIPTIONS.

### II. — ÉPOQUE ROMANE.

| N<sup>os</sup> D'ORDRE. | DATE. | SUJET DE L'INSCRIPTION. | LIEU où elle a été TROUVÉE. | LIEU où elle est CONSERVÉE. | PAGE. |
|---|---|---|---|---|---|
| 61 | XI<sup>e</sup> sièc. | * Représentation de la Cène. | Limoges. | Détruite. | 126 |
| 62 | Id. | * Tombeau de Goncerad. | St-Léonard. | St-Léonard. | 127 |
| 63 | Id. | * — de Gautii. | Aymoutiers. | Aymoutiers. | 128 |
| 64 | Id. | * Sarcophage de St Martial. | Limoges. | Détruit. | 128 |
| 65 | Id. | * Tombe du prieur Hugues. | Id. | Perdue. | 128 |
| 66 | Id. | * Tombe du moine Hugues. | Id. | Id. | 129 |
| 67 | XII<sup>e</sup> sièc. | * Eglise Saint-Pierre au Dorat. | Le Dorat. | Le Dorat. | 129 |
| 68 | Id. | * — — | Id. | Id. | 129 |
| 69 | Id. | * — — | Id. | Id. | 132 |
| 70 | Id. | * Autel portatif. Signature de l'orfévre Lambert. | La Souterraine. | Perdu. | 132 |
| 71 | Id. | * Inscription d'un autel. | Chamborant. | Chamborant. | 133 |
| 72 | Id. (?) | Gouffiers de Lastours. | Le Chalard. | Détruit. | 134 |
| 73 | 1101 | * Autel portatif à Conques. | Conques. | Conques. | 135 |
| 74 | 1101 | * Reliquaire de l'abbé Bégon. | Id. | Id. | 136 |
| 75 | 1106 | Tombeau de St-Junien. | St-Junien. | St-Junien. | 137 |
| 76 | 1143 | — de l'abbé Ramnoux. | Lesterps. | Lesterps. | 139 |
| 77 | 1150 | * Sacristie d'Obasine. | Obasine. | Obasine. | 140 |
| 78 | 1150 | * Æplacen, prieur d'Aureil. | Aureil. | Aureil. | 141 |
| 79 | XII<sup>e</sup> sièc. | * Tombeau d'Amelius de Granno. | Aymoutiers. | Aymoutiers. | 141 |
| 80 | 1150 | * — d'Étienne, fondateur de l'Aguène. | L'Aguène. | L'Aguène. | 142 |
| 81 | 1150 | * Autel de l'Aguène. | Id. | Caché. | 142 |

TABLE DES INSCRIPTIONS.

## II. — ÉPOQUE ROMANE.

| Nos D'ORDRE. | DATE. | SUJET DE L'INSCRIPTION. | LIEU où elle a été TROUVÉE. | LIEU où elle est CONSERVÉE. | PAGE. |
|---|---|---|---|---|---|
| 82 | 1151 | Tombeau de Geoffroi le Bel. | Le Mans. | Le Mans. | 144 |
| 83 | 1165 | Autel de Grandmont. | Grandmont. | Musée du Somm. | 145 |
| 84 | 1168 | Châsse de Mausac. | Mausac. | Mausac. | 146 |
| 85 | 1172 | Tombe de Pierre-Bernard V, prieur de Grandmont. | Grandmont. | Perdue. | 148 |
| 86 | 1174 | * — de Pierre del Barri. | Limoges. | Id. | 148 |
| 87 | 1174 | — de Pierre Buffière, abbé. | Cluny. | Id. | 149 |
| 88 | 1174 | Vraie Croix de Grandmont. | Grandmont. | Id. | 150 |
| 89 | 1187 | Tombeau de Guillaume VI, prieur de Grandmont. | Id. | Id. | 155 |
| 90 | 1187 | Cloche donnée par l'évêque Sébrand. | Limoges. | Id. | 156 |
| 91 | XIIe sièc. | * Vie de N.-S. à Beaulieu. | Beaulieu. | Beaulieu. | 156 |
| 92 | Id. | * — — | Id. | Id. | 156 |
| 93 | Id. | * Relief, à Tarnac. | Tarnac. | Tarnac. | 158 |
| 94 | Id. | * Main divine, à Bessines. | Bessines. | Bessines. | 159 |
| 95 | Id. | * Chapiteau, à Solignac. | Solignac. | Solignac. | 159 |
| 96 | Id. | * Pierre Decen, chefecier de St-Martial. | Limoges. | Limoges. | 160 |
| 97 | Id. | * Eglise St-Michel du Dorat. | Le Dorat. | Le Dorat. | 161 |
| 98 | Id. | * Eglise de Tersannes. | Tersannes. | Tersannes. | 161 |
| 99 | Id. | * Eglise St-Pierre d'Uzerche. | Uzerche. | Uzerche. | 162 |
| 100 | Id. | * Aymeric de Brosses (*de Brucia*). | Limoges. | Perdue. | 162 |
| 101 | Id. | * Châsse de Grandmont. | Grandmont. | Id. | 163 |

24

## II. — ÉPOQUE ROMANE.

| N° D'ORDRE. | DATE. | SUJET DE L'INSCRIPTION. | LIEU où elle a été TROUVÉE. | LIEU où elle est CONSERVÉE. | PAGE. |
|---|---|---|---|---|---|
| 102 | XIIᵉ sièc. | * Châsse de St Doucet (*Dulcissimus*). | Chamberet. | Chamberet. | 164 |
| 103 | Id. | * Christ bénissant à Saint-Yrieix. | St-Yrieix. | St-Yrieix. | 164 |
| 104 | Id. | * Tombe de Satrapes. | Uzerche. | Limoges. | 165 |
| 105 | Id. | * — du grand chantre Gauzbert. | Limoges. | Perdue. | 165 |

## III. — GOTHIQUE ARRONDI.

| N° D'ORDRE. | DATE. | SUJET DE L'INSCRIPTION. | LIEU où elle a été TROUVÉE. | LIEU où elle est CONSERVÉE. | PAGE. |
|---|---|---|---|---|---|
| 106 | XIIIᵉ s. | * Tombe d'Aymeric Guerrut. | Grandmont. | Perdue. | 167 |
| 107 | 1209 | * — de Gérard de Cahors. | Id. | Id. | 168 |
| 108 | 1220 | * — de Hugues Brun de Lusignan. | Id. | Id. | 169 |
| 109 | 1226 | * Reliquaire de Grandmont. | Toulouse. | Château-Ponsat. | 170 |
| 110 | 1244 | * Sépulture de St-Augustin-lez-Limoges. | Limoges. | Perdue. | 173 |
| 111 | 1246 | — d'Hélie d'Uzerche. | Obasine. | Id. | 174 |
| 112 | 1247 | * — d'Aimeric Palmiez et G. de Maumon. | Limoges. | Limoges. | 174 |
| 113 | 1247 | * — G. de Maumont. | Id. | Perdue. | 178 |
| 114 | 1251 | * — de Peyrat (*de Peyrato*). | Id. | Id. | 178 |
| 115 | 1255 | * Cloche de la Règle. | Id. | Id. | 179 |
| 116 | 1255 | Reliquaire donné par P. de Montvailler. | Grandmont. | St-Sylvestre. | 180 |
| 117 | 1262 | Epitaphe de Pierre Iᵉʳ, de Solignac. | Solignac. | Perdue. | 181 |
| 118 | 1263 | * — de G. de Moprejet. | Limoges. | Id. | 182 |

# TABLE DES INSCRIPTIONS.

## III. — GOTHIQUE ARRONDI.

| N°s D'ORDRE. | DATE. | SUJET DE L'INSCRIPTION. | LIEU où elle a été TROUVÉE. | LIEU où elle est CONSERVÉE. | PAGE. |
|---|---|---|---|---|---|
| 119 | 1264 | * Épitaphe de Gérald III de Fabry, abbé de St-Augustin-lez-Limoges. | Limoges. | Au Musée. | 183 |
| 120 | 1265 | — d'Adémar Malaguisa. | Id. | Perdue. | 185 |
| 121 | 1265 | — d'Aimar du Puy (Naimars del Pots). | Brives. | Id. | 185 |
| 122 | 1265 | — de Pierre de Bénévent, prévôt de St-Junien. | Id. | Id. | 186 |
| 123 | 1266 | * — de Jean et Pierre Chambaifort. | Limoges. | Id. | 187 |
| 124 | 1266 | * — de Brux de la Porte-Poissonnière (Peichoniera). | Id. | Id. | 188 |
| 125 | 1267 | * — de Jourdain, prévôt de Chambon, et Hugues de Charrière (Carreriis). | Id. | Id. | 190 |
| 126 | 1269 | * — de Roger et Jourdain d'Ahim (de Agenduno). | Id. | Id. | 191 |
| 127 | 1270 | * — de Pierre Dantena. | Id. | Id. | 192 |
| 128 | 1271 | * — de Gérard de Frachet, dominicain. | Id. | Id. | 193 |
| 129 | 1272 | * — de P. Grilli, curé (Capellanus). | St-Hilaire-Bonneval. | St-Hilaire-Bonneval. | 194 |
| 130 | 1275 | * — de P. Auzel, convers. | Limoges. | Perdue. | 195 |
| 131 | 1277 | * — de G. de Salagnac, curé. | Salagnac. | Salagnac. | 195 |
| 132 | 1278 | * — d'Isabelle de Ventadour. | Limoges. | Perdue. | 196 |
| 133 | 1289 | * — de G. de Beaulieu (de Bello loco), vicaire et organiste. | Id. | Limoges. | 197 |

## TABLE DES INSCRIPTIONS.

### III. — GOTHIQUE ARRONDI.

| N°˙ D'ORDRE. | DATE. | SUJET DE L'INSCRIPTION. | LIEU où elle a été TROUVÉE. | LIEU où elle est CONSERVÉE. | PAGE. |
|---|---|---|---|---|---|
| 134 | XIIIᵉ s. | * Reliquaire à Alleyrat. | Alleyrat. | Alleyrat. | 198 |
| 135 | Id. | * Reliquaire à Isle. | Grandmont. | Isle. | 198 |
| 136 | Id. | * Châsse à St-Viance. | St-Viance. | St-Viance. | 199 |
| 137 | Id. | * Châsse à St-Aurelien. | Limoges. | Limoges. | 199 |
| 138 | Id. | * Tombeau à Obasine. | Obasine. | Obasine. | 200 |
| 139 | Id. | Tombeau des BB. Marc et Sébastien. | L'Artige. | L'Artige. | 201 |
| 140 | Id. | * — Guillaume de la... | Id. | Id. | 203 |
| 141 | Id. | * — Guillaume Guarrète. | Id. | Id. | 203 |
| 142 | Id. | * — P. Bruni. | Id. | Id. | 203 |
| 143 | Id. | * — Huguo Hugonis. | Id. | Id. | 203 |
| 144 | Id. | * — P. de C...a. | Id. | Id. | 203 |
| 145 | Id. | * — J. de Sa... | Id. | Id. | 203 |
| 146 | Id. | * Tombe de Pasdet. | Id. | Id. | 203 |
| 147 | Id. | * — de Saint... | Id. | Id. | 203 |
| 148 | Id. | * — Bridii. | Id. | Id. | 203 |
| 149 | Id. | * — B. Geraldi. | Id. | Id. | 203 |
| 150 | Id. | * Entrée de ville. | Limoges. | Perdue. | 204 |
| 151 | Id. | * Tombe de R. de Ropae. | Aymoutiers. | Aymoutiers. | 204 |
| 152 | Id. | * — Hélie Daumi. | L'Esterps. | L'Esterps. | 204 |
| 153 | Id. | — P. Plancs. | Brives. | Perdue. | 205 |
| 154 | Id. | * — G. de Sainte-Valérie. | Limoges. | Id. | 205 |
| 155 | Id. | — Hélie. | Brives. | Id. | 206 |

## TABLE DES INSCRIPTIONS.

### III. — GOTHIQUE ARRONDI.

| N° D'ORDRE. | DATE. | SUJET DE L'INSCRIPTION. | LIEU où elle a été TROUVÉE. | LIEU où elle est CONSERVÉE. | PAGE. |
|---|---|---|---|---|---|
| 156 | XIIIe s. | * Tombe de Guillaume Baudouin (*Baudoini*). | Limoges. | Limoges. | 206 |
| 157 | 1301 | * — B. de la Place (de *Plathea*). | Chénerailles. | Chénerailles. | 207 |
| 158 | 1306 | * — P. de Villa. | Limoges. | Perdue. | 213 |
| 159 | 1311 | * — Gui Batier (*Bastrerii*) et A. d'Ambazac. | Id. | Id. | 214 |
| 160 | 1312 | * — cardinal la Chapelle-Taillefer. | La Chapelle-Taillefer. | Id. | 214 |
| 161 | 1322 | * — E. Maleu. | St-Junien. | St-Junien. | 220 |
| 162 | 1323 | * — Hélie Gallerie, curé. | Limoges. | Perdue. | 221 |
| 163 | 1323 | * — Hélie des Champs (*de Campanis*). | Id. | Id. | 222 |
| 164 | 1324 | * — Alexandre. | Id. | Limoges. | 223 |
| 165 | 1324 | * — B. de Neuville (*de Nova Villa*). | Id. | Perdue. | 223 |
| 166 | 1330 | * — Lajaces. | Id. | Limoges. | 224 |
| 167 | 1331 | * — B. Guy, ou de la Guionie (*Guidonis*). | Id. | Perdue. | 226 |
| 168 | 1335 | * — P. de Mortemar. | Mortemar. | Le Dorat. | 227 |
| 169 | 1347 | * — Aimeric de Motha. | L'Artige. | Perdue. | 230 |
| 170 | 1341 | * — N. de Puy-Faucon. | Limoges. | Id. | 230 |
| 171 | 1350 | * — R. de Saint-Crépin. | Id. | Limoges. | 231 |
| 172 | 1350 | — Hélie Coralli. | Id. | Perdue. | 232 |

## IV. — GOTHIQUE CARRÉ.

| Nos D'ORDRE. | DATE. | SUJET DE L'INSCRIPTION. | LIEU où elle a été TROUVÉE. | LIEU où elle est CONSERVÉE. | PAGE. |
|---|---|---|---|---|---|
| 173 | XIVᵉ s. | * Aigle de chœur. Gautier le Pintier. | Limoges. | Perdue. | 233 |
| 174 | 1360 | Châsse. Marc de Bridier, moine et orfèvre. | Id. | Id. | 233 |
| 175 | 1362 | * Tombe de Junien des Taules. | Id. | Id. | 236 |
| 176 | 1362 | * — R. de Pompadour. | Id. | Limoges. | 236 |
| 177 | 1363 | * Croix donnée par Davirau. | Id. | Perdue. | 237 |
| 178 | 1364 | * Tombe du cardinal d'Aigrefeuille. | Id. | Id. | 238 |
| 179 | 1365 | * Reliquaire donné par A. de la Porte. | Id. | Perdu. | 239 |
| 180 | 1380 | Reliquaire donné par Grégoire XI. | Id. | Id. | 240 |
| 181 | 1384 | * Tombe de P. de Soubrebost (de Superbosco). | Id. | Limoges. | 241 |
| 182 | 1384 | — G. de Chanac. | Id. | Perdue. | 244 |
| 183 | 1388 | — P. de Cros (de Croso). | Id. | Id. | 245 |
| 184 | 1400 | * — Jean de Peyrac. | Id. | Limoges. | 246 |
| 185 | 1406 | * Fondation par le cardinal Cramaud. | Biennac. | Biennac. | 246 |
| 186 | 1406 | Fondation par le même. | Saint-Junien. | Perdue. | 250 |
| 187 | 1408 | * Tombe de Trallanges. | Limoges. | Id. | 251 |
| 188 | 1415 | * Fondations par Chouvaty. | Saint-Junien. | Id. | 252 |
| 189 | 1420 | * Reliquaire donné par Disnematin. | Limoges. | Id. | 254 |
| 190 | 1421 | Fondation d'un hôpital par J. de Royères. | Toulouse. | Id. | 254 |

## TABLE DES INSCRIPTIONS.

### IV. — GOTHIQUE CARRÉ.

| Nos D'ORDRE. | DATE. | SUJET DE L'INSCRIPTION. | LIEU où elle a été TROUVÉE. | LIEU où elle est CONSERVÉE. | PAGE. |
|---|---|---|---|---|---|
| 191 | 1436 | * Mesures d'une halle. | Meimac. | Meimac. | 255 |
| 192 | 1437 | * Cloche de Saint-Martial. | Limoges. | Perdue. | 256 |
| 193 | 1445 | * Tombe de Hugues de Video. | Id. | Id. | 256 |
| 194 | 1448 | * — de Jean de la Fontaine. | Id. | Id. | 257 |
| 195 | 1449 | * — Date d'une chapelle. | Paulhac. | Paulhac. | 258 |
| 196 | 1451 | — de la chapelle du pont St-Junien. | Saint-Junien. | Saint-Junien. | 259 |
| 197 | 1453 | * Statue de la sainte Vierge. | Limoges. | Perdue. | 260 |
| 198 | 1460 | * Date de l'église de Treignac. | Treignac. | Treignac. | 260 |
| 199 | 1460 | * Consécration d'un autel. | Berneuil. | Berneuil. | 261 |
| 200 | 1469 | * Ciboire de Louis d'Aubusson. | Tulle. | Tulle. | 261 |
| 201 | 1470 | * Tombe de l'orfévre Denisot. | Limoges. | Perdue. | 261 |
| 202 | 1476 | Porte fortifiée à Rhodes. | Rhodes. | Rhodes. | 262 |
| 203 | 1479 | * Abside de l'église Saint-Martial. | Limoges. | Limoges. | 263 |
| 204 | 1479 | * Chapelle à Rocamadour. | Rocamadour. | Rocamadour. | 263 |
| 205 | 1483 | Fondation de Saint-Michel. | Limoges. | Perdue. | 264 |
| 206 | 1484 | * Construction et réparations à Bourganeuf. | Bourganeuf. | Bourganeuf. | 265 |
| 207 | 1490 | * Chapelle à Saint-Maurice. | Saint-Maurice | Saint-Maurice. | 266 |
| 208 | 1496 | Reliquaire. | Limoges. | Perdu. | 267 |
| 209 | 1497 | * Tombe de l'archevêque B. de Montbas. | Id. | Id. | 268 |
| 210 | 1497 | * — Martial Boyol. | Id. | Perdue. | 269 |

## IV. — GOTHIQUE CARRÉ.

| Nos D'ORDRE. | DATE. | SUJET DE L'INSCRIPTION. | LIEU où elle a été TROUVÉE. | LIEU où elle est CONSERVÉE. | PAGE. |
|---|---|---|---|---|---|
| 211 | 1497 | * Tombe de M. Boyol. | Limoges. | Perdue. | 270 |
| 212 | 1498 | * Date de l'église de Saint-Pardoux. | Saint-Pardoux. | Saint-Pardoux. | 271 |
| 213 | 1500 | * — Chapelle à Aimoutiers. | Aymoutiers. | Aymoutiers. | 272 |
| 214 | XVe sièc. | Reliquaire à Saint-Victurnien. | St-Victurnien. | Perdu. | 273 |
| 215 | XVe sièc. | * — à Limoges. | Limoges. | Id. | 273 |
| 216 | XVe sièc. | * Chapelle Saint-Antoine. | Saint-Antoine. | Saint-Antoine. | 273 |
| 217 | XVe sièc. | * Tombe à Bonlieu. | Bonlieu. | Bonlieu. | 274 |
| 218 | XVe sièc. | * Peintures à Bonlieu. | Id. | Id. | 274 |
| 219 | XVe sièc. | * Reliquaire à Saint-Julien-le-Petit. | St-Julien. | Saint-Julien. | 275 |
| 220 | XVe sièc. | * Vitrail à Aymoutiers. | Aymoutiers. | Aymoutiers. | 275 |
| 221 | XVe sièc. | * Statue de sainte Madeleine. | Limoges. | Perdue. | 276 |
| 222 | XVe sièc. | * Console à Jabreilles. | Jabreilles. | Jabreilles. | 276 |
| 223 | XVe sièc. | * Cloche à Saint-Michel. | Limoges. | Perdue. | 277 |
| 224 | XVe sièc. | * Cloche à la Plain. | La Plain. | La Plain. | 277 |
| 225 | 1507 | Tombe de Jean Coussac. | Limoges. | Perdue. | 279 |
| 226 | 1509 | * Cloche à Auriat. | Auriat. | Auriat. | 279 |
| 227 | 1511 | * Cloche de la Règle. | Limoges. | Perdue. | 279 |
| 228 | 1513 | Tombe de Martial Formier. | Saint-Junien. | Saint-Junien. | 280 |
| 229 | 1516 | * — de Gayot Bastide. | Limoges. | Limoges. | 282 |
| 230 | 1520 | * Fondation aux Cordeliers. | Id. | Perdue. | 283 |
| 231 | 1522 | * Vitrail à la Borne. | La Borne. | La Borne. | 284 |

# TABLE DES INSCRIPTIONS.

## V. — RENAISSANCE.

| N° D'ORDRE. | DATE. | SUJET DE L'INSCRIPTION. | LIEU où elle a été TROUVÉE. | LIEU où elle est CONSERVÉE. | PAGE. |
|---|---|---|---|---|---|
| 232 | 1524 | * Dates diverses à la Borne. | La Borne. | La Borne. | 286 |
| 233 | 1526 | * Cloche à Darnac. | Darnac. | Darnac. | 287 |
| 234 | 1528 | Remparts de Limoges. | Limoges. | Limoges. | 287 |
| 235 | 1530 | Chapelle et tombeau des Romanet. | Id. | Id. | 288 |
| 236 | 1531 | Croix à Limoges. | Id. | Détruite. | 290 |
| 237 | 1536 | * Cloches aux Carmes. | Id. | Détruites. | 290 |
| 238 | 1539 | * Cloche à Moissannes. | Moissannes. | Moissannes. | 291 |
| 239 | 1541 | * Tombe d'Isabelle Boyol. | Limoges. | Limoges. | 292 |
| 240 | 1544 | * Inscription du tombeau de Jean de Langheat. | Id. | Détruite en part. | 293 |
| 241 | 1544 | Stalles de Saint-Michel. | Id. | Détruites. | 296 |
| 242 | 1545 | Tombe de Jourdain Penot. | Id. | Détruite. | 296 |
| 243 | 1551 | * Cloche à Saint-Martial. | Id. | Id. | 297 |
| 244 | 1551 | * Cloche à Jabreilles. | Jabreilles. | Jabreilles. | 298 |
| 245 | 1551 | * Cloche à Saint-Martial. | Limoges. | Détruite. | 298 |
| 246 | 1564 | Vitrail représentant Jeanne d'Albret. | Id. | Limoges. | 298 |
| 247 | 1567 | * Fondations par Mauplo. | Id. | Perdues. | 299 |
| 248 | 1571 | * Triptyque émaillé. | Id. | Perdu. | 300 |
| 249 | 1574 | * Cloches à la cathédrale. | Id. | Détruites. | 301 |
| 250 | 1574 | * Cloches à la cathédrale. | Id. | Id. | 301 |
| 251 | 1575 | * Cloche à Saint-Martial. | Id. | Détruite. | 302 |
| 252 | 1575 | * Cloche à Moissannes. | Moissannes. | Moissannes. | 302 |

## V. — RENAISSANCE.

| Nos D'ORDRE. | DATE. | SUJET DE L'INSCRIPTION. | LIEU où elle a été TROUVÉE. | LIEU où elle est CONSERVÉE. | PAGE. |
|---|---|---|---|---|---|
| 253 | 1577 | * Sépulture du cœur d'Auberoche. | Magnac. | Détruite. | 302 |
| 254 | 1581 | * Tombeau de Siméon Dubois. | Limoges. | Détruit. | 303 |
| 255 | 1582 | * — de Sébastien de l'Aubépine. | Id. | Id. | 304 |
| 256 | 1587 | * Tombeaux de Magd. Chambon, de Jehan Sarrazin et de Marie Sarrazin. | Id. | Perdus. | 307 |
| 257 | 1592 | * Grille du tombeau de Tève-le-Duc. | Id. | Id. | 308 |
| 258 | 1593 | * Tombeau de Jehan de Pasquet. | Savignac-les-Drieux. | Perdu. | 308 |
| 259 | 1597 | * Tombeau de Barbe Chenaud. | Saint-Léonard. | Id. | 309 |
| 260 | 1599 | * Épitaphe d'Étienne Bonin. | Limoges. | Perdue. | 310 |
| 261 | XVIe s. | * Devises. | Château de Mazeau. | Château de Mazeau. | 311 |
| 262 | Id. | * Inscription en l'honneur du comte des Cars. | Château de la Roche-Abeille. | Perdue. | 312 |
| 263 | Id. (fin). | *Assole?* | Château de la Coste-Mezières. | Château de la Coste-Mézières. | 313 |
| 264 | Id. (date incert.). | * Fragment (*Jacques d'Armagnac?*). | Château de la Payrière. | Château de la Payrière. | 313 |
| 265 | 1600 | * Arrêt. | Limoges. | Perdu. | 314 |
| 266 | 1616 | * Fondation par Rebière dite Negrière. | Id. | Perdue. | 317 |
| 267 | 1617 | * Épitaphe de Pierre Audebert. | Bellac. | Id. | 317 |

TABLE DES INSCRIPTIONS.

## V. — RENAISSANCE.

| N° D'ORDRE. | DATE. | SUJET DE L'INSCRIPTION. | LIEU où elle a été TROUVÉE. | LIEU où elle est CONSERVÉE. | PAGE. |
|---|---|---|---|---|---|
| 268 | 1618 | * Épitaphe de Mssre Cybard de Brettes. | Cieux. | Perdue. | 319 |
| 269 | 1618 | * Inscription au-dessus d'une porte. | Bellac. | Bellac. | 320 |
| 270 | 1622 | * Inscription. | Uzerche. | Église de Saint-Pierre d'Uzerche. | 320 |
| 271 | 1623 | * Inscriptions d'une chapelle de la Sainte-Vierge. | Château-Ponsat. | Château-Ponsat. | 321 |
| 272 | 1628 | * Épitaphe de Louis Marchandon. | Limoges. | Perdue. | 322 |
| 273 | 1629 | * Inscriptions de chapelles. | Église de Saint-Pierre-le-Bost. | Saint-Pierre-le-Bost. | 323 |
| 274 | 1631 | * Épitaphe de Gasp. Benoît, avocat. | Château-Ponsat. | Perdue. | 323 |
| 275 | 1648 | * Inscription d'une cloche. | Id. | Château-Ponsat. | 324 |
| 276 | 1650 | Tombeau du Bon-Mariage. | Limoges. | Limoges. | 325 |
| 277 | 1666 | * Épitaphe d'Honoré de la Chassaigne. | Le Dorat. | Perdue. | 326 |
| 278 | 1672 | Épitaphes du P. Le Jeune. | Limoges. | Id. | 327 |
| 279 | 1676 | * Cloche à Saint-Léonard. | Saint-Léonard. | Église de Saint-Léonard. | 328 |
| 280 | 1678 | * Ordonnance pour l'élection des juges-consuls. | Limoges. | Perdue. | 329 |
| 281 | 1680 | * Épitaphe de demoiselle..... et de Jacques de Langlade. | Sommières (Vienne). | Limog., à l'hôtel du Lion-d'Or. | 330 |
| 282 | 1684 | * Inscription à l'église de Saint-Pierre-du-Château. | Saint-Pierre-du-Château. | Saint-Pierre-du-Château. | 331 |
| 283 | 1712 | * Inscription d'une cloche. | A Mortemar. | A Mortemar. | 332 |

## V. — RENAISSANCE.

| N° D'ORDRE. | DATE. | SUJET DE L'INSCRIPTION. | LIEU où elle a été TROUVÉE. | LIEU où elle est CONSERVÉE. | PAGE. |
|---|---|---|---|---|---|
| 284 | 1730 | Épitaphe du P. Honoré de Sainte-Marie. | Lille. | Perdue. | 333 |
| 285 | 1732 | * Inscriptions de deux cloches de l'abbaye de la Règle. | Limoges. | Perdues. | 335 |
| 286 | 1733 | * Inscription d'une troisième cloche de l'abbaye de la Règle. | Id. | Perdue. | 336 |
| 287 | 1763 | * Inscription d'une cloche à Saint-Léonard. | Saint-Léonard. | Saint-Léonard. | 337 |
| 288 | 1766 | Inscription du palais épiscopal de Limoges. | Limoges. | Dans les fondements du palais. | 337 |
| 289 | 1781 | Inscription de la fontaine Dauphine. | Id. | Perdue. | 338 |
| 290 | 1851 | * Inscription de l'église de Villefavard. | Villefavard. | Dans les fondements de l'église. | 341 |
| 291 | 1848 | * Inscriptions du bénitier et de la chapelle du château de Chauffailles. | Chauffailles. | Chauffailles. | |
| | P.-script. | * Fragment d'inscription. | Au village de Pisseau, près le Buis. | Au village de Pisseau, près le Buis. | |

FIN DE LA TABLE DES INSCRIPTIONS.

Poitiers. — Imp. de A. DUPRÉ.

INSCRIPTIONS LIMOUSINES. Pl. 2.

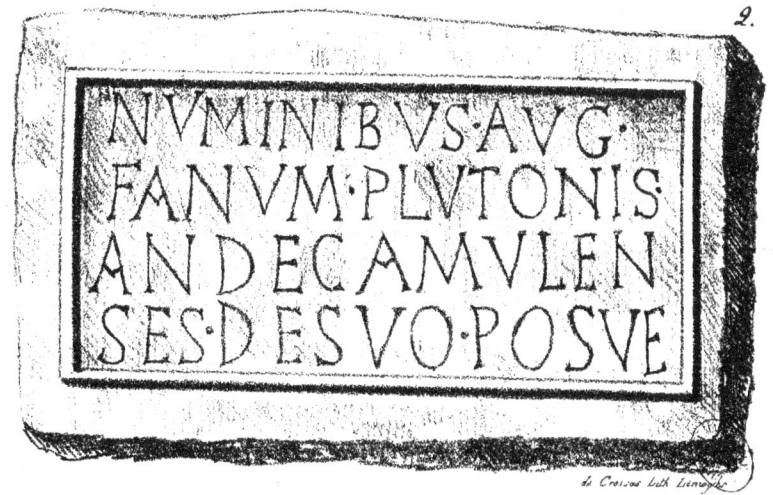

1. Au Pont de Chateauponsat.

2. A Rancon.

† ΒΡΑΧΥΝ ΥΠΝΌϹΑϹ ΥΠΝΟΝ ΕΝ ΠΛΕΝΑΓΑ
Ο ΠΑΝ ΒΑΓΙΛΕΥϹ ΚΑΙ ΘΕΑΝΘϹ ΛΟΓΟϹ :–
ΠΟΜΝΗ ΕΠΕΒΡΑΒΕΥϹΕΤ ΔΕΝΔΡΩ ΧΑΡΙΝ
ΕΗ ΨΥΧΕΤΑΙ ΓΑΡ ΠΑϹ ΠΥΡΥΜΕΝΟϹ ΝΟϹοιϲ
Ο ΠΡ ϹΠΕΦΕΥΓωϹ ΤΟΙϹ ΡΙ ΔΕΝΔΡΙΑϹ ΚΛΑΔΟΪϹ
ΑΜΑΦΛΟΓωϹΙϹ ΕΝ ΜΕΗΜΕϹΗΜΒΡΙΑ
ΕΔΡΑΜΟΝ ΗΛΘΟΝ ΗϹ ΚΛΑΔΟΙϹ ΥΠΟ ϹΕ ΔΥΝ
ΚΑΙ ϹΚΙΑΔΕΧΟΥΜΕ ΚΑΙ ΚΑΜΩϹ ϹΚΕΠΕ
ωϹ ΥϹΚΙΑΖΟΝ ΔΕΝΔΡΟΝ ΑΠΑϹΑΝ ΧΘΟΝΑ –
ΚΑΙ ΤΗΝ Α ΕΡΗΩΝ ΕΝΤΑΜωΘΗ ΟΙ ΔΡΟϹΟΝ
ΕΚ ΔΟΥΚΙΚϲ ΦΥΕΝΤΙ ΚΑΛΛΙ ΔΕΝΔΡΙΑϹ –
ΗϹ ΡΙΖΟ ΠΡΕΜΝΩΝ Η ΒΑϹΙΛΙϹ ΕΙΡΗΝΗ
Η ΜΗΤΡΟ ΝΑΜΝΟΙ ΞΜΝΑΚΤΝΘ ΚΛΕΟϹ
ΑΛΕΞΙΥ ΚΡΑΤΟΥΝΤϹ ΑΥϹΟΝΩΝ ΔΑΜΑΡ
ΝΑΙ ΝΑΙ ΔΥϹΩΠΩΤΟΝ ΜΟΝ ΦΥΛΑΚΑ ΗΥ –
ΕΘϹ ΔΥΛΟϹ ΛΑϹΖΙΟϹ ΕΜ ΕΝΥϹ ΔΟΥΚΑϹ :–†

à Grandmont.

**INSCRIPTION**
IX Siècle
Pl. 4

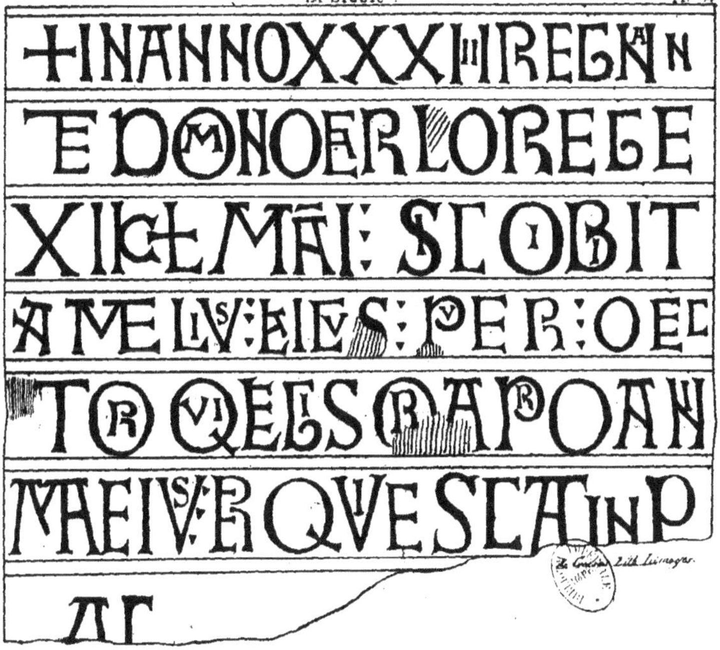

+ IN ANNO XXXIII REGNAN
TE DOMNO ERLO REGE
XI·C·MAI: SC OBIT
A MELVEIES: PER OEC
T R VI QELS RAPO AN
MAE IVR QVESCAIN P
AL

Pl. 5

MARTIALIS
APOSTOLVS XPI

✶ HIC REQVESCIT

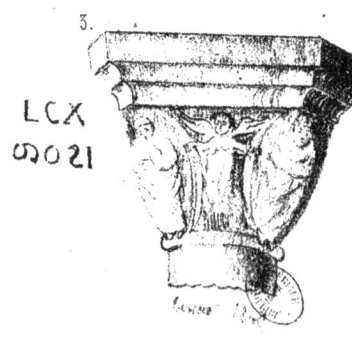

1. Tombeau de St Mart[ial]
2. à Bessines
3. à Solignac

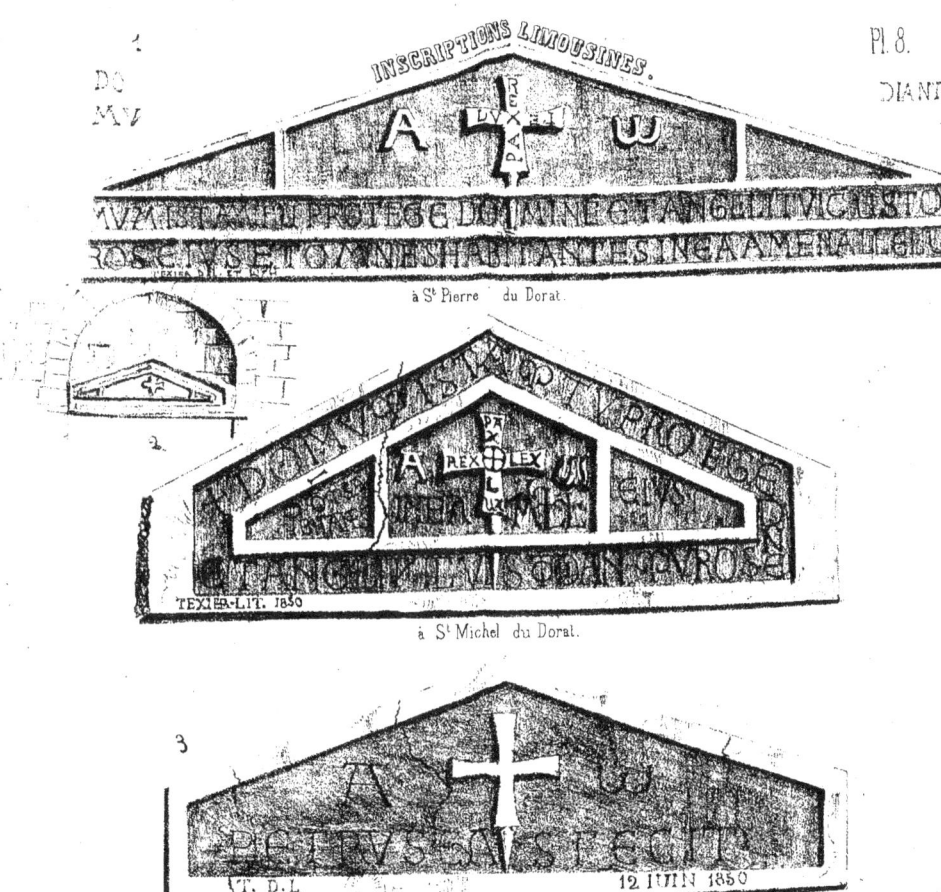

**INSCRIPTIONS LIMOUSINES.** XII.ᵉ Siècle Pl. 10.

```
O RRE NMER TIS    S hcc E IN E RE VIV
 SEPhSTV   LLAVDTATᵒ HOMO
 REQIES AEG RS EBVS ET VESTITV AEGᴱⁿ
CLXDV INhᵒᶜ GRESSV MEᶜ hbEBATO LV
NERAN APᵖˢᵢᴇLITQVE MRIBˑ A
FVDVSHAᶜᶜiTTA ONDDT AELLESA M
SOLE PNGᵛˢTAS AELVˢ LVᴿᴺA É KALDAS
MORS ILL ARVIT: Y TA BEATA TENET
```

à l'Église de l'Aguène (Corrèze)

## INSCRIPTIONS LIMOUSINES.
### XII.e Siècle.

ECCE DEO GRATIAS IACET IC RAMNULFUS HUC DATUS
PASTOR CODIGNUS PIVS ABBAS SVIRT BENIGUS

ANNO AB INCARNATIONE DOMINI MILLESIMO C .... PONCIVS ....
HOC ALTARE BEGONIS ABBATIS DEDICAVIT ET DE + XPI

ABBAS FORMAVIT BEGO RELIQVIAS QVE LO ...... || SVH DOMIN/ QVE CRVX

CEPLCEN: RIOR III:
XIII KEIV KOK:

SI FIL' DEI E
DIC VT LAPI
DES ISTI PA
NES FIANT

S*RGIVS
PETRVS
ARBERT°

AOOELIVS DE GBANNO

(2) à Conques
(3) Inscription en relief à Aureil
(4) à Eymoutiers
(5) à Tarnac
(6) à Beaulieu

**INSCRIPTIONS**

Pl. 14.

XIIIᵉ Siècle.

✝ PHELIP: DE: LACHAPELE: CHIT: ICI: DEY:
DE: SALME: EVIC: MERQI: PACE

a Bullifort en Irlande.

XIVᵉ Siècle.

Inscription de la Cloche de Saumanes.

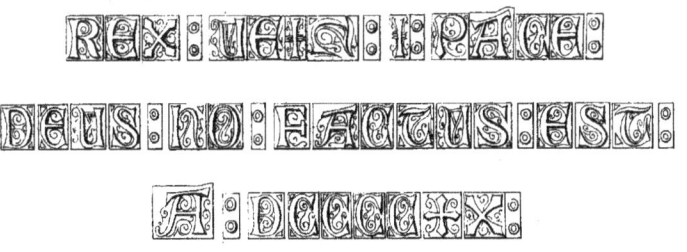

Consulter sur ces deux inscriptions
le texte ci-dessus P. 17 et suiv.

INSCRIPTIONS LIMOUSINES.

XIIIᵉ Siecle. Pl. 16

| |
|---|
| A·ICI·JAI·EN·P·BRVS·DE· |
| LA·PORTA·PEICHONIEIRA |
| E·TRASPASSET·EN·MIEJ· |
| ABRIL·ANNO·DNI·M·CC·LX |
| VI·E·LAICHET·A·CHASCVNA |
| MONIA DE Lº ⊕ OZI·I·PA·LOCALS |
| PAS·DEV·ESSER·FAIHS·XX |
| D·UN·SESTIER·E·DEU·ESSER·RE |
| DVTZ·LOIORN·DE·RAMPAM |
| DVRABLAMENT·LARMA·DE· |
| LVI·REPAVZE·EN·PATZ·E·DJ |
| IAS·PAT·ÑR·E·LAICHET·MAJ |
| L·H'·REDENS·AV·COVEN· |
| S·M·P·SON·ANEUERSARI· |
| E·LAN·DE·M·E·CC·LX·IUU·ANS·E·VI |
| JORNS·DINSABRIL·TRAPASET·NA |
| VALERIA·JAYONA·MOLHER·DEV·DIH |
| P·BRV·E·Q·LEIRA·AQVESTAS·LE |
| TRAS·DI·GSLO |

à Sᵗ Martial de Limoges.
1266.

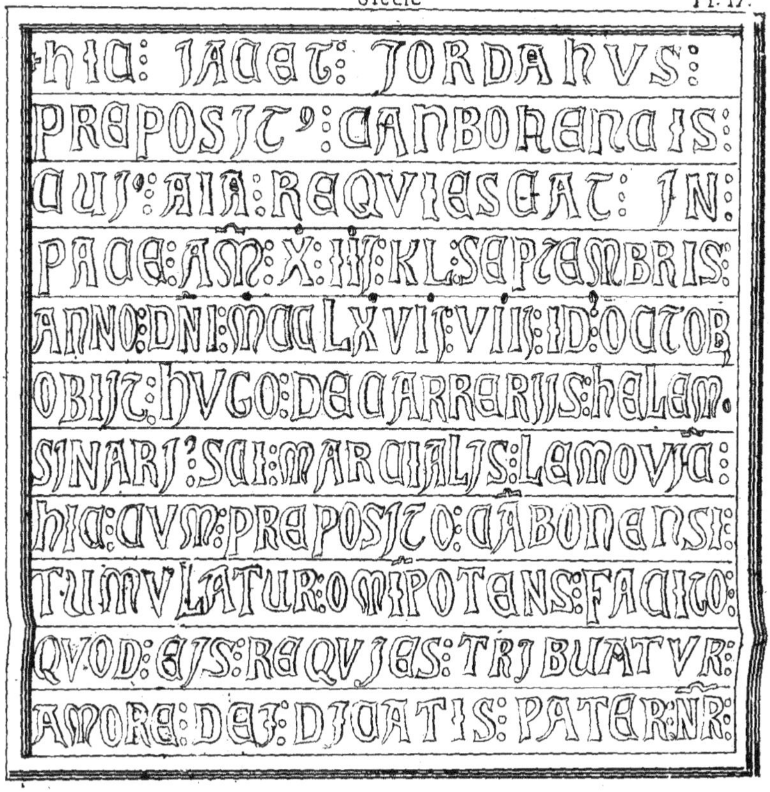

INSCRIPTIONS LIMOUSINES
Siècle
Pl. 17

+ HIC : IACET : IORDANVS :
PREPOSIT⁹ : CANBONENCIS :
CUJ⁹ : AIA : REQVIESCAT : IN :
PACE : AM̃ : X : IJ : KL : SEPTEMBRIS :
ANNO : DÑI : MCCLXVI : VII : ID : OCTOB
OBIIT : HVGO : DE CARRERIIS : HELEM
SINARI⁹ : SCI : MARCIALIS : LEMOVIC
HIC : CVM : PREPOSITO : CABONENSI :
TVMVLATVR : OMÑIPOTENS : FACITO
QVOD : EIS : REQVIES : TRIBUATVR :
AMORE : DEI : DICATIS : PATER NR̃ :

+ HIC : IACET : G : DE : BELLOLOCO :
VICARI⁹ : S : SM̃ : LEM : ORGANISTA : NOAT
QIA : FUIT : PREELLENS : IN : CANTU : ORGANOR
QUI : OBIIT : XII : KL : APL : AÑ : DÑI : MCCLXXXIX
AÑA : ET : REQVIESCAT : IN : PACE : AMEN :
DICAT : LEGENS : PRO : EI⁹ : AIA : PR̃ : ÑR :

de Crozos Lith. Limoges

# INSCRIPTIONS LIMOUSINES. Pl. 18

STE BREUIS LOCUL' PATRA CAPIT OSSA DUO
QUOS MOR UIUUL' AD CULMINA UEXIT HONOR
HOS DOM' ARTIGIE PUOS HABUIT POSITORES
UI CAPUT ECCL'IE PRI OR FUERA PRIOREN
HOS CAPUT YTALIE : UENECIA SE GENTISSA
HOTH Z HUICPATH FLET PIGNORA TANTA DEDISS
IN NOR MUIS PATRI PRI'MUE NE POTIS
UENSIT MONS HEREM' HEC LOCA SOLA NR'
UII A LANA FARIS FUERAN Z PASCUA BOU'
TANTA PUTA PATRIB' NO GRANDIS CELLA DUOB'
HAN MARC' UAL MARCHSI ECRL'IA NESCIT
SEBASTIAN' A LEUA PARTE QUIESCIT

A l'Artige.

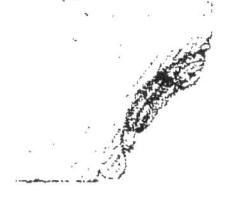

Aux Jacobins de Limoges.

XIV° Siècle. Pl. 20.

HIC IACET MAGISTER
STEPHUS MALET · PRE
BITER ET CANONICUS
HUI ECCLIE · QI UIUAT
IN XPO · ET : EI' ANIMA
REQUIESCAT IN PACE · AM
Q̃ OBIIT : II : YD° IULII :
AÑO : DÑI : M : CCC : XXI :

à la collégiale de Saint Junien
1322.

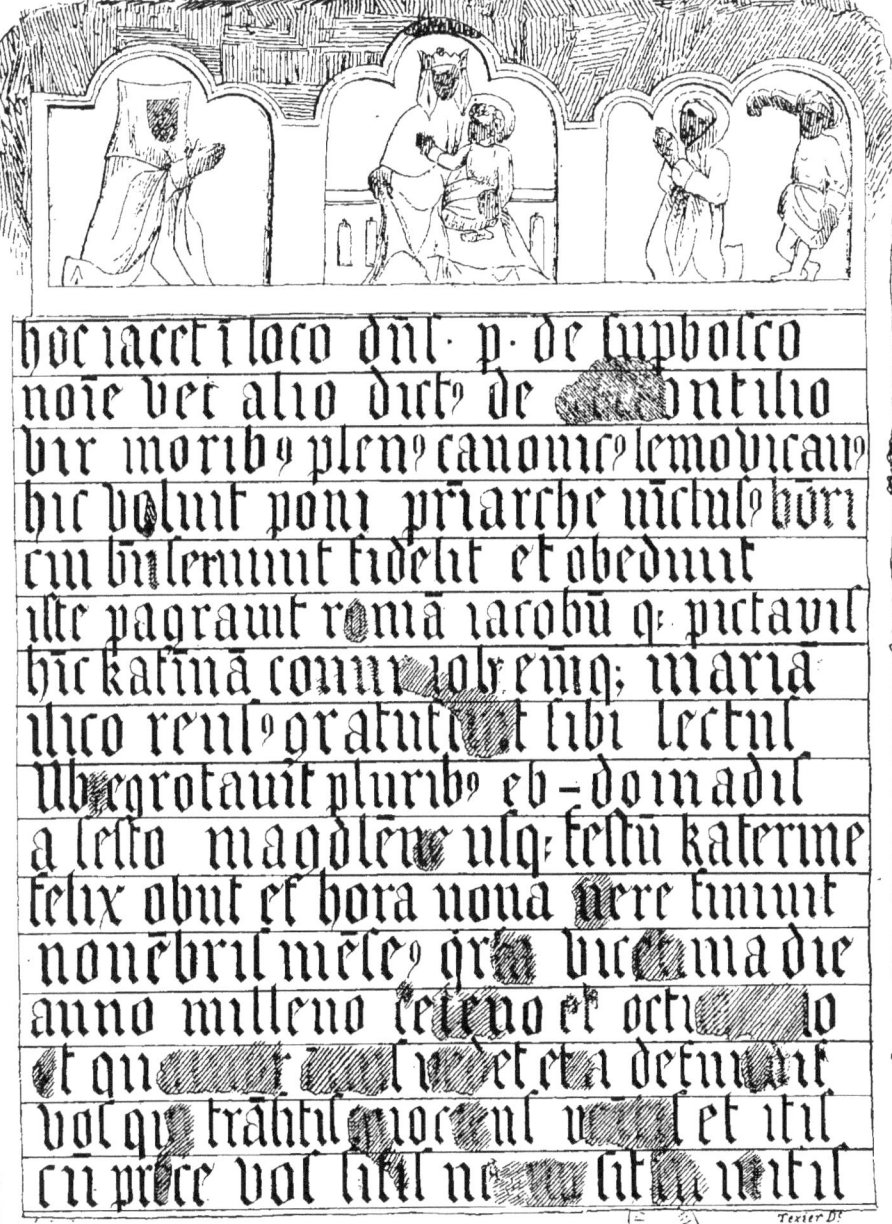

Cathédrale de Limoges

## INSCRIPTIONS LIMOUSINES.
### XIVᵉ et XVᵉ Siecle.

**I**

Vir devot' animo sup' etha totus.
Laiaces dict' mortis certamīe vict'
Hic voluit pni. patruo cōi fier' hugōi.
Monb'z iuxta succentor hic atq3 leuita.
fulsit. z exēplis. plo dans ōrnata tēpli.
Post annos mille. ter. c. ter. z. x. obit ille.
Et fuit augusti p sic' sub tegmīe busti.
Luce bis. x. j. q3. Sibi qcquid secit iniq3.
Pater ihu. more que corde gerebat z ore.
Vīu supis et ei ōred locū requiei Amē.

**II**

Anno mille no nonies l i semel
ista Regine. œli facta. capella. fuit
Qua q3. sequens. terni⁹ miratter
perficit. annᵍ. Principium
prebet mar⁹. fine. que
nouember ?.
☩ ℳ ⅭⅭⅭⅭ · Ⅼ · Ⅰ ☩

I. A la Cathédrale de Limoges.
II. A N. D. du Pont (Saint Junien)

# INSCRIPTIONS LIMOUSINES.

Pl. 93.

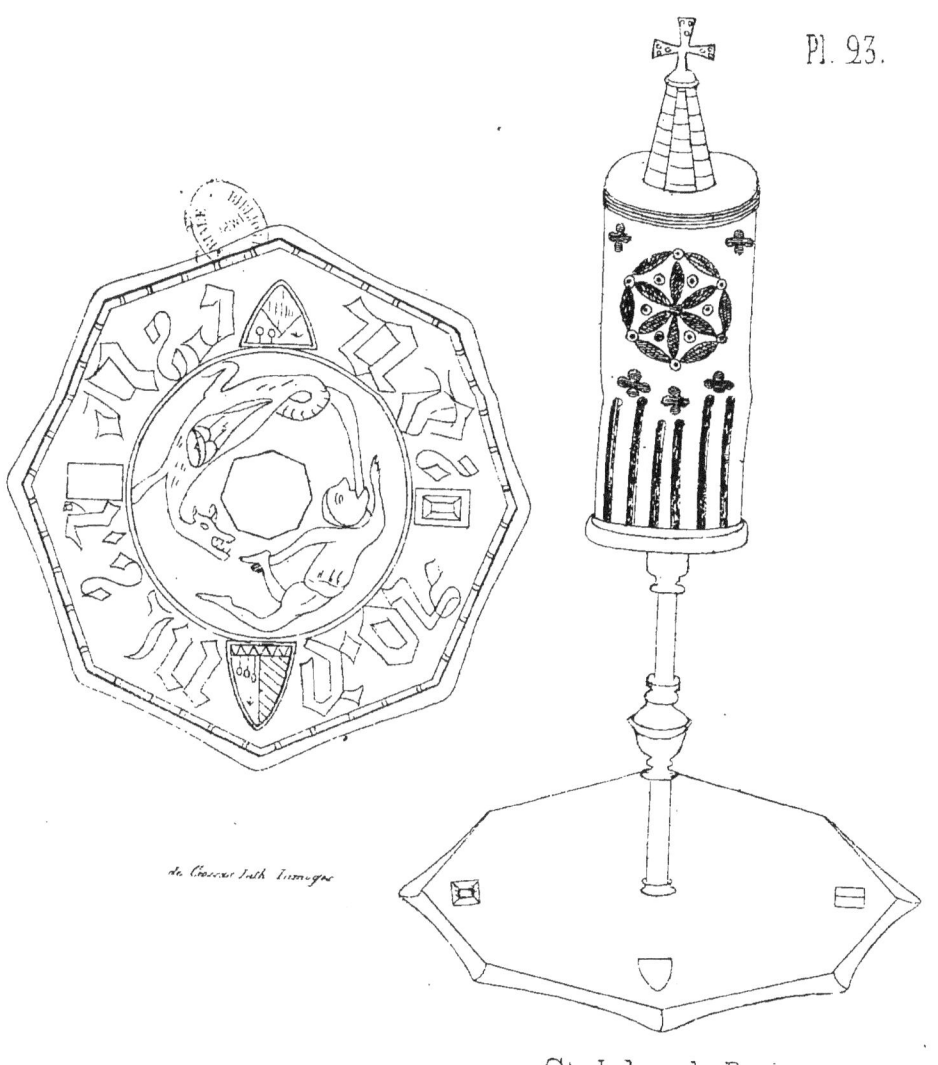

à St Julien le Petit

Reuerendus in xpo pat ac dñs dñs Syd de cramando loco huius pchie fundauit in eccia ista iiii^or capellanias, p iiii^or capellanis quoz qlibz tenet celebrare unā missā die qlibz de dessunctis p aïabus dei reuerendi pntis et pntū suoz pptuo altnis uicibus uidz qlibz capellani in septiana et reuolutis quatuor septianis debz reincipe ille q in pma septiana mēsis celebrauat et in scda secundo tria ter et in quarta quartus et ita pptuo ɔtinuare qlibz mēse nec pt aliqs pdcās capellanias obtinere nisi plocatz resideat in loco isto de bianaco et tenet oibus diebus dñicis et festiuis dice cū capellano huius ecclie matutiās et cetas horas et juuare ad celebracionē in illis magne et p sustētacōne eoz acqsiuit decimā huius burgi et masi de royeriaz de cramando sup qbus ann lebat xxxi sext bladi et p residuo tradidit dño vicecoiti rupiscauardi xli libra in denrendis quas dñs de marollio tenent sup hitates rupicanardi ab antiquo p qbus soluit eide de marollio circ libz acqsiuit etiā a stepho quadrigaris v sext bladi scilz duos sext fra et tres sext siligis sup decimā bladi masi de challanhis in tritorio ville Rupicauardi int masū du platier ex una pte et masū de la choussolie et tria pte decie buii dci tritorii et aliqua alia que ipis pptuo dedit et p dei gnim alia dabit. Scripta sunt hec ano dni m ccc° sexto.

VITRAIL DU XVIᵉ SIÈCLE.
(Jeanne d'Albret, prêchant le protestantisme à Limoges.)

# INSCRIPTIONS LIMOUSINES

Pl 26.

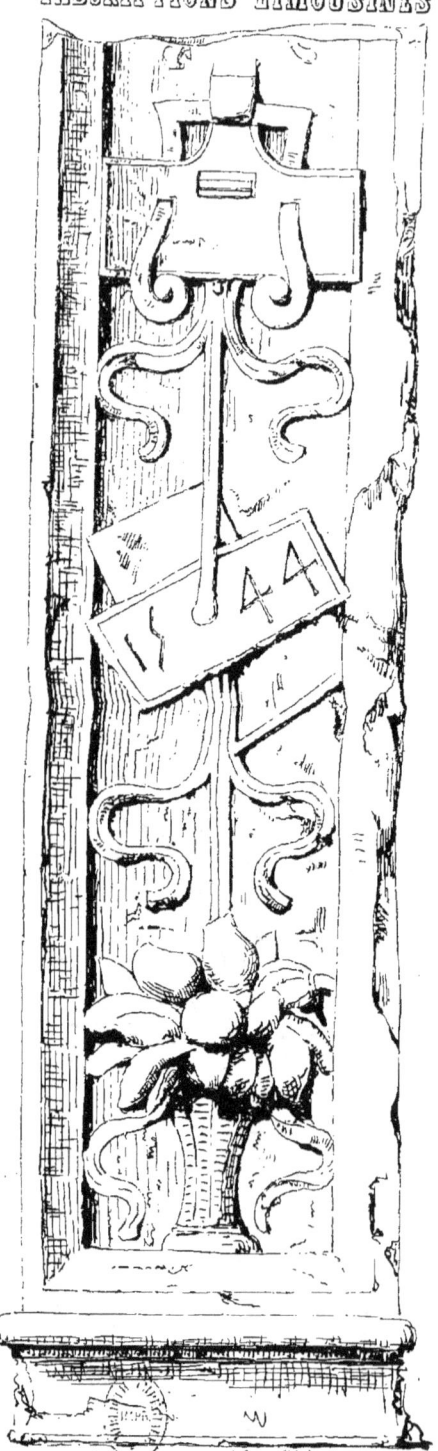

au tombeau de Jean de Langheac.

www.ingramcontent.com/pod-product-compliance
Lightning Source LLC
Chambersburg PA
CBHW071904230426
43671CB00010B/1464